人在大唐怎麼活？

食衣住行、當官、做買賣、搞外交，定居唐朝的必備指南

前言

大唐，一個氣勢恢宏、風姿綽約、口碑極佳的閃光時代。不知多少風流人物獨好大唐，在泱泱五千年歷史中，細數千百年的歲月封塵，品味著、感慨著、遺憾著、深思著……。

作為一個四海拜服的王朝，大唐有著包羅萬象的氣韻。這裡有詩篇無數、典籍流傳，亦有驚豔才子、絕代佳人。嚮往王侯將相宦海沉浮的權謀者、詩歌書法風流才子的迷弟迷妹，以及對大唐時尚有想法的潮流人士……無論品味多古怪，在這裡都能找到長久琢磨把玩的事物，或自己喜愛的角色設計。

喜歡這個時代的人，總會幻想如果置身在大唐會如何；或者變身記者，訪問那些活在大唐的人是怎麼生活的。因為一個朝代、一個國家、一個社會所蘊含的，可不是讀幾本書就能憑空想像出來，書只是在這片想像中繪製了幾個片段，添上幾筆濃墨重彩。

作為一朝之都，長安最具有代表意義。長安的百姓們有著很多和我們不同的生活習慣和規則。大到宵禁、市坊、城市規劃；小到裝修規則、禮儀講究、吃穿、規矩繁縟，稍不留意就可能觸犯大唐法律。

作為經濟文化中心，吃喝玩樂自然少不了。簡簡單單的四個字，囉唆起來就是四個大學科。大唐年輕人有自己的玩法，這裡沒有LINE、部落格，但不缺段子手；沒有電腦遊戲，卻可以呼朋引伴行酒令；沒有籃球滑板，但可騎馬射箭打馬球，分分鐘帥到讓人眼花繚亂。順便一提，在大唐時尚圈裡，購物欲望不要太高，這進口的、國產的應有盡有，小心傾家蕩產。

從出生的戶口開始，兒童時代如何接受教育，鄰里街坊有無青梅竹馬；青少年時期經歷怎樣的人生選擇，入仕還是從軍，經商還是務農；再到中年，經過婚喪嫁娶，了解行業規則，關注時事；邁入老年，開始研究美食，嚮往旅遊並計畫出遊，或皈依佛門，或遁入道家。最後，熱衷政治，關心國運。

懷一顆赤子心，圓一個大唐夢，在盛唐裡你就要這樣活！不管富貴還是貧窮，無論耀眼還是平凡，都有屬於你自己的精彩！

目錄

第二章 大唐政壇深幾許

第三章 金錢、寺院和房產，唐朝的經濟與生活

第四章　那些年，大唐這樣搞外交

第五章　藝高人膽大，科技文教全拿下

第一章

唐朝雖好，社會常識必不可少

怎麼吃飯、穿衣、說話，看似簡單，但大唐的規矩卻不是人人都玩得起的。愛吃肉是好事，可是吃牛肉會有什麼後果呢？雖說禮多人不怪，可是跪久了反而變成罪了？若想在大唐過上好日子，你可得處處留意，就算是拿著大把的錢也未必能充當大爺，因為極有可能連店鋪的門都找不著。在大唐，我有新玩法！

直呼其名不禮貌，說話找竅門——稱謂

如果你在長安城迷路，要怎樣才能成功地叫住一個人，向他或她問路呢？遇見你在大唐結交的小夥伴，擔心直呼其名太不禮貌怎麼辦？電視上「娘子」、「相公」的叫法，在唐朝是否通用？

要想在大唐生活，首先要學會唐朝人的稱呼方式，千萬不能隨口冒出「公子」、「小姐」這樣的稱呼，雖然比「先生」、「女士」復古多了，但唐朝百姓可是完全聽不懂！大唐年代久遠，要想效仿當朝人的風格，不讓他們覺得你是個怪人，就要在稱謂這一關上下足功夫，仔細學一學唐朝最流行的稱呼方法。

走進皇宮，玉環為何喚玄宗「三郎」

自古皇宮規矩多，可以說「稱呼弄不對，治你大不敬之罪」。既然是這樣，為何楊玉環叫玄宗「三郎」？難道長得漂亮就可以任性嗎？事實上，不單是玉環，與玄宗關係密切的人都這麼稱呼他。但如果你見到皇帝，你們彼此不熟悉，怎麼辦呢？學學《西遊記》裡的玄奘，稱「陛下」是個不錯的選擇。

你聽到「聖人」會以為是稱孔孟，聽到「主上」會感覺自己身在三國，但這也是唐朝人民對皇帝的常用稱呼。你要注意的是，「皇上」和「萬歲」千萬別掛在嘴邊，這兩種稱呼現在雖然很流行，聽起來比「陛下」還順耳，但在唐朝，前者是書面用語，後者是一種表達對皇帝讚頌的口號，雖然氣派，但在朝堂之上並不適宜。

進了皇宮，免不了碰上從皇帝辦公室出來的官員；房玄齡和杜如晦一同從太宗辦公室回來，不少人想要與他們攀談，該怎麼稱呼才能顯現出禮貌呢？你可以和和氣氣地稱呼：「兩位相公。」別誤會，在唐朝能被稱為「相公」的只有宰相，所以拋掉你腦中原本的認知吧！那麼，宰相的兒子該怎麼稱呼呢？很簡單，叫「公子」。正如「相公」指的是宰相，「公子」說的就是「相公」家的兒子。

除了「房謀杜斷」，其他官員是不是也應該這麼稱呼呢？這裡要強調，其他的官員絕對不能被稱為「相公」，也不能稱「大人」。雖然「大人」一詞常常出現在各影視作品和小說中，但唐朝人心目中的「大人」，指的是自家的長輩——等同於現代的「爸爸媽媽」。爸爸媽媽是能隨便亂喊的嗎？當然不能。

好吧！不能叫「大人」也不該總說「你好」吧？別急，白居易有辦法。白居易和元稹是同朝為官的好友，兩人關係極好，經常會寫些東西給對方，正如現在的文青會將自己的作品和另一位文藝青年分享。

白居易寫篇文章想給元稹看，元稹在家中排行老九，因此白居易稱其為元九。當時無法像今天一樣，在FB或是LINE上直接「@」元稹，怎麼辦呢？他直接把文章標題寫成《與元九書》。所以說，如果碰見的官員是你的朋友，直接稱呼他的姓氏和家中排行就可以了，這樣的稱呼非常普遍。唐朝是重視排行的朝代，無論在宮中、官場還是尋常百姓家，慣用稱謂都會體現他們在家中的排行，略微復古一些的說法就是「行第」。

回到家中，「兄」和「哥哥」不能混淆

唐朝人家庭美滿和睦，父母子女歡聚一堂。夫妻之間應該怎麼稱呼對方呢？「相公」是宰相的稱呼，那「娘子」這稱呼可以用嗎？萬萬不可！因為在唐朝，滿街的女子你都可以稱她一聲「娘子」，年紀輕的可以稱「小娘子」。因此，如果你叫自己的夫人為「娘子」，她會覺得你不夠愛她，因為在你心裡，她和其他女子沒什麼兩樣。一氣之下，她對你喚一聲「郎」或「郎君」，你可千萬別高興，因為但凡是個少年，都可以被喚為「郎君」。

想要和自家夫人保留獨特的稱呼，就像今天比較國際化的「Darling」和

「Honey」，一句簡單的「老公」、「老婆」就可以輕鬆辦到。不用感到意外，這兩個詞可是唐朝首創，百分之百的新鮮。

若因為「老公」和「老婆」的叫法讓你覺得唐朝人的習俗很接近現代人，而將一切套用，是會鬧笑話的。例如「哥哥」這個詞，在唐朝人眼裡，就和現代人的理解不一樣。活在大唐的人們將「哥」這個詞用來指稱父親，當然，前面說的「大人」也是對父親的一種叫法；此外，「父親」這詞本身也可使用。而比你年紀稍長

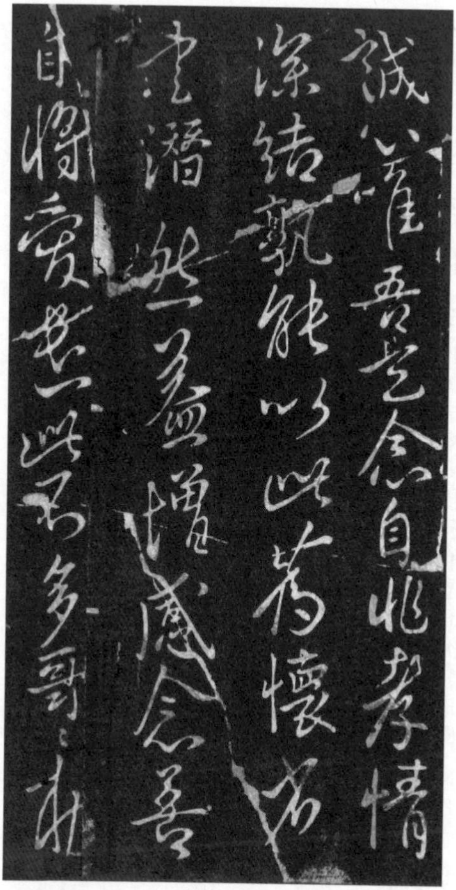

《廢甘泉遊帖》（局部）・唐・李世民

此帖是唐太宗李世民寫給太子李治的一封書信。其中有這文字：「省書潛然，益增感念，善自將愛。遣此。不多。哥哥敕。」太宗書信中的「哥哥」指的就是父親。

的哥哥則要稱作「兄」。

唐朝沒有節育政策，一個家可能有很多個孩子。弟弟見到哥哥，要稱「兄」，如果見到三哥，就稱「三兄」，若覺不順口，可以叫「阿兄」。哥哥們見到弟弟，要稱「郎」，同樣也可稱為「阿郎」。

分清楚「哥」和「兄」的關係還不夠，母親是家庭中的重要角色，母親的稱呼同樣需要注意。平時母親的叫法有現在熟知的「娘」和「阿娘」，還有「娘娘」。這裡的「娘娘」與皇宮中的貴妃娘娘相差甚遠。但如果你在外闖禍了，這時最好正經嚴肅、恭恭敬敬地叫一聲「母親」。

當然，家裡的稱呼並非一成不變。唐朝人的生活情趣絕不比現代人少，對自家人的稱呼也千變萬化，記住兄弟姐妹的排行會很有幫助的。

出門會朋友，學學文化人怎麼說話

大唐是友好的國家，僅從詩文中，就可以看出一對又一對的好夥伴。元稹和白居易是好友，白居易和劉禹錫是好友，杜甫和李白是好友，韓愈和孟郊也是好友，不勝枚舉。如果這些人生活在有現代社群平台的時代裡，他們可能會互相「按讚」，唐詩也可能會朝向更高的水準發展。當他們聚在一起聊詩歌、文章、官場和人生時，要怎麼稱呼對方呢？上面提到白居易稱呼元稹為「元九」，而說到大唐的文化名人，怎能忘了「李杜」呢？

杜甫和李白有酒一起喝，有肉一起吃，可以位列「大唐文壇十大傑出好朋友」榜首。是朋友，就寫詩給你。李白，字太白，家中排行十二，所以杜甫有時會在詩的標題處標明「李十二白」，也就是「@」李白的意思，這樣的稱呼用的正是姓氏後面加排行和名的方法。

朋友也分很多種，生活中少不了擁有幾個點頭之交，這樣的朋友怎麼稱呼比較得體呢？簡單地說，可以參照古龍小說《蕭十一郎》，古龍寫的雖是江湖，但蕭十一郎這樣的稱呼在大唐確實存在，並且被廣泛使用。

如果碰上認識的女子或男子該怎麼辦呢？想想舞劍的公孫大娘的弟子「李十二娘」便可知，唐朝管相熟的男子叫「郎」，認識的女子稱「娘」，然後前面依次加上他們的排行和姓氏。那唐朝老百姓

《帝鑒圖說》之唐玄宗聽諫散鳥・明・無款

玄宗為睿宗李旦第三子，史籍曾經記載，睿宗經常以「三郎」稱呼玄宗。

平時怎麼稱呼自己呢？在這一點上，大唐還是男女有別的。女子一般自稱「兒」，男子一般自稱「某」，無論遇到的是陌生人、朋友，或是官員，老百姓都可以在聊天的時候這樣自稱。因此若你被問到「你幸福嗎」的時候，你應該這樣回答：「某（兒）很幸福！」

總的來說，唐朝的稱謂俚語有的和現代相差無幾，如「老公」、「老婆」，有的卻相去甚遠，如「娘子」、「相公」。習俗呢，說對了沒獎勵，但說錯了可能會被當成「笑柄」。因此想在大唐生活，不能一味要求復古，不能對從唐朝流傳下來的現代稱謂進行全盤否定；想要從他們口中了解真正的大唐氣象，就得從簡單的稱謂上學習唐朝的平等精神，讀出街頭巷尾中蘊藏的文化態度。所以，要想更貼近大唐，首先你得弄明白大唐人民說話的習慣，找到稱謂裡的小竅門。

吃牛肉犯法，雞肉不算葷——飲食

大唐居民吃的東西雖然沒有現在這麼豐富多樣，但飲食算得上是製作工藝精良、口味多變、風格獨特了。唐朝有很多你從未嘗試過的食物，他們正等著刷新你的味蕾，更新你的食譜。

資深吃貨，坐擁西域美食

大唐文明吸引周圍國家的注意，許多異國人士選擇來到大唐定居。為了在這裡生存，很多人選擇經商，賣自己釀的酒、自己烙的餅。大唐的外交官們亦時常帶回許多本土沒有的植物種子，引進許多新食物的烹調方法。隨著時間的推移，唐朝食物種類越來越豐富，口味也越來越多樣化。

來自西域的美食很多，首先你要嘗一嘗百姓口頭點讚給好評的胡餅。就像我們現在喜歡的燒烤和奶茶一樣，唐朝的胡餅攤非常多，隨處可見。胡餅就是燒餅，包肉餡的，外層撒著芝麻。這可是唐朝百姓強烈推薦的小吃之一，方便攜帶而且價格親民，在市場裡面就可以買到。

如果你不想吃胡餅，可以去嘗嘗饆饠。饆饠有各種樣式，蒸的烤的任君挑選。還有長安最流行的餡料：豬肝、羊腎、蟹黃等，聽起來都很誘人，吃起來更讓人回味無窮。

唐朝星級飲料要數西域的葡萄酒了，價錢有點高，但很美味。天然葡萄釀製，無添加劑、無農藥，而且色澤豐富。

作為資深吃貨，酒足飯飽之後再來點水果吧。這裡的水果種類很多，卻沒有電視電影中看見的芒果、火龍果等，但葡萄、桃子、西瓜、石榴都可以見到，唐朝本土的梨子、棗子、柳丁、櫻桃、梅子等也是不錯的選擇。

不能吃牛肉，牛是第一生產力

在唐朝，牛是不能被宰殺的，儘管這裡商業發達、科技進步，社會發展仍需倚靠農業。大唐的農民們勤勤懇懇地在田地裡勞作，他們沒有使用機器耕種，只能一人一牛面對肥沃的土壤。牛可以犁地，可以拉車，牛就是動力；沒有牛的辛勤勞作，哪裡有唐朝農業的蓬勃發展，所以唐朝律法明文規定「不能宰牛」。

農業發展表現

唐代長期統一，社會相對安定，生產力有較大發展，封建經濟呈現高度繁榮的局面。唐代出現了便於耕作的曲轅犁，利於灌溉的水力筒車和牛挽高轉筒車，注重興修水利，擴大了耕地和灌溉面積，提高了糧食產量，促進了經濟作物的發展，包括：1. 水稻種植技術的進步。水稻種植面積擴大，產量提高。2. 生產工具的改進，生產技術的革新。以曲轅犁、筒車等生產工具的改進為特徵。3. 大面積興修水利。黃河、長江流域等開鑿一系列灌溉渠，並修舊渠和河堰。4. 開闢大量荒田。勞動人民創造大量財富，唐政府每年向農民徵收大量的糧食和布帛。5. 人口大大增加。玄宗時的戶數是唐太宗時的近三倍。

不能吃牛肉無需沮喪，你還有很多選擇，天上飛的、水裡游的、地上跑的……這些都可以吃。唐朝雖然禁止殺牛，但並沒有保護野生動物的說法，除了牛肉，其他肉都是可以吃的，如獐肉、鹿肉、豬肉和羊肉等。

不過要注意的是，唐朝的肉類有些貴，如果口袋不深就少吃，有錢也千萬不要吃到破產。雞和鵝這兩種禽類，是大唐百姓常吃的肉類，但想吃的時候千萬不要跟

別人說你要吃肉，因為雞和鵝不算肉。在唐朝百姓的眼裡，「肉」僅僅指的是畜類，禽類可不算喔。

說到水裡游的，若你喜歡吃魚，在唐朝過得一定相當開心，因為這裡有生魚片。不靠海也沒關係，唐朝流行的是河鮮而不是海鮮。「切鱠」的吃法和日式刺身相似，不過唐朝百姓刀法細膩，不僅會把魚切成透明的魚片，還會切成細絲。配上橘（橙）絲，再加上蔥絲，蘸點芥末，簡直是人間美味。魚肉晶瑩鮮美，橘（橙）絲色澤飽滿、香氣襲人，蔥絲清新誘人且帶些辛辣刺激，芥末更是點睛之筆，不僅是味覺的享受，也是一場視覺盛宴。來一口唐朝平價的「日式刺身」，對一位吃貨來說，能不愛上大唐嗎？

佳餚配美酒，妙哉。但大唐沒有啤酒，沒關係，來點和飲酒名人李白同款的濁酒。其實真正的「濁酒」，有沉澱、漂浮，自家生產釀造，家家戶戶都有。這酒和你常喝的白酒不同，有點像今天的米酒。另外，大唐的酒有很多種顏色，最普通、最便宜的是綠色的，還有黃

《五牛圖》．唐．韓滉

畫中的五頭牛從右至左一字排開，各具狀貌，姿態互異，每頭牛可獨立成章。唐代初期，以牛、馬為主要表現物件進行創作的畫家逐漸多起來，到中晚唐達到高潮，不少畫家專以畫牛、馬而著稱於世。這樣的情形與唐代關於牛的政策有很大關係，可以說是社會現實的反映。

色的，更有紅色的，就是沒有無色的。

綠色的酒你可能一時接受不了，但它的酒精度數超低，多喝幾杯也沒關係，是日常助興及尋找詩意的首選佳釀。加上釀造工藝簡單，價格親民，是廣大文學愛好者的最愛。

唐朝人也愛重口味

唐朝人使用的調味料數量和現代不相上下，雖然還沒有辣椒，但在「辣」上面，可不輸現代。吃魚有桂皮（肉桂），吃羊肉有胡椒，吃豬肉有大蒜，另外還有韭菜、大蔥和生薑等，沒辣椒一樣讓你辣翻天。如果你想試試唐朝較辛辣的調料，一定不能錯過茱萸。這種植物不僅出現在文藝青年用來抒情的詩文裡，還經常作為調味品，被稱為「越椒」，味道不賴。

接下來看看大唐的茶文化吧。在一定程度上，茶代表著中國古代文化的一個方面，但唐朝的茶和現在的茶可不是同一個層次。在「茶聖」陸羽撰寫完《茶經》之前，唐朝百姓的茶是「熬」出來的。這熬出來的茶先不論它是否苦澀，熬茶的時候還要加入蔥、薑、鹽等調味料。這樣的作法讓我們不敢想像它的味道；一般我們喝茶是為了解渴，顯然古代的茶水滿足不了我們的需求，甚至相反。別沮喪，唐朝人的日常飲料還有果汁和優酪乳，所以如果你喝不慣加了蔥、薑、鹽的茶湯，趕快換上一杯唐朝流行的優酪乳和果汁吧！

唐朝飲食種類頗多，光是那些從西域傳來的食物，就足夠你吃上一個月了，更別提唐朝本地的土特產，以及那些自人類出現就開始慢

彩繪木牛車・唐

這件唐代木牛車屬隨葬品，為縮小的模型，比例結構準確，木質肌理非刻意雕制，棚骨用竹片彎製而成，簡潔清晰。

慢擺上餐桌，經過世代流傳至唐朝的傳統食物。

時至今日，唐朝很多的食物烹調方法早已發生翻天覆地的變化，很多食物甚至找不到了，所以如果你在唐朝，一定要多多品嘗，大膽嘗試。吃得了辣，嘗得出甜，能啃骨頭能喝酒，做個愛生活、愛美食的唐朝正牌吃貨。

絢麗錦袍，豈是一個「豔」字了得——服飾

如果要列關於唐朝服飾的關鍵字，你會寫出哪些？絢爛豔麗、奔放洋氣、花團錦簇、精緻華麗、大氣時尚……但大唐服飾遠非這些詞可以概括。想要在大唐穿出Fashion，首先顏色要亮麗，質地要夠好，繡工必須精美，其次是款式。男生花錢買件貴點的袍衫，最好是圓領窄袖，再購置一個或幾個像樣的襆頭，走到哪都英俊瀟灑有面子。女生要買的則有傳統的襦裙服、新潮的齊胸襦裙，再配件半臂，當然，幾乎能作為唐朝服飾代言的大袖衫多買幾件絕對不虧。若你熱愛追求時尚，記得買胡服和男裝，這是美女上街出門必備款，保證回頭率百分百。

琳琅繽紛亮瞎眼，女生就要愛美

就像現代女性標榜自己是二十一世紀的新女性一樣，唐朝美女們走在街上，從頭到腳的裝扮都有講究，一樣不少。女人的首飾很多，簪子、髮釵、步搖、花勝等

紫紅羅地蹙金繡半臂・唐

短半袖寬袖口，對襟並鑲有寬領緣，領緣上左右邊相間如意雲頭狀紋飾，遍衣身蹙金繡滿折枝花，每朵花的花蕊上還釘有一粒小紅寶珠，這是典型的唐代仕女短袖上衣。

都是標準配備，不過每種一個怎麼會夠用呢？不同材料、款式都要準備些許自己喜歡的才行。另外，唐朝女人善於就地取材，看見盛開漂亮的花朵，就折一朵最大的簪在頭上。但搭配需要注意：想要簪鮮花在髮間，高髻比較適合喔。

拋開化妝這道複雜的程序不說，女孩子出門要先換身喜歡的衣服。唐朝姑娘喜歡偏短的上衣，上面繡有金銀花紋，顏色主要以綠色和紅色為主，十分精美。而裙子中，最受她們歡迎的是齊胸襦裙，因為它可以襯托出女性身材的修長。襦裙的顏色也有很多，有深紅、絳紫、杏黃等色，無論你喜歡哪一種，都可以找得到。

想像一下，你穿著襦裙站在花叢中，就像一隻翩翩起舞、乘風欲飛的蝴蝶……。嫌不夠飄逸嗎？外面再罩件大袖衫，它是唐朝人最愛的「防晒服」，質地輕薄、仙氣十足。這樣穿涼快、性感，就像電視劇《大明宮詞》裡那樣。不要覺得劇裡的演員穿得太少，也不要覺得她們的穿著令人害羞，因為大唐皇宮裡有身分、有背景的妹子，思想都是很開放的。

穿大袖衫時要留意，因為大袖衫非常寬大，一不小心就會鉤到東西，甚至會絆倒自己，那樣的話「仙氣」可就消失了。還有穿大袖衫時，裡面的紗裙要保持乾淨，千萬不要讓衣服顯得灰撲撲的。除了選一件你最喜歡的大袖衫，搭配好顏色外，還需要一件披帛。記不記得電視劇《西遊記》裡的玉兔精和嫦娥姐姐？她們仙氣飄飄，風一吹，身上的披帛隨風舞動，極佳地詮釋了霓裳羽衣。

選披帛的時候，如果你覺得自己的裙子顏色不夠搶眼，可以選色彩稍重的披帛；想要清秀一些，就挑花紋沒那麼繁複的。此時，穿好披帛，手搖扇子，完全就是一幅完美的仕女圖。要想選擇唐朝流行色來進行搭配，石榴色裙子絕對是最搶眼的。

唐朝也有短袖，美女們雖不能將玉臂直接裸露出來，但對短袖的熱愛有增無減。唐朝女子的短袖稱為「半臂」或者「半袖」，直接套在襦衫外面。襦衫是長袖，一般是純色；半臂是及肘的短袖，花色款式很多。裡面長袖，外面短袖，像極走在青澀校園中需要人保護的纖弱小學妹。這種穿著打扮的女孩子，無論在唐代還是在現代，都是一些男生的心中所愛。因此，半臂稱得上是熟女減齡的必備「神器」。但搭配時仍有一些需要注意的，裡面穿著窄袖衫能讓你更加好看。這裡友情附送一個小祕訣：上身穿淡綠窄袖衫，下身穿胭脂色裙，頭髮梳成高髻微微低垂式，簡直可以和楊貴妃的姊妹虢國夫人媲美了。

彩繪騎馬女俑・唐

此俑表現的是唐代貴婦出行的裝束。陶馬矯健有力。俑豐滿適宜，頭梳高髻，戴帷帽，面施粉妝，臉部半遮半露，若隱若現，身穿粉色花裙，外繫湖綠色繡花襦裙，足蹬黑色小靴。神情嫻雅端莊，握轡前行。

唐代紡織技術

唐代紡織技術特別是在織物組織和顯花技術方面有了更大的進步，如出現了斜紋組織向正規的緞紋組織的過渡，織物結構上的平紋、斜紋和緞紋至此已臻完備。而緯線顯花技術則大大提高了織品的藝術表現手段。

唐代的絲織品，以綾、錦最重要。綾是以斜紋或變形斜紋為地起斜紋花而織成的織物。唐代的錦，以緯線顯花的緯錦為主。緯線提花的發明，使錦紋的配色和圖案更豐富多彩，同時也表明當時的束綜提花機已相當完善，並得到了一定的推廣。

胡服是時尚界寵兒，紫色最尊貴

大袖衫將飄逸做到極致，而胡服則將緊致收攏的感覺帶到唐朝。作為國際化大都市的長安，這裡生活著來自不同地域的人，他們的穿戴逐漸成為唐朝人模仿的對象。如果說大唐是個時尚圈，那麼長安就是這個時尚圈的核心。

生活於大唐的女人在穿衣打扮基本上可以做到一整個禮拜不重複，因為她們不僅可以選擇裙子，還可以選擇胡服和男裝。穿慣了傳統的大唐漢服，胡服的窄衣窄袖讓唐朝人行動更加方便。若說大唐審美的關鍵字是「包容」絕對不為過。

其實，唐朝的男性對胡服的青睞程度一點都不輸給女性，上面所提的襆頭就源於胡服。襆頭可以說是男士潮流的永恆單品，生活在唐朝的男人或女人都可以穿圓領袍衫，頭戴襆頭。

時尚不斷變化，何時流行胡服，何時流行男裝，何時又開始流行大袖衫，就需要用敏銳的時尚觸覺來感受了。

而唐朝官員穿衣的顏色則有限制，是根據品級來劃分的。三品和三品以上的官員可以穿紫色的衣服，就像電視劇《神探狄仁傑》裡的狄仁傑一樣，他時值三品，

青釉陶胡人俑・唐

唐代陶俑作品以胡人為素材的有很多。唐朝處於中國封建社會的鼎盛時期，唐人博大的胸懷與開放的風氣促使世界各地的人民來到中國，這些外來的異域之人被稱為「胡人」。

一身紫色調的衣服顯得威嚴氣派，不可侵犯；四品和五品的官員可穿紅色衣服；六品和七品是穿綠衣的官員；八九品的官員則穿青色和淺青色的衣服。所以當你見到穿著不同顏色服裝的官員一起向你走過來的時候，一定要先向品級高、身分尊貴的人行禮。

除了衣服顏色，腰帶飾物也是區分不同品級官員的重要標準。官員品級由低到高，腰帶分別以黃銅、銀、金以及玉的飾物來進行裝飾。聽說最尊貴的是以紫色為底的玉腰帶。想想身著紫色常服，腰間配玉飾腰帶的樣子，確實是高大威武、氣勢非凡。

除了官員的服裝有顏色要求外，百姓們的服裝也有顏色區分。穿黃色和白色的是普通百姓，婢女穿青碧色，商人則穿著黑色。對於想要考取功名的學子來說，最振奮人心的事情就是脫掉自己的白衣，穿上官員的專屬服色，「白衣卿相」說的就是身穿白衣的普通讀書人，但具有做大臣的資質。所以，如果大唐有人說誰是白衣卿相，就表示這個人是科舉考試裡的考霸、前途無量的進士。

大唐有兩個流行色——綠色和紅色。它們充分表達了大唐人對美的追求，也讓唐朝服飾的豔麗奪目成為一種時代象徵。想要在大唐穿出時尚，就要暫時拋棄平凡清淡的裝扮，多選些紅紅綠綠的顏色，把自己打扮得明豔動人。

買東西要用什麼付？——錢幣

生活就必須消費，想要買吃的穿的就一定得來聊聊貨幣了。想拿現代使用的錢幣行不通，那珠寶首飾可以嗎？「不能，誰知道你的珠寶是真是假，小店不方便。」那用金銀呢？「不行，唐朝人不興這個，沒人願意跟你換。」因此，真正了解大唐的錢幣，不僅能為購物帶來便利，同時也是在大唐理財的第一步。

出門在外花錢大法

想在唐朝過得好，口袋裡的錢不能少，雖說唐朝物價沒有今天高，但是沒錢仍不好受。那麼在你有錢的情況下，要怎樣花錢才合適呢？其實很簡單，唐朝又不像現在的貨幣還分面額大小，因此多拿點錢用袋子裝好，買東西時要多少給多少就行。這裡我說的是銅錢。

銅錢是當時使用最普遍的錢幣，有「錢」、「貫」等單位，一貫等於一千錢。所以如果想用「錢」買大的東西，你就得受罪了。因為銅錢不如現今的紙鈔，要想腰纏萬貫那是不可能的。如果你嫌重的話，也可以考慮「飛錢」。飛錢不是紙鈔，不能直接當錢用，但可以去指定的地方把屬於你的錢拿出來，省得在路上還要背著大把錢。這些指定地點一般可分為國營和私營，可靠無需擔心。儘管飛錢很方便，但它是後唐才出現。所以如果你需花很多錢，出門就要辛苦一些了。

除了銅錢，還有其他可用嗎？就像古裝劇看到的那樣，主角從懷裡掏出一把碎銀子，不規則的大小，有獨一無二的稜角，顏色閃亮低調……別抱幻想了，「一把碎銀子」這種詞彙，根本還未出現在唐朝任何一個人的字典裡。如果你真的在市場裡看到有人拿銀子出來買東西，不是他瘋了，就是你瘋了。

雖然大唐沒有十兩銀子的說法，但十兩金的說法是有的。如果你有百兩黃金，說明你是一個很富有的人，差不多躋身唐朝上流社會。很多影視作品裡總會提到：皇帝賞某某黃金百兩，賞某某黃金千兩，這黃金千兩到底是多少錢呢？能換多少個銅板來花呢？

大唐的物價和金價就像是大海裡的浪花，起伏不定。拿稻米來說，在百姓都愛的「貞觀之治」時期，一斗米大約四錢，此時差不多人人可以飽腹，個個喜笑顏開。但開放、包容的大唐也有走到盡頭的時候，比如僖宗年間的百姓就很可憐，一斗米最貴高達五萬錢，平常百姓哪吃得起啊？所以在唐朝過日子千萬不能忘了理財，雖然沒辦法從太宗年間一路活到僖宗年間，但為子孫後代做好準備以防不時之需總是沒錯的。

在家一定要有哪些存款

大唐沒有銀行，出門在外不可能將錢都帶在身上，必須將一部分放在家裡。如果全都是銅錢，不知道得用掉多少存錢罐呢！因此把銅錢換成金的確是個不錯的選擇。倘若政府打算收稅，你就得響應國家號召來納稅。納稅可不是交錢，而是納絹帛。在大唐，絹帛不僅可以用來直接交易，還可以作為財政稅收的一部分。在政府的工作報告中，常常分別以絹帛和錢為單位，記錄著稅收情況。大唐鄰里間可不會比誰家開ＢＭＷ、誰家有奧迪，在他們眼中，絹帛就是財富的象徵。

錢財怎麼得來？上班掙的工資嗎？不是，是用家裡紡的絹換來的，要不怎麼說娶個勤快老婆，全家吃喝不愁呢！現在想想，牛郎把織女娶回家的那幾年，生活素質應該提高了不少。如果不換成錢，難道用家裡的絹帛購物嗎？還是趁老婆不注意，把她紡好的絹割下一塊來換酒喝？那可不行，絹帛交易也是有規格的，就像你不能將一張百元大鈔的一角剪下來拿去買東西一樣，絹帛的長和寬都是限定好的。如果你絹帛的長寬達不到一定標準，或呈不規則多邊形，再好的布料也沒人要。此時你想拿一卷破布換酒喝，小心捕快來抓你，為什麼？因為你拿的是「假錢」。

要想在大唐活得像個在地人，還要注意將錢和絹帛同時使用。但具體要如何使用呢？很簡單，如果你購買的東西價格驚人，就要用錢和絹帛同時支付。不要小看絹帛，有時候它比錢更加管用。你也許見過有些商店不收硬幣，但你見過哪個店員說他不收紙幣嗎？在大唐，絹帛的地位就堪比紙幣，根據絹帛的品質好壞，其面值也不等。所以說大唐家家戶戶都是中央銀行，家裡會紡織的女人就是「央行總裁」，雖然她不會「發行貨幣」，但是她會「製造貨幣」。

關於開元通寶的那些事兒

在唐朝生活，你必須知道「開元通寶」，因為你聽到和遇到最多的錢幣就是它。關於開元通寶，有三道常識題你絕對不能答錯：第一，開元通寶是開元年間鑄造的嗎？第二，開元通寶會過期嗎？第三，開元通寶都是用銅做的嗎？

首先回答第一個問題，此「開元」並非彼「開元」。開元通寶是高祖李淵命人鑄造的，他取「開元」這名字，並不是因為他敏銳地預見大唐將來會有「開元盛世」，而是想表達「這種新款註定要開闢新紀元」。這樣的表達霸氣，開元通寶給五銖錢徹底畫上了句號。

廢五銖錢

五銖錢經過七百多年的流行，這種以金屬重量作為幣值單位的貨幣，已不能適應商品交換發展的需要，而且幣面標示重量也與實際金屬重量脫節。唐武德四年，在唐朝初步穩定國內局勢後，唐高祖李淵下令「廢五銖錢，行開元通寶錢」。

開元通寶錢制的創立，在錢幣史上具有劃時代的意義。它把貨幣的單位元由金屬重量的直接標示，改為純粹的貨幣符號，開創了中國貨幣史上以「通寶」、「元寶」等作為鑄幣標示的貨幣系統。

其次回答第二個問題。開元通寶後，仍有以年號命名的通寶，但是不要驚慌，開元通寶名字取得夠大氣，唐朝百姓都很喜歡，所以不存在過期的問題，就算是放到現在，依然有人要買。

最後回答第三個問題，如果你認為開元通寶只能是「銅錢」就大錯特錯了，如果哪天別人送你幾枚銀製的開元通寶，可別以為是假錢，當然你也不能拿著它到市場買東西。那非銅鑄的開元通寶是幹什麼用的呢？這些非銅鑄的開元通寶，和今天發行的收藏款相似，只能用來收藏。絕對無法用來買零食。

不過這些開元通寶你也要收好，特別是金、銀製的開元通寶，被孩子不小心拿出去就出大事了。因為金開元通寶和銀開元通寶與皇家沾邊，極有可能是皇上賞賜的，御賜的東西膽敢弄丟？置皇家威嚴於何地？

另外，若見到鐵鑄的開元通寶也不要大驚小怪，那都是收藏達人心中至寶。如果你的好朋友有這方面的愛好，有可能在他家看見各種材料製成的開元通寶，比如鉛製的、玳瑁製的等。

大唐經濟繁榮，是個易花錢的好時代。在這裡你要定時繳納稅務，要給家裡買糧食，就算出門做不了腰纏萬貫的土豪，也要在身上多放些銅錢以備不時之需。如果你娶的老婆是個紡織高手，家裡的絹帛又好又多，在感謝她的同時，記得不要把錢花得一文不剩，最好做點投資，收藏些開元通寶或者多買點米放在家裡，那你絕對可堪稱是唐朝的愛家好男人。

開元通寶・唐

最初的「開元通寶」規定每十文重一兩，每一文的重量稱為一錢，而一千文則重六斤四兩。開元通寶是唐代第一種貨幣，也是發行量最大、沿用時間最長的貨幣。由於品質合理，通貨控制得當，錢幣做工比較精美，故深受百姓喜愛。

動不動就跪拜一下，久跪還算失禮——禮儀

在大唐，見到朋友不行禮，只是直接招手或拍肩膀的話，會被當成粗魯無教養的人。但另一方面遇見皇帝不用直呼「萬歲」，稱「陛下」即可；如果你撲通一聲跪在地上說：「陛下安好！」是不是顯得特別沒骨氣？皇帝還不一定會領你的情。大唐禮儀繁雜，不僅有日常禮儀，還有節慶禮儀、政治禮儀等。在唐朝生活，必須要把「人們究竟是如何行禮的」這件事弄透徹，雖然要花上一點時間。但我們仍可以先把一些代表性的禮儀搞搞清楚。

有時候跪著其實更方便

大唐之前，由於沒有可「坐下」的家具，所以他們腦海中的「坐著」和今天的「坐著」並不是同一個意思。那想休息的時候怎麼辦呢？你可以「跪坐」姿勢進行，即雙腿併攏，臀部坐在腳跟上，脊背挺直，與瑜伽的「跪式」動作相似。現代

人累了就想找地方坐下，公共設施建設較好的城市隨處都設有公共座椅，非常方便。公車、捷運均有座位，亦設有博愛座。有趣的是，在古代，你不必擔心讓座的問題，不是說古時沒有尊老愛幼的美德，而是人們根本沒有「坐」的意識。如果在習慣跪坐的年代裡已有公車、捷運，那公車、捷運需要相當大的內部空間供人們跪坐在裡面。

行跪禮時，應該俯身到什麼程度呢？大概就是手肘挨地就差不多了。其實就是臀部離開腳跟，並且脊背挺直。

大唐人民重視禮儀，見面必行跪禮。跪禮中，俯身後的動作決定了跪禮使用的場合。如果是長輩要和你說話，而你需要回應時，為了表示恭敬，你要在跪坐俯身後，將雙手抱在胸前，頭順勢低下，然後答話。如果是做錯事惹長輩不高興，要訓斥你的時候，你要表現得比前一種姿勢更加恭敬；這時候不能用雙手了，直接用額頭在地上碰一下，然後恢復跪坐姿勢，千萬別覺得地上不乾淨。用額頭碰地是一種恭敬禮貌的表示，也是你在唐朝生活的日常標準動作。遇上更加隆重的場合，不僅要讓額頭和地板接觸，還得來個親密接觸，就是當頭碰到地時，還得發出響聲。

電視電影總會有這樣的場景：男女主角為了求人幫忙，跪在地上不停地磕頭，周圍的人對這可憐人指指點點，主角泣不成聲。但是很抱歉，這種情形你在唐朝估計是看不到了。首先，唐朝主要在家中或者可以跪坐的地方行跪拜禮；其次，跪拜叩首禮是唐朝常見的行禮方式，人們見面就行此禮，就像今天見面握手一樣，因此不會有人因有求於他人而拼命握手，直到將自己的手握到脫臼為止，以顯示自己的誠意。

跪拜禮

是古代見面時的禮儀。古人席地而坐，臀部緊靠後跟腳。伸腰並使臀部離開後跟腳，用兩膝著地則為跪。跪著行禮則為跪拜，根據《周禮》的記載，古人的跪拜禮大致可分九種：稽首、頓首、空首、振動、吉拜、凶拜、奇拜、褒拜、肅拜。

稽首拜時，頭俯伏至地，抱拳相握，左手按住右手。拜的時候，頭先俯伏至手，然後拱手下至於地，頭也隨著俯伏於地。拱手至地時，手仍不鬆開。手的位置在膝蓋前，頭的位置又在手前。稽首是臣對君的拜禮。稽首、拜手共成一拜之禮，以表示極大的敬意。

不跪也可以，揖禮最恭敬

在不方便跪坐的地方，仍行跪拜叩首禮就顯得太繁瑣了。假設上班途中，遇見同事要行禮，我想，這一路你會成為路人關注的重點，無法準時上班。幸虧大唐人口不多，要是當時人口密度和今天的台北一樣，大家見面就行禮，路上可沒有放腳的地方。

此外，當時流行騎馬，如果兩個馬上老友見了面，又該如何行禮呢？難道兩人要展示絕頂的騎行功夫，直接在馬上行跪拜禮嗎？想像起來有些趣味，但實際上他們會雙手抱拳以示禮貌；如果你想效仿，請注意，抱拳時千萬不要鬆開馬轡繩，否則容易出現危險。

其實如果不是時間太趕的話，雙方可以下馬相互問候，不過估計一方會客氣地說：「某還有要事，不必如此。」如果一方堅持下馬，那麼另一方也得下馬，兩人抱拳後交談，以示友好。所以，如果你想做一位眾人心目中有禮貌的人，我建議你，不要怕麻煩，堅持下馬問候對方吧。

想將恭敬做到極致，選擇揖禮吧。站好以後，雙手抱撐前推，身體略彎。揖禮可算是出門在外最為恭敬的一種禮儀了。要留意的是，大唐人民也和現代人的禮儀思維差不多，如果你不分場合、不論長幼，都向對方行最正式、最恭敬的禮，恐怕對方也會覺得生疏和不自在吧。這和現在一樣，你對見到的人個個彎腰問好，對方應該很難和你變成好朋友。

上朝莫緊張，不如大家來跳舞

如果你打算朝大唐官員方面發展，了解一下面見皇帝陛下時所需要的禮儀是非常有必要的。

第一次上朝看見文武百官和皇帝，多少會有點緊張，但此時你需要表現出「見過大世面」的淡然和定力，因為更讓你震驚的還在後面。常看古代小說和電視劇的你一定知道，上朝是件隆重的大事，它已經成了一種儀式，官員們需要對皇帝行隆重的跪拜禮，才能顯示出皇帝的威嚴。

不過你會發現，唐朝臣子在朝堂之上行跪拜禮時，以額頭接觸地面的時間稍長。他們怎麼了？是官帽太重直不起脖子，還是上朝時間太早還沒有睡飽？這時不要胡思亂想，快跟周圍的人保持一致。這種跪拜時將頭貼在地面上一段時間的方式，比用額頭碰一下地面要更加恭敬。

大唐最尊貴的禮儀應該是專門為皇帝和朝臣量身定制的，既可以充分表達臣下見到皇帝時的愉悅心情，又可以彰顯皇帝獨一無二的地位身分。這種禮儀就是——「大家一起跳舞」。唐朝人管這個叫作「拜舞」。第一次上朝的時候，如果不會跳就先跟在後面學兩段吧，記住要訣：手舞足蹈。

行上述大禮的次數並不是很多，只是在上朝這樣極其隆重的場合需要。平時皇帝召見臣子到辦公室討論國家大事時，臣子不僅不必行拜舞禮，還可以坐著；嚴格地說，是兩人都跪坐著。

做個唐朝女人其實很輕鬆

前面說了這麼多禮儀，你可能已經在打哈欠了。但如果妳是女孩子，恭喜妳，因為上面說的基本上都與妳無關。無論妳是見到長輩、見到皇帝，還是見到任何需要行禮的人，只需要在方便跪坐的情況下跪坐下來，上身前傾呈作揖狀即可；無法跪坐時，拱手彎腰就可以了。據後來的朱熹老先生解釋：女人身上戴的首飾太多，尤其是頭上的物件，叮叮噹噹作響，如果也和男人一樣把額頭貼在地上，髮型會雜亂不好收拾。

如此解釋也對，唐朝美女的高髻看上去經不起折騰，如果要求女人都把額頭碰在地上，

陶彩繪持拍板伎樂俑・唐

灰陶製。伎樂女子呈跪姿，雙手持拍板。從唐代出土文物來看，跪姿依然是比較常見的坐姿之一。

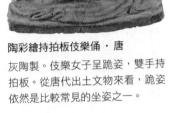

剛貼好的花鈿就可惜了。武媚娘，這個歷史上真正的女皇可能就是出於這樣的想法，在她登基以後，便宣布所有女人都不必跪坐行禮。

生活在這樣一個動不動就需要跪拜的時代，無論你喜歡與否，這都是你生活的一部分。因為大唐禮儀不僅表現著唐朝人的友好熱情，也是他們文化素質的集中體現。

這裡不用蹲地，是個有椅子的時代——家具

雖然人們習慣跪坐，但大唐確實已有可以讓人們坐下來的家具，例如椅子和凳子，所以如果你實在不喜歡跪坐，可以適當坐坐凳子或椅子。當然，椅子此時還沒有被廣泛應用，當你到鄰居或朋友家做客的時候，最好還是選擇跪坐；待主人拿出凳子或椅子邀請你時，再坐也不遲。若是有主人邀請你和他一起坐在床上，你也不要覺得奇怪，大大方方地坐上去吧。在唐朝人眼裡，床的概念十分廣泛，只要是底部有支架可以供人跪或臥的平台，無論多寬多大，都可以稱作床；而床也不單單是用來睡覺，因此李白寫的床前明月光，指的當然不是今天人們專門用來睡覺的床。

唐朝實木家具，全球流行

大唐家具大氣華美，飽滿端莊。在唐朝，你可以看到頂級的家具，設計師思想開放、技藝一流；工匠們熟練地將貝殼和海螺等物打磨得細膩明亮，然後鑲嵌在木

質家具中，比起現代那些只是單純地把貝殼用膠水黏在一起，做成小鳥、烏龜或房子形狀的手藝要巧妙精緻許多。工匠們還用打磨好的貝殼，鑲嵌成各式各樣的花紋且繁複華麗。用這工藝製成的家具，在大唐的貴族圈子裡是十分受歡迎的。

唐朝有桌子、櫃子、床、屏風、椅子等等。用來吃飯的桌子，也就是餐桌，叫「板足案」，它不像現在的方桌或者西式長桌，它比較矮，像一塊木板，左右兩邊是桌腿，腿也是木板製的。吃飯的時候，跪坐在板足案前，高度剛剛好。如果要書桌，做出來的形狀大致和板足案相似，只是書桌的兩邊翹起來，叫「翹頭案」，估計如此東西不容易掉下去。

現在，人們使用桌子較普遍；在唐朝，人們喜歡用比桌子稍矮的「案」。雖然

唐朝家具特點

唐代家具產生於隋唐五代，由於垂足而坐成為一種趨勢，高級家具迅速發展，並出現了新式高級家具的完整組合。唐代家具的造型和裝飾風格與大唐國風一脈相承。

唐家具的造型渾圓、豐滿，裝飾清新、華麗，因受到外來文化的影響，家具的裝飾風格也擺脫了以往的古拙特色，取而代之是華麗潤妍、豐滿端莊的風格。

你在大唐可以看到桌子，但在百姓心裡，這種新式家具仍不足以替換家中使用多年的案。

另外，唐朝的床也和現在的床不一樣，《西遊記》中女兒國國王派人邀請唐僧夜觀國寶，成功把唐僧引到自己的閨房。女王躺在「床」上，只等著御弟哥哥走到床邊……此時女兒國國王所用的即是古代的床。這種床有簾子，如果把前面的簾子放下，就是一個封閉的空間。因此，當唐僧走進房間，就可以看見這位女王一再強調的「絕世大國寶」。女兒國國王正是借用這床的妙處，才將唐僧騙過來。試想如果道具組將女王的床換成左右無遮擋的樣式，唐僧一進門便一目了然，也就不會有之後的故事情節了。

折疊小板凳與閨房小板凳

在唐朝，家具千萬不要缺少胡床。胡床聽上去像是胡人睡覺的床，其實不然，事實上它只是個小凳子，而且是可以折疊的小凳子。就像現在露營使用的折疊椅一樣，走累了就可以把它展開坐下來休息。現在的折疊椅為了方便攜帶，均採用輕便的材料製作；而大唐的胡床除了凳面不是木頭，其他都由實木製成，分量十足。

唐朝人對胡床使用比較頻繁，如果平時不用，還可以把它掛在牆上，絕不占地

敦煌壁畫・唐

從壁畫中可以看到，若要布置一間唐代居室，最主要的家具為若干床榻，以床為中心，其上、四周可以張設帷帳、屏風，並放置各種几案供憑靠、置物，此外還可布置若干繩床、倚床、杌子等椅凳類家具，以及下連床腳、置於地上的各種箱櫃。

唐朝人對胡床使用比較頻繁，如果平時不用，還可以把它掛在牆上，絕不占地方。今天更有人大膽地提出：李白舉頭望明月時，坐的正是胡床。但這只是後人的一個猜想罷了，至於當時的李白究竟是坐是臥，只有他自己最清楚了。

此外，大唐最具代表性的家具要數月牙凳了。它造型可愛、富貴華麗，貴族女子的閨閣中一般都有。如今的姑娘，多喜歡以粉紅可愛的Hello Kitty或者哆啦A夢為主題的臥室風格，總之一句話，臥室風格一定要溫暖可愛，越萌越好。唐朝的姑娘最喜歡的臥室風格則是圓潤、華美、大氣，而風格華麗精緻的月牙凳便可滿足她們的小小心願。你在唐朝姑娘的閨房中找不到大抱枕，也看不到大玩偶，但可以找到幾張月牙凳穩妥地擺在閨房內。

小小的月牙凳，工匠們將它雕刻成藝術品，大概除了凳面不能鏤空雕刻之外，其他地方都裝飾得十分華美。月牙凳的凳面充分迎合人體結構，做出弧度，形似月牙，坐下的時候非常舒服。此外，月牙凳還充分解放雙腿，讓雙腿的活動空間較今天人們喜愛的獨立筒沙發還多些。

如果說用打磨好的貝殼來鑲嵌家具，是工匠們一代代傳承下來的手藝，月牙凳就是工匠們奇思妙想的產物，完全是唐朝人民的大膽嘗試和創新。月牙凳的四條腿上面有非常精美的雕花，從各個角度看都不盡相同。

閒暇的時候，你可以用自己喜歡的布料為凳面做個凳套，坐著更舒服，也可以在凳子周圍加一些穗子，樣式全憑個人喜好。在閨房中，你可以坐在凳子上繡花、乘涼或者發呆，這樣坐著比跪坐舒服太多了。

唐朝家具的華麗、高貴，從另一個角度體現出大唐的風貌。此時不僅出現了攜帶便捷的胡床，還出現樣式新穎、雕工精美的月牙凳，其他家具的樣式也體現了獨特的大唐風格，遠比其他朝代的家具更大氣華麗，非常符合唐朝人的精神面貌。在唐朝，你跪坐之餘尚可以選擇椅子和凳子，出門還可攜帶胡床，回到臥室有舒服漂亮的月牙凳，這樣的享受在之前的朝代裡可是沒有的。

晚上切忌「夜生活」，小心被抓走——宵禁

雖說大唐經濟繁榮、國風開放，但仍有需要特別注意的地方，例如每日的宵禁。大唐居民，尤其是居住在長安的人，需要嚴格遵守宵禁制度。因此，大唐夜晚的街道很冷清，可能只會有巡邏的小隊出現在街道上。

那宵禁制度是什麼呢？宵禁就是規定人們在一定時間內不能於街上行走的制度，但當中並未規定人們何時睡覺。所以，儘管有宵禁，但人們可以在外留宿，可以在「不在街上行走」的狀態下徹夜狂歡，例如在青樓住宿的人們，或是在驛館客棧留宿的人們，他們都可以在小範圍內進行娛樂活動，唱歌跳舞，喝酒聊天等。當然，這兩種人並非生活的常態，每日辛苦討生活的百姓才能真正代表唐朝大多數人的生活狀態，所以在大唐生活，就要做個遵紀守法的好公民，支持宵禁制度義不容辭。

難得的夜市瘋狂

在長安，可以消費的地方有兩個，一個是東市，一個是西市。這是大唐最大、最繁華的兩個街市，如果你想買的東西在這兩個地方都找不到，基本上就不用找了，說明大唐沒有你要的東西。

一大早去東市買點東西，發現東市沒開門。也許有錢人起得比較晚，轉個彎去西市，卻發現西市也沒開門。都這個時候了，怎麼還不開門呢？東、西市白天都不開門，難道是晚上才開門嗎？如果這麼想，你就大錯特錯了。首先，商場肯定是在白天開門，其次，大唐晚上實行宵禁制度，晚上想要逛商場絕對不可能。

那這兩個商場到底幾點開門，什麼時候我們才可以去逛街？

別著急，商場下午才開門。我們可以吃完午飯，喝上兩杯茶，躲過正午烈日，悠然地到東市和西市逛個夠。但是要記得在下午六點前回家喔！

在大唐長安，下午六點一到，標誌著白天過完的唐朝刻漏式鬧鐘就會準時響起，長安城的「派出所」會有專人執行擊鼓工作，稱為「閉門鼓」。如果六百下鼓聲響完，你還在街上漫無目的地閒逛，就會被「警察」粗暴地抓起來，到時候，什麼藉口都沒有用了。雖然你沒有非法擺攤，家裡的狗也沒有隨地大小便，但若你無法向「長安宵禁管理大隊」的隊員們解釋清楚「都六點了為什麼還不回家，為什麼

宵禁制度

長久以來，我國統治者奉行「日出而作、日落而息」的準則，反映在城市管理制度上的就是實行宵禁制度。從周代開始文獻裡就有宵禁的記載，秦漢兩朝繼續沿襲之前的宵禁制度，隋唐兩朝在之前的基礎上做進一步發展，特別是唐朝統治者把宵禁制度系統化、法治化，實施最為嚴格，宵禁制度在唐朝達到了頂峰。

古代的一更就是現在的晚上七點到九點，九點到十一點為二更，夜裡十一點到一點為三更，凌晨一點到三點為四更，凌晨三點到五點為五更。也就是說，晚上七點多鐘就不能出去了，更何況晚上九點以後還在逛大街，那是會受到懲罰的。

上街」這個問題，一般來說都會被抓走。

習慣夜生活的現代人聽聞六點就得回家，心想是不是太早了？但這就是現實，你在大唐就必須遵守。從另一方面來說，這也是一個好的習慣——下午六點「閉門鼓」響，回家休息，第二天五更時，「開門鼓」喚你起床，從而可以督促你早睡早起，培養良好的生活習慣。

但這只是平時的規定，到了元宵節，整個長安都會很熱鬧，因為大家可以逛夜市了。元宵節這天，熱鬧非凡。街上有人放煙花爆竹，有人騎馬遊玩，還有人對飲高歌。當然大唐的宵禁制度，到了北宋就沒有了，所以電視劇裡的北宋女孩上街玩耍是多麼的歡愉，因為她們不受制度的約束。

大唐元宵佳節有三天的夜市可逛，平時宅在家的女孩都可以出門玩耍。此時的青年男女，可以藉機約賞燈，看夜景，情到濃時還可坐在草坪上數數星星，因為這是難得的三天浪漫時間，所以一定要抓緊。另外，商人們也會趁這幾天，努力地做生意。一位有商業頭腦的老闆，晚上販賣一些跟節慶相關的物品，我相信營業額肯定會急劇上升。加上歌女們出來表演，如果再有人辦個「長安夜遊觀光團」，收入應該相當可觀。

出門喝酒太晚就別回家了

三五好友在一起吃飯，聊人生，聊理想，興致來了不免要賦詩一首，但一張口又忘了

《帝鑒圖說》之唐中宗觀燈市裡 · 明 · 無款

圖繪唐中宗末年時一個元宵節，中宗和韋后微服出宮，在街市之內賞燈遊玩。畫面中男女老少相攜出行。在沒有宵禁的時候，大唐絕對是另一番熱鬧景象。

詞，大家喝多了，突然聽見衙門「閉門鼓」響了，說明該回家了。但當他們磨磨蹭蹭地走出門時，竟發現街上已經差不多沒人了，匆匆忙忙跟主人告別各自回家；只剩下你在家門口傻站著，離家太遠來不及回去，你該去哪兒？

碰上這種情況就別不好意思了，大大方方地跟朋友借宿吧。雖然可能擠一些，沒有自己家舒服，但總比被抓到牢裡好受。同樣，如果你出去辦事，一定得留心計算著路程，時間快到了就趕緊往家趕，千萬別磨蹭。

如果老闆要求你加班怎麼辦？就讓他替你解決住宿問題。這時你會發現，宵禁其實是杜絕長期加班的好辦法，如果老闆要求員工長期加班，就得提供員工長期住宿的地方，如此成本太高，老闆極不願意。猜想，如果唐朝有企業，那些老闆極有可能會剛五點就站在辦公室門口催促員工下班。

如果你真的不幸在路上了，就得趕緊找個地方躲起來。一旦被抓住，懲罰可不單單只是坐牢那麼簡單，也許還得挨打，被鞭子抽打。敲「閉門鼓」後還在大街上行走就算是犯罪。據因違反宵禁而被巡邏人員狠狠打耳光的溫庭筠說：「宵禁執法小隊隊員果真十分兇殘，某（我）牙齒折了一顆，某向其長官告狀，無奈長官並不處置此人。」可見，無論是誰，違反宵禁的後果真的很嚴重。

宵禁執法小隊的隊員們不能和其他人一樣日出而作，日落而息，他們每天晚上加班巡邏（不知是否有輪班制），心情一定不好，如果這時候被他們發現你在街上，後果肯定不會太好。

老公，孩兒半夜發燒了

宵禁制度堅決不能違反，但如果有特殊情況呢？例如電視劇裡面演的，大俠奄奄一息，用最後的力氣敲開醫館的門，然後暈了過去。醫館的郎中四下看了看，把人拖進去進行治療……這裡的郎中得冒一定的風險。又如果家裡有人要掛急診怎麼辦？大唐居民雖說家中孩子眾多，但任何一個孩子都是父母的心頭肉，孩子發燒讓唐朝的爸爸媽媽心急如焚，也只能用家裡打的井水幫孩子降溫。可這樣的做法好像並不管用，孩子仍被燒得迷迷糊糊。

晚上是不能出去的，這時候該怎麼辦？沒關係，大唐宵禁制度雖然嚴格，亦有人性化的一面。如果確實有急事，可以跟宵禁巡邏小隊說明情況，他們還是允許出門的。當然，至於你求的那個人脾氣好不好，醫館裡的郎中是不是善良，就全憑你的運氣了。

另外，如果你因為政府的事情，宵禁時分在街上行走，也是可以的。所以當你考上公務員以後，加班的機會可能就多了。

唐朝的宵禁確實比較嚴格，所以晚上出去通宵玩樂是絕對不可能的。因此，作為長安居民，都養成了早睡早起的習慣。另外，宵禁降低犯罪率，為維護社會的長治久安做了很大貢獻。也正是因為宵禁制度，唐朝人民的元宵節過得熱鬧非凡，節味濃厚。

電視裡都是騙人的，街上根本沒商鋪——坊市制度

什麼樣的景象最能代表大唐街道？是熙熙攘攘的人群、街道兩旁的攤鋪，還是新出爐的蒸餺饠冒著騰騰熱氣？這些都不是，大唐長安街道只能出現兩類人，一是用腿走路的人，一是用車馬代步的人。街道兩旁沒有店鋪，沒有櫥窗，沒有停車位，更沒有發宣傳單的人。這裡的街道宛如現在的高速公路一樣，這裡的街道兩旁全是樹木，沒有零售店，車也沒有車速最低限制，還可以逆行等等。長安由皇家活動區域（官員上班也在這個區域內）和上百個平民社區所組成，這些社區都有自己的名字；而皇家活動區集中在長安城北部，這個區域的面積也是整個長安最大的。

棋盤式的美麗長安

白居易對長安的印象是什麼？繁華？熱鬧？不是，他的形容讓人感覺他坐在熱氣球上，正在長安上空盤旋，鳥瞰整個城市，然後發出由衷的讚歎：「真是像棋盤

一樣的城市啊！」

確實如白居易所說，長安城布局相當工整，就好像拿尺量過一樣。它沒有曲線和多餘的設計，無論是主體還是細節都完美俐落，沒有瑕疵。

在長安，想要迷路是很困難的，除非是因為記性不好而引起的重度路痴症患者。這裡的每條道路都是筆直的，街道方向不是南北，就是東西，完全沒有搞不清方向的困擾。實在找不到路也沒關係，只要記住皇帝的活動區域都在長安的北部就行。正對著皇帝活動的區域，左手邊是西市，右手邊是東市，只要方向對，就能找到地方。

全長安城南北方向街道和東西方向街道各有十多條，就像今天人們畫的表格一樣，每個格子裡面是居民住的社區，唐朝人把它叫作「坊」。不過這裡的社區都是平房，也沒有二十四小時的便利商店。不論哪個社區的人若是要想買東西，都得去長安的東市或者西市。

分割了長安城的筆直街道，設計師採綠化設計，街道兩邊都有樹。猜想設計師大約有強迫症，街邊的樹只有兩個品種——槐樹和榆樹。此外，馬路也不是柏油路，街上沒有路燈和紅綠燈。長安的街道和現代的馬路比較類似，即使下點小雨也不用擔心，大唐的街道設有排水溝。雖然有排水溝，但如果遇到不常見的暴雨還請大家不要出門，乖乖在坊內宅一天，因為水很深、很危險。

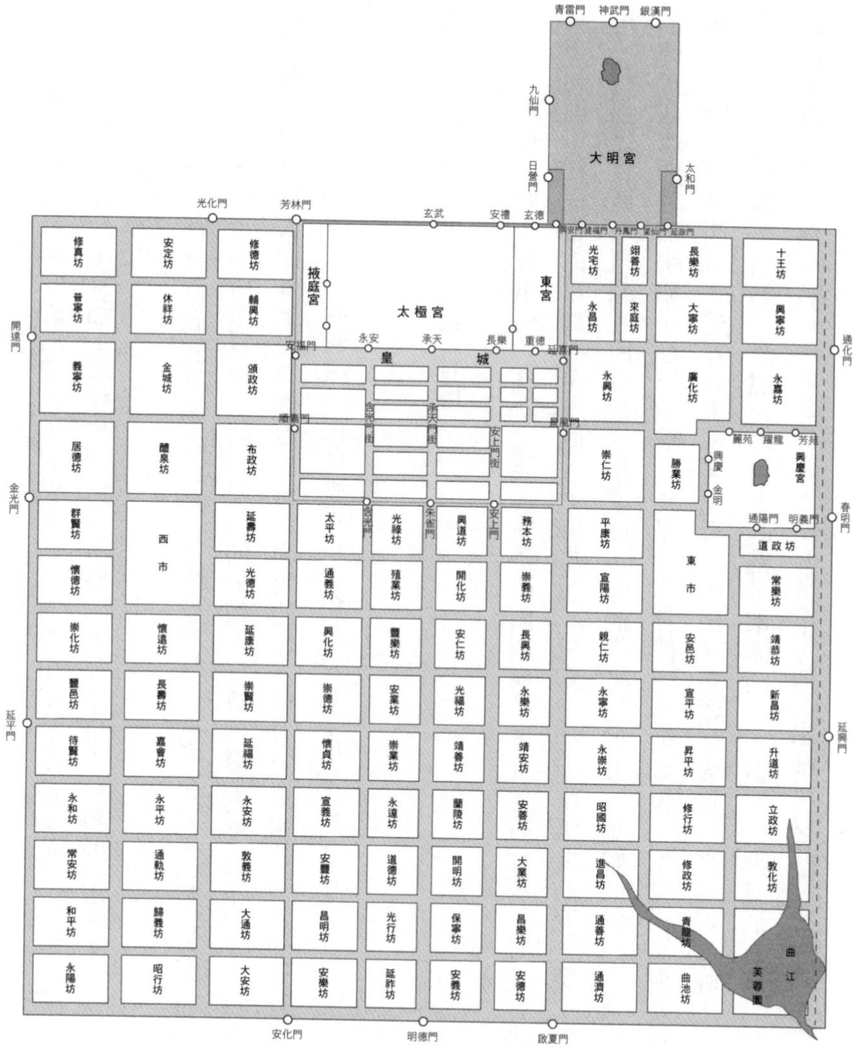
青霄門
神武門
銀漢門
九仙門
大明宮
日營門
太和門
光化門
芳林門
玄武
安禮
玄德
建福門
丹鳳門
延政門
掖庭宮
太極宮
東宮
安福門
永安
承天
長樂
重德
延喜門
皇
城
順義門
含光門街
承天門街
安上門街
景風門
含光門
朱雀門
安上門
開遠門
金光門
延平門
通化門
春明門
延興門
修真坊
安定坊
修德坊
普寧坊
休祥坊
輔興坊
義寧坊
金城坊
頒政坊
居德坊
醴泉坊
布政坊
群賢坊
西
市
延壽坊
懷德坊
光德坊
崇化坊
懷遠坊
延康坊
豐邑坊
長壽坊
崇賢坊
待賢坊
嘉會坊
延福坊
永和坊
永平坊
永安坊
常安坊
通軌坊
敦義坊
和平坊
歸義坊
大通坊
永陽坊
昭行坊
大安坊
太平坊
光祿坊
興道坊
務本坊
通義坊
殖業坊
開化坊
崇義坊
興化坊
豐樂坊
安仁坊
長興坊
崇德坊
安業坊
光福坊
永樂坊
懷貞坊
崇業坊
靖善坊
靖安坊
宣義坊
永達坊
蘭陵坊
安善坊
安豐坊
道德坊
開明坊
大業坊
昌明坊
光行坊
保寧坊
昌樂坊
安樂坊
延祚坊
安義坊
安德坊
光宅坊
翊善坊
長樂坊
十王坊
永昌坊
來庭坊
大寧坊
興寧坊
永興坊
廣化坊
永嘉坊
崇仁坊
勝業坊
麗苑
躍龍
芳苑
興慶
金明
興慶宮
通陽門
明義門
平康坊
東
市
道政坊
宣陽坊
常樂坊
親仁坊
安邑坊
靖恭坊
永寧坊
宣平坊
新昌坊
永崇坊
昇平坊
升道坊
昭國坊
修行坊
立政坊
進昌坊
修政坊
敦化坊
通善坊
青龍坊
曲江
芙蓉園
通濟坊
曲池坊
安化門
明德門
啟夏門

唐長安城市坊圖

是不是覺得這麼好的環境，不賣點東西，有點可惜啊？放暑假的時候，在街上推小車擺攤，賣些工藝品，賺點零用錢該多好。千萬不可！這裡的街道是供人們行走，根本不准有攤位。

大唐的皇帝都喜歡勤勤懇懇在地裡種田的青年，或者有文化去考公務員的青年；若有某家孩子開店做買賣，就是墮落的象徵。就算你發展成產業大亨，推動經濟發展，家裡的人照樣會覺得你沒出息。龐大的長安城有上百個社區，卻只有兩個市場，而且市場晚上不許營業，由此就可以看出皇帝是多麼不待見商人。

東市、西市裡面都賣些什麼

想去東、西市買東西，就一定要弄清楚這兩個商業區究竟有什麼，且賣什麼。東市和西市裡面賣的東西完全不同。一般來說，日常生活中所需要的吃、穿、住、用、行都能在西市買到，所以這裡是家庭主婦們常逛的地方，是她們的購物天堂。酒肆掛在店門外的小旗子迎風招展，也是西市裡的一道風景線。如果想請朋友在外面吃飯同樣要來西市，這裡有大飯店也有小飯館。想要住店也得來西市。晚上可以在客棧裡搞些娛樂活動，雖然夜晚街上的鋪子都關門了，但旅館裡有酒有肉，想喝通宵也沒問題。換句話說，只要有錢，你的基本生活需求都可以在西市解決。

西市是「國際化」的商品交易場所，不僅有外國人喜愛的中國特色商品，還有大唐人追求的「進口貨」。因此，在這兒可以買到蔬菜瓜果，也可以買到金銀珠寶；既可以買到學習用品，也可以買到體育器材。最後一定要記住：這裡的營業時間是中午開門，下午六點準時關門，雖然營業時間短，但商鋪生意很好。

既然西市有這麼多的東西，那東市還能賣什麼？魏晉的石獅子、漢朝的硯台、生長在深山裡起死回生的草藥、千年老靈芝等，在東市

浮雕《宇文愷修建長安城》

長安城之所以一直被模仿而從未被超越，包括坊市制度的建設，都要歸功於隋朝大設計師宇文愷，正是在他的規劃設計下才有了唐長安城的繁華。

都可以找到。這裡號稱有「四方珍奇」，一些稀奇古怪的東西都可以來這裡找找。此外，這裡還是奢侈品的聚集地，大唐人心中的「大品牌」均收羅其中。

東市裡賣的東西高級又大氣，跟家裡平常用的東西不同，因此前來光顧的人也與逛西市的人不一樣，可以說非富即貴。一般人到這裡頂多就是看看而已，看看富貴人士，看看奢侈品。

在大唐，除了長安城以外，其他稍微繁華的城市也都實行坊市制度。各地行政長官按照皇帝的要求建立坊的數目，並積極學習長安的設計方案，規劃出專門經商的地方。但走遍唐朝大大小小的城市，你會發現還是長安的東市、西市最熱鬧，這裡的坊市管理制度比較嚴格。長安一直被模仿，但從未被超越，一直是唐朝的「國際化大都市」，實力不容小覷。

大唐有「社區」，家門對街算犯法——百姓住坊

大唐的城市嚴格按照坊市制度來劃分，除了皇室成員在專門劃定的區域內活動外，其他百姓都住在坊內。在宵禁制度的作用下，百姓住的「坊」每天都是五更時分開門，下午六點左右關門，以衙門擊鼓為準。到了夜晚，坊外的街上就只剩下政府派出的宵禁執法小隊。每個坊就像一個獨立的社區，鄰居們閒暇時會坐在一起聊天，這就是大唐的市井生活。

家門對街開，當大官的福利

一般來說，若想回到你居住的地方，就要先進入社區，然後從坊門進去，再進家門。大唐有規定，一般人的家門不能對著街，也就是說，從街道上是看不見家門的。當你走在街道上，除了可以看見樹、行人、排水溝，其他似乎很難看到，想一覽別人家門前的風景是很難實現的。

但這只是一般情況，還是有人可以破例的。像三品以上官階的官員，就有權把門裝在街邊的牆上。

沿街立門的家庭，生活確實會更加便利。當別人花幾分鐘的時間從坊內走到坊外，再走到大街時，他們只需要把門打開，就可以上街了。總之，這些臨街開門的家庭，生活起來比住在裡邊的家庭方便許多。

社區裡設施齊全，治安環境好

住在長安的社區裡，社區的大門就是坊門，可以看到上面寫著坊的名字。大一點的社區，有四扇坊門；小一些的社區，只有兩扇坊門。每到下午六點，閉門鼓聲停下後，坊門也就關閉了。

坊門很高，四周都有圍牆，宵禁巡邏人員會不定時巡邏。這對那些想偷偷溜進社區，或想靠翻牆進坊的人來說很麻煩，但同時這樣的管理也很安全。居住在坊內的人，不用每天擔心外面的不法分子在坊內搞破壞，大大減少了入室搶劫、入室盜竊案件發生的次數。

坊門每天早上五更開，上班、踏青、上學等都來得及。但如果你有急事想要在五更天以前出門，就要計畫好時間，提前一天出門。坊里正中間的位置，一般都是水井，坊裡的每條路都可以通到井邊。如果你有機會俯瞰整個社區的話，會發現道路呈「井」字形，這也是「井字路」的由來。這口井解決了坊內居民的日常用水問題，但如果家離井比較遠，建議多儲水，一方面減少挑水的次數，一方面可預防火災。

坊內的路稱作「巷」，有寬有窄，窄的只能一個人通過，可能是社區居民平時下班回家的捷徑。但這些路最好不要輕易亂走，因為它們沒有規格，不像城內的街道一樣筆直，很容易搞錯方向。一旦迷路了只能自己慢慢找，所以如果你初來乍到，建議盡量走自己曾經走過的路，或者乾脆每天走大路。

社區外面的人進不來，居民無須擔心外賊，可萬一做壞事的是裡面的人，怎麼辦呢？大唐社區裡又沒有監視器，所以，一切只能靠內部居民的互助。如果你的鄰居違法，你知道卻包庇他，同樣要受到懲罰。所以，住在社區裡能有一些遵紀守法的好鄰居，是多麼幸運的一件事情。

社區名字很文藝，坊內生活很自如

在大唐，你會發現每個坊都有自己的名字。這些名字富有文化氣息。有的坊名是根據附近本來就有的景致來命名的，例如長安東南角離芙蓉園很近的曲池坊。芙

坊市制

唐代的坊市制根據城市的封建等級（而不是根據實際需要）來確定不同城市建立坊區數目，例如唐時長安有一百零八坊，東都洛陽有一百零三坊，揚州、蘇州約有六十坊，沙洲僅有四坊等，體現了封建等級制度。市、坊嚴格分開並將居民區用圍牆圈起來，實行坊里鄰保制、按時啟閉坊門制、宵禁制等有利於加強對城市居民的管理和控制的配套措施。

詩人白居易曾用詩生動地描述了坊市制下長安城整齊劃一的概貌：「百千家似圍棋局，十二街如種菜畦。」

蓉園和曲池坊中間隔著曲江池，因此坊名為曲池坊。住在這裡的居民白天可以到曲池邊玩耍，到了元宵節，出了坊就可以放河燈了。雖說有坊牆隔著，社區裡的居民可能無法在家直接看到曲池的風光，但這裡離景點最近，稱得上是居住環境較優雅的地方了。還有的坊名比較吉利，比如長興坊、永安坊和昌明坊等，皆有美好的寓意。此外，正對皇帝活動區的坊，面積比其他坊要小，但這些坊都位於長安城的中軸線附近，交通便利，往東、西市均方便。

坊內除了民居以外，還有宗教場所和一些居民喜愛的小吃店等，雖然西市、東市有飯吃、有酒喝，但畢竟有些遙遠，還是有不便之處。漸漸地，各個坊裡有了小酒館、小工藝店和小旅店等人們日常需要的商業場所。因此，就算到了夜晚，街上沒有行人，坊中的人仍會在坊內的酒館喝酒聊天，開始夜生活。有些坊甚至興建起娛樂場所，住在這裡的人可以在吃完晚飯後散步、聽音樂、欣賞舞蹈；即使不住在這裡的人也可住在旅店中，和朋友們高高興興地玩一晚上。

每個坊的坊門都有政府派遣人員巡邏，街坊鄰居們也會互相監督，正中央的水井供應天然井水，坊內還有富大唐特色的國際化食品供應。總之，這裡的生活很方便很自由。坊裡的生活也許沒有東、西市那樣熱鬧，但這裡是大唐百姓的住所，這裡有百姓們的故事和喜怒哀樂，在這裡生活，能真真切切地感受到大唐的氣息。

「裝修」不由己，小心衝撞大人物——居室制度

大唐的房間要怎麼裝修呢？鄉村風？後現代風格？東南亞風格？還是地中海風格……跟著大唐潮流來裝修你的房子才是最時髦最流行的。但在大唐搞裝修，你得注意兩點。第一，不要效仿大戶人家的氣派，人家的氣派是光耀門楣的表現，你私自效仿，就是違反大唐規章制度的行為；第二，如果你不是大唐官員，請小心建房，注意參考各類規章制度，否則容易違反法律——唐朝在住房方面，普通百姓的住房品質是無法和有錢的官員相提並論的。不過，如果你家裡有錢有勢，唐朝有流行的「土豪風格」和「文藝風格」可供選擇，膽子大的可以不管建造制度，多為自己增加房產。但最後要記得，房屋的裝修風格得配合大唐最流行的各種低矮家具的風格。

官員大門很霸氣

在大唐，人們把住所的大門分為兩種，一種是尊貴型大門，一種是普通型大門。普通型大門就是一般百姓家中常用的大門，它品種單一。

達官顯貴之家的大門和門前的設計則十分引人注目，它昭示著主人的地位和財富。尊貴型大門最醒目的是它的朱紅色，杜甫詩中的「朱門」即是。當時很多有權勢的人都喜歡把門用朱紅色的漆刷一遍，久而久之，「朱門」就成了富貴人家的代名詞。除了顏色，門環也是一大特色。顏色亮麗的大門配個簡單的木門環就太草率了，門環一定要華麗大氣才配得上朱門。如果你走近朱紅色的大門，會發現門環不僅是銅做的，而且還雕刻了精美的花紋。

紅色大門耀眼、金色門環霸氣，突出尊貴門庭和普通百姓的差別。然而，光是朱門和銅環，還不足以顯示主人的尊貴，門前領地的裝飾也是身分的象徵。在朝為官的人，不知道是不是職業病，都喜歡把家門前大肆裝修一番，搞得像官衙似的，以此向每日經過門前的人顯示自己的地位，畢竟在大唐當公務員是一件十分光榮的事情。

官員的家門前常常放置著紅色柵欄，但若不是他家的車輛和馬匹絕不能在家門前停留，連路上的行人也不能越過柵欄行走，除非經官員同意，或者是受官員的邀請。所以，凡能從官員家門前經過的人，大家都會知道此人地位和普通人不同。其實，這和現今在社群平台晒照片炫富、顯示身分的意思一樣，只不過比較低調而已。

朱門和門前立紅色柵欄，只是官員身分體現的方式之一。其實，在大唐，三品和三品以上的官員，無論是文還是武，還有很多其他福利。官到了三品，皇帝不僅允許你家門隨便開，還會賜你戟。不要害怕，無論文武，三品以上的官員都有機會收到這份皇帝的賞賜。把戟立在你家門前，尖頭朝天立著，能在家門前立戟的絕對是精英。年輕立戟的，肯定是大唐傑出青年；年長立戟就是大唐資深傑出人士。無論年齡、星座、血型、民族，只要門前立戟，絕對光榮無限、榮耀無比。

皇帝所賜之戟皆雙數，因為單獨的柄立在門前不好看，成雙成對較美觀。按照規定，官員每人最高可以獲得十六柄，最低也有十二柄，如果家裡不止一個人官列三品，家門前至少會立有二十多柄。每當太陽升起之時，這些戟金光閃閃，筆直站立，威嚴霸氣，也讓普通老百姓心生畏懼。

看看大唐百姓的房子

在大唐，沒有ＢＭＷ或賓士，也沒有香奈兒和ＬＶ，於是，房子成為身分的一種重要象徵。而主人家的客廳，也就是堂屋，代表著主人家房子的好壞和主人的地位身分。但若想把客廳設計得超大以顯現自己身分的人要注意，在唐朝，不同官階的官員以及老百姓家的客廳面積都有規定。官位越高，客廳面積越大，可以想見王爺或者公爵家的客廳面積如何，而平民百姓家的客廳面積則是大唐客廳修建面積中最小的。

如果你覺得不公平，非得建造一個客廳面積超過規定的房屋，就會有兩種結果。第一，坊內可能沒有足夠的地方供你建造，如果打算占用街道或侵占他人的土地，明顯是犯法的事情，鄰居會舉報你。第二，如果你沒被舉報的確值得慶幸。一旦被官員發現房屋規格超標，不僅自己遭遇牢獄之災，鄰居也會連坐受累。

此外，唐朝的普通公民家庭，不光客廳大小受限制，裝飾也有要求。客廳不能過於裝飾，但有錢的官員就不同了，家可以誇張些。例如有些家庭用紅粉染料和沉香來塗牆，使家裡香氣不斷，這對大唐的室內設計師來說，是一種打破常規的設計理念和創新。但對普通百姓來說，卻只能自行想像而已。

百姓們的房屋簡陋樸素，不同於大戶人家的華麗富貴。這也難怪當他們有機會到大戶人家裡都會上下打量，侷促不安，因為他們根本無法想像，房屋居然可以是這個樣子。

既然客廳大小有限制，裝飾也有限制，那稍微有錢一點的百姓豈不是沒法大展拳腳？還是可以的。如果真的想花錢，就用木材和石頭建房吧，雖說百姓們不能在後期裝修上下功夫，所幸建築材料沒有什麼限制。唐朝還沒有鋼筋混凝土，也沒有高樓大廈，對他們來說，木材和石頭已經是最堅固且耐用的材料了。

一般蓋房子是不請工匠的，都由家裡的男丁來完成。建好房以後，人們就在房頂添置瓦片，如此一來冬暖夏涼，防雨防風。如果是比較貧窮的百姓，就會用茅草和竹子來搭建房屋。或許你會認為在沒人的地方搭建小小竹屋挺有氣氛的，但這樣的想法僅存在電視劇裡或者現代社會中，對大唐百姓來說，這可不是他們想要的。

土豪裝修和小清新裝修

唐朝百姓的房屋簡陋，但有錢人的房屋可是設計感十足。在唐朝，裝修圈有兩種風格，一種是奢華富貴純撒錢型，一種是自然清新簡約型；前一種是土豪，後一種是小清新。

兩種不同風格的裝修都會在花園部分下功夫，但這個花園不是普通的花園，可以說是一個公園。土豪們在裝飾自家公園的時候，喜歡華麗富貴的風格。於是他們用各種名貴材料，造亭台樓閣，種名花名樹，風格華貴，讓人眼花繚亂。這類大多是長安權貴，他們知道怎麼玩才算奢侈，怎麼建才叫真正的華麗。

相比之下，小清新的裝修風格比較匠心獨具，他們的公園更像個小型的自然風景區。這樣的裝修風格需要很大的心思，裝修的前期要花不少工夫和時間。採取這風格的一般不是達官貴人，而是飽讀詩書的文人。他們大多寄情於山水花鳥，知道什麼是風雅，什麼是清新脫俗有情調。在他們眼裡，沿著蜿蜒曲折的小路前行，看到隱密的山泉、野花簇擁的小亭子、大片的竹林，皆是很愜意的事情。

他們標榜的是自然、隨意、高雅和別具一格，他們也會將自己精心設計的裝修風格，寫進詩詞中。這樣的例子很多，如杜甫的草堂和王維的輞川別墅等。小清新派的房屋裝修，並不在於追求表面的富貴華麗，而是要

《輞川圖卷》（局部）・明・無款

此圖為明人仿王維《輞川圖》而作，基本上保持原圖的風貌。《輞川圖卷》是王維描繪自己輞川別業的圖卷。王維的輞川別業是一片擁有林泉之勝，因地而建的天然園林。輞川別業營建在具山林湖水之勝的天然山谷區，因植物和山川泉石所形成的景物題名，使山貌水態林姿的美更加集中地表現出來，僅在可歇處、可觀處、可借景處，因地制宜建築宇屋亭館，創作成既富自然之趣，又有詩情畫意的自然園林。輞川別業可以說是唐代高官顯貴別墅建築的代表作。

尋求內心的意趣。所以，如果你到這些人家裡參觀做客，一定要注意談吐，不要盡說些黃金、銅錢、升官、發財。你要有意識地找些高雅的話題，比如琴、棋、書、畫。如果實在不會說或不知道怎麼說，坐在一起喝喝酒、看看風景也不錯。其實，到這樣的人家裡，主要是放鬆心情，親近自然；如果主人邀你小住幾日，千萬別推辭，給自己一次親近自然的機會。

大唐房子的裝修不能隨心所欲，普通居民要謹記居室制度：讓自己的家合法，比讓自己的家獨特更重要。如果你有錢卻沒有權勢，且坊內的居住已無法滿足你的需求，可以考慮去無人之處，實現自己的心願。如果你有權有勢，身居大唐上流社會，那就好好施展一下，官位越高，房子越大，三品以上還能獲得皇帝的獎勵呢。

唐代建築特點及遺存

唐朝建築的風格是氣魄宏偉、嚴整開朗。建築發展到了一個成熟的時期，形成了一個完整的建築體系。它規模宏大、氣勢磅礴形體俊美、莊重大方、整齊而不呆板、華美而不纖巧、舒展而不張揚、古樸卻富有活力，正是當時時代精神的完美體現。

從唐至今，歷經千年，包括大名鼎鼎的「佛光寺」在內，如今中國僅存四座唐代木構建築，悉數皆在山西省境內，即佛光寺、天臺庵、廣仁王廟、南禪寺。

手握「暫住證」，大唐來去很自由——戶籍制度

不管你是什麼身分，不管你處在哪個年齡層，只要你生活在大唐，就必須弄明白自己的戶籍。想在大唐當藝術家，可能會發現藝術家身分卑微。儘管收入不錯，卻是「非編之戶」。長時間宅在家裡有些無趣，想換個心情，出外旅行一下，若沒有大唐通行證，最好不要出遠門，否則會面臨牢獄之災。即使有了通行證，如果沒有詳實的計畫，或是臨時改變計畫，也可能被關進大牢。大唐對通行的要求十分嚴格，如果不想有什麼意外，就老老實實地做個「聽話」的人吧。

戶籍如何申辦

大唐在戶籍辦理方面有一定的要求。而且在辦理戶籍前，必須回答這三個問題：家有幾口人，每個人平均有幾畝地，該交什麼稅。

現在以「大頭兒子」一家為例，對大唐戶籍辦理的相關事宜做個簡單的介紹。

首先，需要將戶籍內容上報給里正，一個里正管理一百戶。在「大頭兒子」家，「小頭爸爸」是戶主，所以就由他向里正交代情況。其次，「小頭爸爸」要準備一份手實（戶政資料），部分內容如下：

戶主：小頭爸爸，三十歲，丁男，小頭
妻：圍裙媽媽，二十八歲，丁女，腰有圍裙
子：大頭兒子，六歲，小男，大頭
右件人見有籍

這份手實裡，「小頭爸爸」說明家有幾口人時，還要寫明每個人的年齡，和戶主的關係，還有家中每個人的特徵。「小頭爸爸」的小頭，「大頭兒子」的大頭，至於「圍裙媽媽」……如果查得嚴謹點，「圍裙媽媽」的特徵可能過不了關，因為里正要的是體貌特徵，圍裙不是「圍裙媽媽」身體的一部分。

手實中的丁男、丁女，指大唐戶籍中年齡段的分類。大唐根據年齡，在戶籍上把男女分為五類：一歲到三歲的孩子是「黃」，即黃毛丫頭、黃毛小子的「黃」；四歲到十五歲是「小」，「大頭兒子」是六歲男孩，所以是「小男」；十六歲到二十歲是中，如果你家有個上高中的孩子，在唐朝的戶口本上，男孩是「中男」，女孩是「中女」；二十一歲到五十九歲是「丁」，所以「小頭爸爸」和「圍裙媽媽」是丁男、丁女；到了六十歲，戶口本上就是老男、老女。

手實最後一句「右件人見有籍」的意思是「小頭爸爸」、「大頭兒子」和「圍裙媽媽」三個人都是有戶口的。如果「圍裙媽媽」給「大頭兒子」生了個妹妹或弟弟，還沒來得及報上戶口的話，就要在「右件人見有籍」下面寫上新生兒的具體情況。此外，土地所有情況在登記戶口時要特別說明自

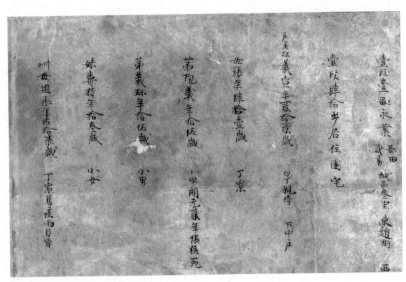

開元四年《高寧郡戶籍卷》（局部）・唐

此戶籍卷裝裱在《樹下人物圖》背面，為柳中縣戶籍的殘稿。從內容上可以清晰看出唐代戶籍的具體內容，包括住宅、四鄰、土地和去世的人口情況等。

己家土地的位置、面積、肥沃程度等，都需要在表格中做詳細紀錄，同時確定自家該承擔的賦稅，由此我們可以看出土地在古代社會中的重要作用。里正的這份登記表在唐朝叫「計帳」。

這樣，有了手實和計帳就可以辦理戶籍了。根據大唐普通百姓的戶籍管理條例，戶籍三年更新一次，但戶主每年都需要把手實報給里正。

唐代戶籍

唐代戶口統計有籍和帳兩類，一年一造帳，三歲一造籍。籍就是戶籍，帳又分為鄉帳和計帳。造籍用的紙張、筆墨、裝訂等費用，由各戶負擔。

唐代戶籍可分成編戶與非編戶兩大類。編戶是編入戶籍的居民（如文中大頭兒子一家）。可以是品官，也可以是白丁，但必須是良民。編戶又可以分為課戶與不課戶，以有無課口為基準。按租庸調法納稅服役的普通男丁，稱為課口。

真實的大唐藝術家

在大唐，「大頭兒子」一家算是普通公民，戶籍屬於編戶。除編戶外，大唐還有非編戶，遁入空門、入伍以及跳舞、玩音樂的大唐藝術家們等，都在此列中。非編戶可不是大家稱羨的，尤其是那些從事表演的「藝術家」，如唐玄宗身邊會跳凌波舞的謝阿蠻、段子手（說話風趣的宮廷樂師）黃旛綽，白居易家的「楊柳腰」小蠻和「櫻桃口」樊素等，雖為大唐藝術奉獻一生，但戶籍實際上屬於賤籍。

被歸為非編戶的大唐藝術家，賤民身分對他們會有什麼影響呢？

為皇室表演的謝阿蠻和黃旛綽等一類的藝術家，他們的戶籍卡在太常寺置放著，你可以稱他們為「太常音聲人」。太常音聲人是所有搞藝術的賤民中級別最高的，謝阿蠻的戶籍卡上寫著她跳舞一絕，深得皇帝喜愛，收入和五品官一致。

太常音聲人們在自己音樂或舞蹈方面的造詣是數一數二的，只要有表演的機會，就很容易吸引皇帝的目光。一旦得到了皇帝的讚揚，或是讓皇帝對自己的技藝著迷，地位就可能蹭蹭蹭地往上爬。在藝術氛圍濃厚的大唐，尤其是在玄宗這麼一個充滿藝術細胞的皇帝手底下，許許多多的藝術家誕生了，例如開元年間舞劍的公孫大娘，玄宗身邊唱「紅豆生南國」、喜歡王維詩的樂聖李龜年，彈琵琶的賀懷智，還有彈箜篌的張野狐等。

是不是覺得做皇帝身邊的藝術家挺不錯的，比做個小官要好得多？其實也不是。雖說這些藝術拔尖的人是賤籍中地位最高的，但依舊是賤籍，只是依附在皇帝身邊罷了。但仍無法擺脫任人擺布的命運，很難掌握自己的人生。太常音聲人的待遇雖然優厚，但伴君如伴虎，且伴且當心啊。

如何取得大唐通行證

在大唐，如果不想做宅男宅女，想到各地走走轉轉，需要準備些什麼呢？這裡我們還以「大頭兒子」一家為例，做個簡單的梳理。

假設「大頭兒子」一家住在長安，想到東都洛陽遊玩，那「小頭爸爸」就要向當地政府寫一份申請報告。寫這份申請報告的目的就是獲得大唐通行證，因為沒有大唐通行證，是出不了遠門的。

這個申請報告的內容比較多，像「小頭爸爸」一家準備家庭出遊，就要寫清楚三人的基本情況，其中包含姓名、年齡和個人特徵，然後寫清楚為什麼要申請通行證，準備到哪去，去的時候會經過哪些地方，來回需要多長時間，一同出行的有哪些人，帶了哪些旅行物品等。總之跟出遊相關的事情，最好都寫進申請報告裡。此外，還需要一個人為此次出行做擔保，證明「大頭兒子」一家的戶口沒有任何問題。這樣，申請才算完成。

寫好申請後，「大頭兒子」一家就要耐心等待了。因為申請首先要交給縣政府，縣政府簽字確認後，再向上級政府遞交，也就是向州政府上交。如果州政府同意發放通行證，那「大頭兒子」一家的通行證才開始進入製作流程。最後，經過一番折騰，「大頭兒子」一家的通行證終於拿到手了。但在出門之前，千萬要時刻牢記當時申請報告上面寫的內容。你最終出行的情況，必須和你當時申請的情況一致才可以。

雖然大唐出行管理辦法非常嚴格，辦理通行證的過程繁瑣，但還是會有人偷偷出關。在歷史上，玄奘遞交去天竺取經的申請並沒有得到許可，玄奘照理是無法通行的。後來，取經圓滿而歸，受到皇帝嘉賞，偷渡一事也就不提了。我們可以想像一下，當時玄奘在沒有通行證的情況下，最終取得經書是多麼的不容易。

在古代，土地的價值超乎一般人的想像，在人們的生活中占有重要地位，是辦理許多事情的依據。想在大唐紮根發展，就要擁有屬於自己的土地，辦理相應的戶籍。在辦理戶籍的同時，最好再辦一個通行證，因為難免你會外出旅遊一番，這成為你外出旅行的首要憑據。千萬不要心存僥倖，效仿玄奘，除非你的學識和能力超過他，否則你將遭遇牢獄之災。

唐代戶口發展

唐代戶口發展情況，可以「安史之亂」為界，分為兩個時期。前期，由於國家實行了一系列政治和經濟改革，社會進入了一個自兩漢以來的長期安定繁榮階段。這段時期人口急劇增加，到天寶十四年（西元七五五年）達到全盛。後期由於各種矛盾日趨激化，戰亂不斷，使戶口嚴重減耗，遲滯不前。戶口升降與當時社會的政治經濟狀況是密切相關的。

大唐結婚規矩多，六個步驟不能錯——婚俗

唐朝的婚俗和今天大不相同，若一心想在大唐體驗一回鳳冠霞帔，對不起，大唐還沒有人穿這個，新娘禮服一般是鈿釵禮衣和花釵禮衣等。無論皇后還是民女，都有自己的禮服。結婚那天要很早起來梳妝打扮嗎？不用著急，唐朝人管「婚禮」叫「昏禮」，不是頭昏眼花的「昏」，而是黃昏的「昏」。所以新娘子可以吃完午飯、睡個午覺，再開始打扮；直到黃昏時分，結婚儀式才開始。這樣不就違反了宵禁制度嗎？難道所有人都要住在新郎家嗎？沒關係，在宵禁制度中，婚喪嫁娶算是特例，可以不用遵守。如果你參加完喜宴回家，正巧被宵禁執法隊看見，就大大方方地說明情況就好了。唐朝結婚規矩很多，無論你是參加婚宴還是準備結婚，了解結婚的常識是很有必要的。

結婚六步驟，一步不能少

在大唐，想結婚必須經過六個步驟。舉個例子，如果打算四月結婚，三月就要去姑娘家商談親事。先請個媒人，帶上彩禮去提親。姑娘家如果同意婚事，就打鐵趁熱，讓媒人接著開始問名的步驟。簡單地說，就是透過媒人問一下姑娘和姑娘親人的具體情況。問名的過程中，媒人會了解到姑娘的生辰八字，然後雙方可暫時告別了。

媒人拿到姑娘的生辰八字後，要請算命先生來占卜，看看姑娘的八字和男方的合不合。如果不合，這婚就沒法結了，否則兩人有天鬧離婚總以八字不合為藉口，就麻煩了。如果合，便可以進行納吉這一步，告知姑娘父母雙方八字相合，是天造一對、地設一雙。這裡口說無憑，還要把寫著兩人八字的庚帖給姑娘父母看過，算是口頭訂婚。所謂納徵，你可以理解為正式的訂婚儀式，由你未來的岳父岳母主持，這時候就要送聘禮到姑娘家了。姑娘的父母收下聘禮，訂婚儀式完成後，姑娘就算是你的未婚妻了。

以上幾個步驟，都是在一個月內完成，所以得抓緊，訂婚以後，挑好黃道吉日，準備把姑娘從娘家接出來，正式成親。

接姑娘是最後一步，叫迎親。在這之前還有一步，叫請期，請媒人到你岳父岳母家把你們家選好的黃道吉日讓他們看，方便姑娘家裡做準備。在前面的五個步驟中，準新郎和準新娘不大露面，到了迎親這一步，新郎、新娘才需要準備。

在古代，結婚基本都會按照這六個步驟來進行。大唐的婚俗規矩主要在迎親這一步較為麻煩。大唐的男人想要順利無波折地把姑娘娶回家，基本上是不可能的，需要經過一番折騰和考驗，才能把新娘娶到家。這一點在現代也是相同。結婚這種事，對男人來說太順利的話，女人總是會害怕對方不懂得珍惜。

金鑲瑪瑙手鐲一對・唐

這一對手鐲以紅瑪瑙雕琢而成，金獸面連接。在唐代金銀首飾在婚禮中是必備品，是嫁妝的重要組成部分。女子出嫁時必然會將自己的常用首飾攜帶在身邊，同時家裡也會另外準備一份作為陪嫁品。這一習俗一直流傳至今。

娶個老婆不容易，大唐男青年結婚要挨打

在大唐的結婚現場，你會發現新郎穿著一身紅衣，新娘子卻不是大紅嫁衣，而是青色或綠色。原來這是有規矩可講的。大唐姑娘們在出席隆重場合的時候要穿禮服、寬袖襦裙。姑娘在不同場合都需要有一套合適的禮服。所以，婚禮時新娘穿的

也是禮服，主要以青綠色為主。新郎和新娘站在一起是一紅一綠，而不是一雙大紅。

大唐的迎親儀式主要是由新郎來完成，新娘負責配合就好了。將近黃昏的時候，新郎就要到姑娘家去。這時候姑娘還在梳妝打扮，可別傻傻地等姑娘打扮好出來，女孩子出門不催不行。念首催妝詩，一首不行，就來兩首，直到姑娘出來為止。所以大唐未婚男青年務必要好好讀書，不會作詩很難娶到老婆的。如果真的不會作詩，可提前找人寫好、背熟，多準備幾首，有備無患。為了娶回媳婦，刻苦做些功課還是有必要的。

如果你在大唐娶媳婦，不要覺得念催妝詩太麻煩，因為念催妝詩已經完成了三分之一。和今天的婚禮一樣，新郎迎親總會被百般刁難。今天的新娘親友會藏東西、堵門、要紅包等，想盡各種方法為難新郎；大唐的娘家人卻「出手不凡」。儘管你一表人才，騎頭靚馬，帶著禮物賠著笑臉，娘家人還是不會理睬，大棍子拿起來，對著新郎照打不誤。這架勢好似自家姑娘被這傢伙騙走一般，非把他打跑不行。

如果此時被打的是你，千萬別發火也別跑，考驗你的時候到了，捂著臉等著挨打就好了。他們也不忍姑娘嫁個殘疾人，這一切都是走個形式，娘家人是不會真的棍棒相加，把新郎打跑的。挨完打，把衣服、帽子正一正，念幾首催妝詩，等新娘

妻妾

唐朝明令規定五品以上官員可以有媵，庶人以上男性可以有妾，而且劃分了等級，制定了人數。據《唐六典．尚書吏部》載：「皇太子良娣二員，正三品；良媛六員，正四品；承徽十員……。」從制度上為男子的多妾媵生活提供了依據，在上流社會形成了廣納多蓄姬妾的風氣。

達官權貴占有幾十甚至幾百女子，是當時的普遍現象。有朝廷官員之間為獨占官妓或妾而動用武力搶奪，鬧得政見不合的現象。當然也有白居易拒絕「千金名馬換小妾」的風流韻事。

從閨閣出來。新娘出來後，自己迎上前，引她坐在轎子裡面，然後騎上馬，意氣風發地向著自家家門出發。

因為這時已是黃昏時分，街上行人都回家了，你不用擔心交通堵塞，但總會有人出來擋你的路。這群人不是宵禁執法隊，而是大鬧婚禮的群眾演員。在大唐，沒有經歷「擋車」的迎親不是完整的迎親。人們擋住你的車馬，向你表達一些對你今後美滿婚姻生活的祝願，然後你將備好的酒肉分給大家，見者有份。大家一起喝酒吃肉，高高興興地說幾句吉利話，就會讓新郎通行了。

如果是官員家娶媳婦，擋車的民眾更多，一群接著一群；大戶人家也會專門請人來應對，快速地分酒發肉，一一道謝，然後繼續前進。

大唐沒有紅蓋頭，讓新娘子露臉要吟詩

走走停停，新娘子總算是接回家了。接著，什麼跨火盆、腳不沾地等電視劇裡常常出現的畫面，輪番上演著。但這裡要注意的是，大唐的新娘子從閨房出來的時候是以扇遮面的，而不是什麼紅蓋頭，紅蓋頭是從來沒有的。當然，活得比較精緻、講究一點的女孩，可能會事先給自己準備個蓋頭的帕子，在未來夫君迎親成功後，從閨房出來上轎時蒙在頭上，免得自己的花容月貌給路上看熱鬧的人看見了。但婚禮全程擋臉這項工作，主要還是由姑娘手中的扇子來完成的。

接著是典禮的時刻，新婚夫婦不用交換戒指，不用說什麼我願意，而是夫妻對拜，然後結髮。這個儀式在一個用青布搭成的臨時大帳篷裡舉行，不要覺得搭帳篷寒酸，無論是誰家娶老婆，或是你家中有多大的房子，在屋外用青色的布搭建帳篷拜堂是一種習俗，這個專門用來拜堂結髮的帳篷叫作「青廬」。

新郎、新娘拜堂以後，不是直接送入洞房，而是繼續待在青廬之中，兩人面對

面坐下，準備開始下面的儀式。在儀式開始前，新郎又要作詩，目的是讓新娘把一直遮臉的扇子拿開，讓大家看看她的廬山真面目。但大多數人因為緊張、興奮或者不會作詩等種種原因，需提前背好才能完成。此時作詩和前面的催妝詩目的性相同，不想鬧笑話，就要下足功夫。所以單從儀式上看，才子娶親要比記性不好的土豪娶老婆容易多了。

卻扇詩吟罷，新娘羞答答地把扇子移開，開始嚴肅的結髮儀式。大唐男

莫高窟壁畫《婚嫁圖》・唐

女都是長髮及腰，新郎和新娘各自將頭髮剪下一縷，用線把兩人的頭髮綁在一起，放在錦囊裡。這個儀式全程嚴肅，不能嬉鬧不能說話。結髮之前為了表示莊重，還要將手洗淨，跪坐直立。但如果你是再婚，結髮這項步驟就得省略，因為在大唐，每人一生只能結一次髮，因此「結髮夫妻」的意義非比尋常。

大唐結婚規矩眾多，要是想詳細了解婚禮流程，建議多參加幾次婚宴。前提是，先知道上面這些基礎知識，免得到了婚禮現場不知所措，做出一些出格的事情，貽笑大方。

第二章

大唐政壇深幾許

錦衣玉食固然無限風光，可若想在大唐官場搏出一條生路，文要能提筆安天下，武要能上馬定乾坤，更重要的還得千杯不醉！或許你可以摸索出一條捷徑，去戰場得戰功，或用文采得美名，可每個月的俸祿到手，你仍會慨歎大唐公務員不好幹。不過想要實現抱負，從一介寒士到官拜宰相輔佐明君，這些又有什麼好在乎的呢！

「武林風」曾經風靡一時——前期崇武

唐朝前期大大小小的戰事不斷。將士們幾乎沒脫過幾次鎧甲，一路拼殺，和突厥打、和吐谷渾打，平定遼人的叛亂，向吐蕃開戰等等。戰爭讓參軍的青年痛苦不堪，但勝利的果實也讓他們榮耀無比。男兒當從軍打仗、戰死沙場，這樣的觀念在當時的大唐十分盛行。在那樣一個崇武的年代，從軍之人享有著較高的地位，是一種榮耀的象徵。因此，有越來越多的有志青年入伍參軍。讓大唐在戰場上，勇猛威武、勢不可當。

習武還是很靠譜

在大唐前期，如果你不想在家種地，想到大城市發展，等到混得風生水起，再把父母接到城裡享福，那你千萬別學詩詞歌賦、吟詩作畫。因為「文科」在當時是找不到好工作的。要想找到自己能勝任、升遷快、薪水福利好的工作，就得學「武科」。

此時的大唐雖說不是亂世，但戰爭不斷；雖出不了梟雄，但哪裡有戰爭，哪裡就有軍功。如果你是個習武之人，此時正是你大放異彩的時候，有機會就入伍吧，當兵需要的就是身強力壯的年輕人。

當時的大唐，當兵好處多。首先，軍營裡升遷的機會多。大唐前期經歷了許多大大小小的戰爭，而且勝仗很多，到處都是習武之人表現的機會。在這裡，有能力就有平台。其次，當兵還能幫家裡幹活。農閒時有教練指導你的日常訓練，農忙時可以回家種地，絕對是當兵、種地兩不誤。再者，軍營裡管理優良；大唐的將領個個有名，碰不到李靖、蘇定方如此英明神武的大統帥，也可以在張士貴、段志玄這樣的名將手下當個小兵。上級為人正直，會帶兵打仗，危險係數低，軍隊氣氛好。

以上可不是徵兵廣告，皆是真實的情況。而且大唐前期優待士兵，有軍功的人可以在大城市當軍官，也可以得到土地等財產，所以把父母接到大城市的想法非常實在。就算是不將父母接到大城市，立了戰功後風風光光地回到家鄉也挺有面子的。

當兵受歡迎，有軍功的真幸福

在大唐前期，當兵是一件比較受歡迎的事情，除了升遷機會多，能幫家裡幹活以外，軍功的誘惑力極大，皇帝對有軍功的士兵實在是不錯。

領導好，軍功分配大多公平合理，不用擔心自己辛辛苦苦掙的軍功就此埋沒。無論是大將領，還是小士兵，但凡立了軍功都有獎勵。在所有的獎勵中，最小的是免除賦稅，對一個普普通通的士兵來說這已經相當具有誘惑力了。

免除賦稅就意味著家裡的糧食布匹可以全供家用，父親、母親不用太過勞累，說不定還能存下點錢糧做更多的事情，例如改善家裡的伙食、提高一下爹娘的生活品質，或是討個媳婦……好了，停止幻想人生，還有其他獎勵呢！

如果你立的軍功大一點，皇帝還會賞你個官做。從此以後，你不再是個默默無聞的小兵了，而是進軍官場，成為一名公務人員。到時候鄉親們會在村口列隊迎接，那畫面想起來就氣派。

如果軍功再大一點，例如殺死對方將領，或者扭轉戰爭局面等，皇帝就會賜你爵位。從此以後，你就進入了上流社會，享受站在人生巔峰帶給你的滿足。若舉行皇宮宴會、名人聚會，你都是被邀請的人士，真是何等的榮耀。

當然，最後兩種獎勵對於一個普通的士兵來說可能太遙遠，若是一位帶兵的將

衛軍和邊軍

衛軍是朝廷從府兵中選拔善戰者組成的野戰部隊，邊軍則相當於現代的世襲邊防軍，府兵為各地守備部隊和衛軍的後備兵源，均屬常備軍。此外，還有部分來自各鎮節度使的地方部隊等系統的兵源。以唐太宗出兵高句麗為例，出征的除了隨駕禁軍、五衛衛軍，和江、峽、淮、嶺諸府府兵，以及營州、松漠都督的邊軍、平盧、盧龍鎮的地方團練軍之外，還有突厥、羌、鮮卑等族的番兵，附從的契丹、奚等藩部的族兵，新羅、百濟等屬國的從軍，以及臨時招募傭軍性質的「義從」，浩浩蕩蕩幾十萬之眾。

軍將領機會比較大。一般的士兵不求加官進爵，只求以後家裡能過上小康生活。如果你立志在軍界闖出一片屬於自己的天地，也不是完全不可能，畢竟大唐前期的戰事不斷，總會有你立大功的機會。

前面說的是立軍功並活著走出戰場的人，還有些立了軍功卻不幸犧牲的人，這些為了國家的勝利而捐軀的英雄人物都會獲得應有的獎勵。

大唐對有軍功已亡故的士兵有兩類獎勵，一類是對這名英勇就義的士兵進行追加獎勵，一般是追加官位或者爵位，但具體追加什麼，要看此人在生前立下的軍功是大還是小。第二類是對這名陣亡的士兵家人進行獎勵，如果此人生前立了大功，就讓他家中一人當官，或者直接賜家中某人爵位。如果這名士兵生前所立之功還不足以讓他的家人加官進爵，或者他的家人根本沒有合適的人選可接受這樣的賞賜，就會賜一些黃金、絹帛作為獎勵。

大唐前期「武林風」刮得很猛，此時的大好青年每天想的不是經史子集而是拳腳功夫。如果正好處在這時的大唐軍隊裡，那你便可以為自己書寫人生傳奇了。日記本的首頁可以寫下這樣一行字：不當兵，無光榮，致某某的青春軍旅生涯。

薛仁貴雕像

薛仁貴自唐太宗貞觀末年投軍，隨軍東征。擊敗高句麗軍、契丹、突厥。留下「三箭定天山」、「神勇收遼東」、「仁政高麗國」、「愛民象州城」、「脱帽退萬敵」等故事。官至瓜州長史、右領軍衛將軍、檢校代州都督，封平陽郡公。薛仁貴的一生是唐代軍人一生的真實反映。

鬥酒詩百篇，文官忙升遷——中期崇文

「武林風」刮過後，大唐湧現大量飽讀詩書的才子，如王維、李白、李商隱、白居易等。其中除了李白沒有考公務員以外，其他幾位都是公務員考試中的學霸，可看出公務員考試有多麼火熱。身穿紫袍、腰圍玉帶、朱門豪宅的霸氣三品官也許已經激起了你的仕途夢，但在唐朝要如何踏上公務員的道路，如何混到有資格身穿紫袍的那一天呢？這都是你需要了解的。其實，當官不易啊。

當上公務員的三條路

想要在大唐做一名公務員（這裡指的公務員不包括官差這些沒有品級的職位），有三條主流道路可供選擇。第一種最舒坦，躺著就能當官。怎麼說呢？靠祖輩在官場的地位，為晚輩鋪路。父輩官至五品，就可以把兒子帶入官場。五品官帶出來的孩子就是八品，無論膚色、身高、長相、婚否如何，都完完全全可以進入流程，而且全程合法、透明、公開，因為在唐朝這叫門蔭入仕。第二種是在無品級的公務員職位實習後，進入有品級的官位中。實習期大概是一年，是個人努力的成果。這類人起初通常是政府的基層辦事人員，做一些登記、收稅等跑腿工作，百姓稱之為「吏」。當這些人一年實習期滿後，可以參加由「吏」到「官」的考試，成績合格，便可成為一名有品級的官員。如此進入仕途的，被稱為「流外入仕」。雖然這些人是靠自己的實力做官的，但還是不被靠門蔭入仕的人和以第三種途徑入仕的人看好。

門蔭入仕的人家裡有人，這些人看不起他人都是有可能的，但第三種入仕的人為什麼也這麼驕傲呢？也許

《文苑圖》· 唐 · 韓

描繪著名詩人王昌齡任江寧（南唐都城）縣丞時，在縣衙旁的琉璃堂與詩友們雅集的故事。

是因為他們的考試內容比流外入仕的難。

第三種就是王維、李商隱還有白居易等一眾文化人士選擇的途徑，也是最普遍、參與人數最多的科舉考試。想要拿到參加科舉考試的資格證書，要先考一次試。無論你是自學成才，還是由地方推薦等，都要參加。這裡不要緊張，這一次只是地方考試，過了才進入到全國統考。

全國統考裡面最難的是中進士，如果有幸考中，政府會賜你進士出身。但現在就想入職？再等等吧，筆試過了，還有公務員的面試呢。

接著，你會收到來自政府的面試通知。但對面試內容全然不知，也許是對我朝

薦舉入仕

科舉制度在唐代得以鞏固和發展，成為一條入仕的重要途徑。但與此同時，唐朝並沒有放棄薦舉入仕的傳統方式，而是把它作為科舉制度的重要補充和蒐羅人才的一種方法而大力提倡。

唐太宗就曾頒布詔令，要求地方向朝廷薦舉人才，還親自在殿內接見並考察諸州薦舉的十一人。武則天大力提倡科舉，但也十分注意薦舉。

經濟發展的看法，也許是現場賦詩一首。但面試官主要看的是你這人長得有沒有什麼大毛病，你穿上官服會不會太醜。再者就是你的談吐，不結巴是最基本的，有條理、有邏輯，入選的可能性會大一些。面試完先別走，還有筆試。

別太震驚，你要學會危機處理，這時候的筆試不會再讓你坐在小隔間裡挑燈夜戰。主要是看你文章邏輯是否清晰，字寫得漂不漂亮，否則等你入職後，給皇上寫的奏摺胡謅亂扯且字特醜，那可是要不得的。

如果有幸通過了吏部的考核，恭喜你，這時便可以正式入職了。過五關斬六將的你，也難怪會看不上那些外流入仕的人，畢竟你是身經百試、名正言順地為官，而他們只是辦了個入仕優惠套餐罷了。若你不幸未能通過，也不要覺得自己不夠優秀，因為韓愈考了三次也沒過。

進士出身好升官

無論採哪種途徑，最終的目的就是當上政府官員，然後把官做大，光宗耀祖，畢竟你的目標是做一個能穿尊貴紫袍的三品大員。大唐沒有職稱考試，也沒有升等考試，如果是慢慢地熬，不知道何時才能熬出頭——因為古代的官場競爭非常激烈，升官要趁早。

而這時進士出身的身分便可會發揮重要作用，對晉陞產生巨大幫助，機會多，升職快，一般人還會對你尊敬一些。因為能考中進士就說明你的才學足以擔當大任。如果在試用期表現良好，讓皇帝覺得你在勝任現有職務的同時，完全有餘力和才華做更重要的事，那升官的日期就離你不遠了。

當然，在官場不僅要有才華，還要會做人。想做個放縱不羈、愛自由的人，勸你別混官場了。官場鬥爭很複雜，也很殘酷，大唐有多少名士曾在官場中失意受貶。柳宗元因和別人政治理念不合，遭對方陷害；白居易也因小人構陷，寫詩抒懷，結果失意官場……所以升官路上絕對是步步驚心，步步小心。

《帝鑒圖說》之唐玄宗召試縣令・明・無款

圖繪唐玄宗時期，為了選拔優秀的理政治民人才，唐玄宗親自組織考試，其中韋濟以文理兼勝，拔得頭籌，被任命為醴泉令。這種考試雖然和正常舉行的科舉考試有差別，但也是唐代官員進入仕途的一條道路。

那些年，他們做過的官

大唐中期許多懷揣夢想的學子為了能考取功名，刻苦學習，晝夜奮戰。他們在詩詞上下功夫，因為當時官員考試的內容之一就是作詩。所以，許多愛寫詩的文藝青年有很大一部分是藉此練出來的，進而愛上寫詩。

提到大唐，就不得不提起那些享有盛名的文人墨客，如李白和他的朋友杜甫、元稹和白居易，還有李商隱等。這些著名詩人都是學霸級的人物，在才華上不容置疑，那就業情況呢？

首先，李白這種「學神」級人物，參加科舉考試肯定秒殺眾人，但他卻沒參加。不是他不想考，實在是沒辦法考。李白父輩是經商之人，按照大唐科舉考試大綱，商人子女不能參加科舉考試，所以無論李白多麼有才華，科舉大門是不會向他敞開的。李白沒有參加科舉考試，但是杜甫卻參加了。

提起杜甫，可謂仕途坎坷。在他的仕途路上，李林甫可以說是他的災難。杜甫才學出眾，卻未通過科考，不是他發揮不好，而是李林甫擋在當時年紀尚輕的杜甫面前。後來杜甫直接寫文章給皇帝，皇帝看後，便把這樣的人才放到集賢院等待分配職位。按理說，杜甫獲皇帝賞識，應該前途無量，但是「災難號」李林甫又出現了，杜甫的悲劇人生就此展開。

滿腹才華的杜甫一生仕途不順，直到年老才獲得一個小官，令人唏噓不已。

相比杜甫，元稹和白居易幸運多了。兩人在考試時，沒有遇到什麼「災難性剋星」，且雙雙考中，成了最好的朋友。仕途頗佳，值得一提的是，兩人都做到了穿紫袍的三品官員。而李商隱的當官之路進行得比較緩慢，考中進士的他沒能一次通過吏部的考試，於是他成為幕僚。第二年，李商隱再一次參加吏部考試，這一次李

《杜甫詩意圖》．現代．劉淩滄

作為詩人杜甫無疑是最成功的，但就仕途而言，杜甫可以說是歷盡坎坷，科舉不第，求官不成，好不容易因投奔靈武而被授予左拾遺，卻因營救房而被貶官，此後仕途冷落而詩歌亦工。

商隱過關了。政府部門最初安排給他的官職是校書郎，至此，李商隱算是就業成功。雖然考試過程坎坷，沒有元稹、白居易那樣順利，但比杜甫的坎坷之路要好得多。

大唐中期，由於科舉考試對作詩這一技能要求很高，凡是想要通過科考的人，都要學會作詩，所以大唐「詩才」輩出，文化水準突飛猛進。大唐經過前期的「武林風」後，有志青年們的「崇武」思想觀念也發生了轉變。看著一批又一批的飽學之士先後入仕，領高薪，住大房子，過上好日子，著實令人羨慕。因此，大唐中期的青年們把更多的精力花在「文化課」上。

想在大唐官場占一席之地，就要努力讀書，仔細了解大唐科舉考試內容，也要做好可能要考很多年的心理準備，因為當官很難，但一切皆有可能。

門蔭入仕

門蔭入仕指王公貴族和各級官員的子孫，因其門第出身而獲得官職。這種入仕方式又稱為「任子」。唐代的門蔭入仕，按照被蔭者的出身門第高低，大致可以分為三類：第一類是皇室與貴族，第二類是五品以上高級官員，第三類是六品以下中低級官員和勳官。這三類人子孫的門蔭入仕方式和入仕時的官階高低，都有一定區別。按唐代規定，通過門蔭入仕者還必須在一定期限內輪番擔任某些雜役，或者交納一定數量的錢財。任役或納資期滿，再經過有關部門的簡單選拔，才能授予官階。

當官薪水有多少，聽完你就被嚇跑——薪資體系

在大唐為官，沒有績效獎金、沒有年終，就算要漲薪水也需要以升官為前提。唐朝官員的薪水由三個部分構成，一個部分是糧食，每年可以領一次，這也是最實惠的一部分。一部分是俸料，每個月領一次錢和日常用品：錢基本包括取暖費、餐飲費、服裝費等生活雜費；日常用品包括布匹、酒肉、蔬菜等。最後一部分是國家分配的土地，你擁有土地的出租權，收來的租金亦可由自己支配。大唐官員的薪水有高有低，但總體來說，還是不錯的。

看看唐朝的福利

大唐官員的薪水分為年薪和月薪。年薪指的就是糧食。大唐的糧食不是按公斤和千克計算，而是以斗和石為計算單位，十斗米為一石。大唐會根據官階不同而獲得不同的糧食數量，每年每人最高可以領到六百五十石，最低也有五十石。

那究竟一石米有多重呢？大約五十公斤。這樣一算，一年也有成千上萬斤的大米，感覺比現在要多得多。但這是一年的口糧。在唐朝，米是人們的主要食物，這裡的姑娘以胖為美，沒人提倡減肥，不會把水果當飯吃，所以米在大唐的每一個家庭中，消耗量是比較大的。

除了每年給官員發年薪之外，皇帝每個月還會給官員一些錢和日用物資，並且貼心地為每個官員配上侍從。這些錢、日用品和侍從統稱為俸料。拿九品官為例，他每個月會得到皇帝財務部門發放的銅錢，數量基本在一貫到兩貫之內。而一品官每個月可以領到七貫到十一貫；在大唐開元年間，由於政府收益好，高階官員工資猛漲，尤其是一品官員，他們每月可以拿到三十一貫錢。

另外，皇帝還會分配兩名侍從給你，他們可以看家，可以護院，可以打掃衛生，也可以當跟班。具體做什麼要看這兩人的職稱，總的來說，這些人隨侍你左右。如果你不習慣有人經常跟在你左右，又不想這兩個人待在你家，可以讓他們交了錢回去，皇帝是不會怪你的。相對地，如果這兩個人不願意跟著你，也可以向你提出贖身，只要給你錢，就可以獲得自由身。所以有些錢不夠花的官員，就會早早讓這些人回家。皇帝分配的侍從一個人每月贖身的錢在兩百錢左右，一位九品官員如果讓兩名侍從都回家的話，每個月就會有四百錢的額外收支。不知道是不是真的有官員如此做為自己存錢呢？

除了發錢、配勞役之外，財務部門每月還會發送日常用品，比如酒、肉、麵、蔬菜、調料、布匹等。如果你本月只拿到錢，千萬不要跑到財務部門要東西；換句話說，他們會將物資換成錢，打到你的薪資單上。其實，這樣的做法是比較合理的，因為如果趕上物價上漲，對皇帝來說，是相當不划算的，還不如直接給錢財較省事。

小官有租金，大官當地主

在官員的薪資中，還有一部分比較特殊，就是國家所分配的土地。但千萬不要以為有了土地就可以不去上班，因為這些地不是荒蕪人煙的，而

《會昌九老圖》（局部）・宋・無款

此卷描繪白居易居洛陽香山居所同胡杲、吉皎、鄭據、劉真、盧真、張渾、李元爽、僧人釋如滿等九位老人聚會的情景。除僧人之外，其餘人等均為致仕官員。唐代致仕官員待遇優厚，他們的土地收入和俸祿收入相當於一般丁男家庭的 2.5 到 60 倍。如此高的待遇才會出現此盛會，流傳千古。

是有人家、有農田的土地。皇帝把地分配給你，不是讓你把土地上的東西鏟除得一乾二淨，然後以自己的喜好，建個遊樂場、電影院之類的場所。而是將這些土地的出租權授予你，換句話說，你只能收取土地的租金，不能自行買賣土地。一個九品官員可以獲得二百畝的土地，但這二百畝土地的租金僅是一些大米、絹帛等實物，而且每年的租金也不是很多。所以，想當個小地主，以收租為生，恐怕有些困難。

如果官至一品，將會獲得一千二百畝地，但這並不多，最多的是那些有爵位的人。封爵意味著什麼？你擁有身分、名號、尊貴，只是這些都是虛的，實質上的是可以收取封戶的賦稅。這稅收可以讓你過上優越的生活。但如此的待遇可不是一般人享受得到，這是一種無限的榮耀。李白曾經為了見韓朝宗，對外霸氣宣言：封個萬戶侯還不如見一面我們的韓荊州！如果韓荊州聽到這樣的評價，心裡一定超級高興，可見韓荊州在李白心中的地位。

此外，大唐官員的俸祿還有京官和非京官之別。非京官，顧名思義，就是不在長安辦公的官員。也正因為他們不在長安生活，地方物價不高，競爭壓力小，同品級的官員中，非京官得到的錢和米要比在長安生活的官員少。但另一方面，由於長安人多，地價較高，京官分到的土地就會比非京官少。可畢竟長安發展機會多，所以在長安城發展還是絕大多數官員的第一志願。

大唐官員的薪資水準雖不如大宋那般創下歷史新高，卻也不低，不似大明官員那麼貧窮。九品官員的工資雖然不高，卻足夠溫飽，除此之外，還能剩下些閒錢買書籍、樂器、家具等。如果不頻繁在外應酬，一年的薪水足夠全家開銷了，所以，大唐官員的收入仍是比較可觀的。

想要當兵吃糧，你需要知道「府兵三衛制」——府兵制

大唐的府兵制，可以分為外府和內府兩種。外府是指普普通通的府兵，他們有時種地，有時打仗，一般由五品以下官員的家屬和平民來擔任。這些有軍籍的人，會在農閒時抓緊時間訓練、強健體魄，因為政府每年都要對訓練效果做檢查；若家裡忙，可以回家幹活，或者照顧家人等。也就是說，如果沒有戰爭，府兵們只要做好平時訓練，通過政府閱兵就好。與外府相對的是內府，內府和五品以上的官員聯繫密切，而內府中比較重要的是府兵三衛。如果你要當官，就一定要了解內府的府兵三衛。三衛都是由官員子弟組成，所以，父輩的級別決定了孩子們在三衛中的級別，決定了孩子們職業生涯的起點。

打仗領裝備，太天真了

入了軍籍，也不用急著收拾東西、告別親人、奔赴戰場，可以先把家裡的莊稼打理完，再去參加訓練也不遲。平時的訓練地點都在自家附近不遠的地方，不用長途跋涉，方便大家訓練。

大唐前期的戰爭很多，府兵們有很多機會參加戰爭。但平時幫你訓練的教練可不管戰爭的事情，會有皇帝指派的將領帶著這些士兵在戰場上作戰。所以，遇到一個厲害的將領，不戰而勝也是很有可能的。

那麼奔赴沙場，該配些什麼樣的裝備呢？發放銀光閃閃的鎧甲和威武雄壯的戰馬應該可以吧？對不起，大唐軍備系統無法滿足你這樣的要求。那打仗的時候吃什麼，食物是不是吃到飽啊？對不起，大唐軍備系統不提供任何餐點。那給根長槍、鐵棍什麼的總可以吧？抱歉，這些也沒有，大唐軍備系統裡根本沒有「軍需物品」這個詞。因為兵器都是自備的。

所以「木蘭從軍」裡面提到，到東市買駿馬，到西市買鞍韉，除此之外，還要準備錢財、乾糧、兵器。如果想睡得舒服點，還得備好自家縫的碎花小棉被。不要擔心自家買不起戰前的「裝備」，因為這些通常都是比較有錢的家庭才有。大唐允許有錢的家庭入軍籍，如此可以保證裝備精良，畢竟有錢的人家裡，肯定會給自家孩子準備好一點的裝備。至於那些有錢卻不願意讓孩子當兵打仗的家庭，會雇用一些貧窮的百姓來頂替。尤其是那些家裡男孩多、家庭條件不好者，常常是有錢人的受雇對象。

一般來說，若符合家裡較富裕、男孩子較多、孩子歲數在二十出頭未找到工作、身體強壯等情形，是肯定要被充軍的。話說回來，有這樣的條件卻不為大唐做點貢獻，怎麼能稱為大唐好兒郎呢！

官家子弟就業沒煩惱

上面說的是外府的情況，但如果這孩子的父親是六品以上的官員，恭喜你，不用跟著跑來跑去打仗了，可以直接進宮。別誤會，不是讓你入宮選秀，而是你可以進入內府三衛，做一名光榮的侍衛。這侍衛可不是普通的侍衛。三衛分為：親衛、勳衛和翊衛。親衛的官階是正七品上，因此能做親衛的家裡可不簡單。皇帝說，他比較信任二品和三品的官員，這些人家的孩子他大致見過幾次，放在身邊覺得挺可靠，所以從中挑幾個出來當親衛。勳衛和翊衛的官階要比親衛差一點，勳衛是從七品上，而翊衛是正八品上。皇帝又說了，五品以上的官員讓他較為放心，家裡的孩子教育得也不錯，但為了確保這些孩子不鬧事，還是把他們放遠一點比較好。只有親衛離自己比較近，其他的都守在外面就行了。

雖說三衛的工作，其實就是保安的工作，沒有什麼掌管生死的權力，也很少參與政事，但這樣的官位算較高的了；重要的是，你在皇帝身邊待著，做得好特別容易升職。不要覺得做保安沒前途，想想那些寒門士子，要通過層層選拔，經過一系列的筆試、面試，才能做個小小的九品官員，而你一開始就可以來到皇上身邊，這是何等的榮耀啊。

三衛們一般都接受過良好的教育，有能力、有才華者藉著這個平台可以升得很快。這麼說吧，五品以上官員家的孩子，只要面貌端正、身體健康，基本上就可以入選三衛。當然，有些功夫在身，例如會騎射、會輕功者勝算就更大了。

元芳的職位，怎麼看

《神探狄仁傑》裡面的狄仁傑每次遇到案件時，就會問身旁的李元芳：「元芳，你怎麼看？」元芳會恭恭敬敬地回答：「卑職認為，此事大有蹊蹺……」元芳到底是什麼身分？以他在劇中的最高職位來看，他是正三品的檢校千牛衛大將軍。千牛衛最早說法是千牛刀，直接一點的說法就是殺了千頭牛的刀子，意思是刀子很銳利。幫助皇帝且隨時拿著千牛刀的人，相當於大清的御前帶刀侍衛；在大唐被稱作「千牛備身」和「千牛備身左右」。而管理「千牛備身」的機構，就是千牛衛。

千牛備身和千牛備身左右都是官家子弟，且挑選標準比挑選三衛更加嚴格，要求身姿挺拔，長相較好，不僅可充當大唐門面，也給皇帝足夠的安全感。千牛備身和千牛備身左右通常要做的就是帶好武器，威風凜凜地站在皇帝身邊，無論皇帝上朝、會見外國首領，或者出門打獵等，都要陪同左右。

雖說這些職位由高官家的子弟擔任，但並不是混飯吃的工作。他們站在皇帝身後不能說話、不能喝水，要站得筆直，想要抓癢肯定也不行。他們的制服比一般的三衛要華麗，就像現在閱兵典禮時的儀隊一樣，衣著講究，放眼望去，均穿繡花的華貴綠衣，雖比不上三品的尊貴紫袍，但也頗有氣勢，令人羨慕不已。

但有一點需要留意，歷史上是沒有李元芳這號人物的，他只是虛擬的人物而已。府兵三衛是官家子弟們的好選擇，如果有志要做官、家裡又有好條件，報名千牛衛應該更好，不過前提是自己的身高和容貌要比普通人強些，畢竟太胖、太瘦或者太醜，站在皇帝旁邊並不好看。如果你成功入選千牛衛，那麼恭喜你，以後前途一片光明。

律法森嚴，大唐法律有一套——法律

在大唐律法中，不同級別的人物犯罪會遭遇到不同的待遇。如果你跟皇帝很熟，地位高、名聲響，那你根本不需要知道唐朝法律，因為就算犯罪也有補救的機會。大唐有五種刑罰：笞、杖、徒、流、死。笞刑，為五刑中最輕的一級，分為五等，每等加笞十，由笞十到笞五十；杖刑分五等，每等加杖十，由杖六十至杖一百；徒刑分五等，以半年為等差，自徒一年至徒三年；流刑亦分三等，即流兩千里、兩千五百里、三千里，另有加役流；死刑則分成斬、絞二等。這五種是基本刑罰。其他的刑罰，例如割鼻子、挖眼睛、剁手剁腳……都是由這些衍生而來的，算是「非主流」。

等級不同，待遇不同

大唐可不是一個平等的社會，針對不同的等級，會給予不同的法律待遇。例如法律明白寫著，「官員」犯罪可以以官抵罪。如果你是五品官員，犯罪後被判有期徒刑兩年，這時候你的官位就可以保你自由。按照大唐律法，五品或五品以上的官位，可以兌換「減免兩年有期徒刑」的「官員犯罪優惠券」，在大唐叫「官當」。但如果你罪太重，不止兩年有期徒刑，怎麼辦？官位照樣可以保你自由，因為按照大唐律法，用完了現有的「優惠券」，你還可以用以前的「優惠券」，這個優惠券叫「歷任官位減免券」。就是你曾經做過什麼官，官階是什麼，都可以拿出來抵消刑期。現在看來，這有些不可思議，但在唐朝是真實存在的。

這樣的做法和我們在一些電視劇中看到的好像不一樣。電視上的皇帝往往一臉正氣，說：「天子犯法與庶民同罪，更何況××乎？」先別急著感動，這樣的話都是騙人的。皇帝犯法根本無人敢治罪，就連他的親戚犯罪，同樣會另行處理。大唐律法寫得很明白：凡是在「八議」之內的死刑犯，

《帝鑒圖說》之唐太宗覽圖禁杖・明・無款

據《新唐書・刑法志》記載，唐太宗在閱讀《明堂針灸圖》的時候發現其中說「人五臟之繫，咸附於背」，因此要求在律法中明確禁止，施笞刑的時候不能鞭打犯人的背部。

把案卷拿來，由皇帝和大臣們開會另行審理。而這個開會的目的就是，只要不涉及謀反，沒威脅到皇帝的利益，大家討論討論，便從輕發落。

八議指的是皇帝的親戚、故交、皇帝覺得賢德、有才幹的人士、皇帝覺得功績大的人士、皇帝封的三品官和一品爵、皇帝覺得為政事殫精竭慮之人，還有皇帝所敬重的前朝國賓。這八種人就是「深得帝王之心」的人。

若是普通百姓犯了罪又如何呢？如果是一個農民，打傷了比自己身分低微的奴婢，將會面臨一年有期徒刑的懲罰；如果打傷了地位相同的人，在傷殘程度相同的情況下，將會被判三年有期徒刑；如果打傷了比自己地位高的官員，將會面臨更為嚴重的懲罰，甚至會被流放，因為根據大唐律法，打傷五品以上官員的普通農民，不判有期徒刑，直接流放兩千里。

其實，與達官貴人犯罪相比，普通百姓犯罪將會面臨更為嚴重的判罰。這就是封建社會的制度。公平判罰是很難執行的，地位決定了一切。

大唐刑罰，還算人性化

前面說了大唐官方刑罰有五種：笞、杖、徒、流、死。笞刑和杖刑都是挨打的刑罰，且算是比較輕的一種。這種刑罰講究比較多，用小竹板打十到五十下，是笞刑，用大竹板打六十到一百下，算是杖刑。不過，如果你比較有錢，就可以免遭皮肉之苦，因為你可以用錢買「免打券」。免打券的價錢不是按貫算的，是按斤算。被判打十下的，可以花一斤銅錢買免打券；被判打一百下的，就得拿一百斤銅錢出來。

徒刑就是剝奪人身自由，天天做苦力。在被判徒刑期間，你的身分是最低賤的奴婢。徒刑有五類，由輕到重依次為：一年、一年半、兩年、兩年半、三年。另外需要注意的是，唐朝律法中沒有無期徒刑，那種十年八年的苦力，大體來說就是皇帝故意要整你。

此外，徒刑一般是和流刑結合在一起實施的，流刑最遠的流放距離是三千里，以下是兩千五百里、兩千里。而且一般被判流放的犯人會自動淪為奴婢，無論你之前的身分是平民還是貴人，都必須接受勞役，任勞任怨。

最後便是大唐最嚴厲的刑罰——死刑。死刑有兩種，分別是絞死和砍頭。在這兩種死法中，還有上下之分。在大唐人眼裡，絞刑的嚴厲程度低於砍頭，因為按照大唐時期的流行說法，留個全屍是最壞結果裡面較體面的一種。

大唐第一法典——《唐律疏議》

提到大唐法律，就不能不說《唐律疏議》，大唐人常常稱它為《律疏》。為了保證準確性，大唐法典同樣需要修訂，《唐律疏議》就是個修訂版。大唐最早用的法典有《永徽律》、《武德律》和《貞觀律》。一直到開元年間，為了統一律法，長孫無忌、房玄齡等一大批朝臣才開始修訂《永徽律疏》。過了三十多年，才有新的《律疏》，也就是後來人們常說的《唐律疏議》。

《唐律疏議》雖然涵蓋了經濟、政治、生活等方面，但它分類明確，方便查找。比如你想看戶籍制度，就找《戶婚律》；在大唐被詐騙，就翻《詐偽律》。《唐律疏議》不僅有目錄，還有對每條律法的解釋，也就是「疏」。這樣的解釋，使律法的表達更加準確，防止了部分惡意曲解律法的行為。

大唐在律法方面，有一套比較完善的體系。這本名為《唐律疏議》的法典分類明確、語言簡單凝鍊，有目錄有解釋，是普及法律、提高大唐公民法律意識的經典法典。另外，它還成了宋朝、元朝、明、清，乃至日本法典的重點參考書目，為大唐乃至世界的普法工作，做出了巨大的貢獻。

「整肅綱紀、察舉百官」，看誰有這膽——御史制度

唐朝的御史制度對維護官場秩序起了重要作用。在御史台工作的大唐普通官員們，因有向皇帝直接告狀的權力，地位顯得有些不普通。所以，在御史台待太久的人會沒有朋友的，因為誰也不想和一個「人體監視器」待在一起。如果自己某天犯了錯、得罪了他，結果可想而知。因為御史不僅可以彈劾犯罪的官員，也可以彈劾行為有失的官員。例如，沒穿好官服，御史可彈劾你失儀；頭髮散了，御史彈劾你失儀……總之，在不違法、不犯罪的情況下，看見御史還是分外小心比較好。

強大的彈劾大隊

御史台是大唐的一個獨立的監察機構，它直接對皇帝負責，不受其他任何機構或個人的約束。御史台的一把手是御史大夫，而真正管理御史台多數事務的是二把手御史中丞。御史台下設三個院，分別是台院、殿院和察院。這三個院互相配合、

互相監督，加上近乎完美的御史制度，御史台可以被稱為一個戰鬥力極強的彈劾大隊。

台院分隊共有六名隊員，他們的名字是侍御史，任務為受理刑事案件、接受上訴等，但最重要的任務就是彈劾百官。無論是身處高位的官員，還是身分高貴的皇親國戚，只要犯了大唐的任何一條律法，這六名侍御史就有責任彈劾他們。

殿院小分隊共有九人，這九人平時上朝的時候比較繁忙，因為他們的任務主要是監督文武百官上朝的禮儀。舉個例子，大到官員上朝時穿錯了官袍，小到朝堂上官員跪坐的姿勢不對，都在他們的管轄範圍之內。當然這些並沒有出現在歷史記載中。在殿院的工作人員被稱為殿中侍御史，一旦朝堂上出現了不尊禮儀的行為，殿中侍御史就可以大大方方地站出來向皇帝說明情況。殿中侍御史參與的場合有很多，如接待使臣的國宴，或者祭祀祖先的大典，這些繁瑣儀式都需要殿中侍御史在場。所以，殿中侍御史需要打起十倍精神，腦中謹記每一條禮法制度，監督百官，確保禮儀不失。

最後出場的是人數最多、工作最忙的察院小分隊，共有十五名隊員，官職名是監察御史。這十五人有明確分工，對文武百官分別進行監督，互不干擾。但他們監督的是官階略低的官員，一般是檢查各個州縣的官員，所以他們經常「出差」。不過，這裡也有好的一面，他們會在當地受到州政府或縣政府的熱烈歡迎和接待，因為官員們都不想自己身上出現問題。

此外，彈劾大隊不僅會彈劾在世的高官顯貴，對已故的有問題的官員也不放過。他們的職業信條只有一個：只要你在大唐犯過罪卻沒有被懲罰，都是我們的目標。

想要做一名出色的彈劾大隊隊員，必須有一雙犀利的眼睛，能看透百官的心思，發現他們任何的不法舉動；熟知大唐所有的法律知識，具有明確是非的價值觀；還要有一個靈活的頭腦，善於在最佳時機進行最有效的彈劾；最重要的是，要有一顆強大的心臟，敢於彈劾地位高於自己的任何官員。

萬事不能太絕對，大唐畢竟還不是法治社會，如果皇帝鐵了心要袒護一個人，就算彈劾大隊行動再敏捷，隊員們法律知識

《帝鑒圖說》之唐太宗納箴賜帛・明・無款

唐太宗在位期間，謹言慎行，廣開言路，鼓勵群臣進諫，一時間門庭若市，群臣進諫成風。在這樣的背景下，唐太宗時期的御史台監督糾察風氣蔚然，有效地保證了貞觀盛世。御史制度對於政府機構的有效運行起到了不可磨滅的作用。

掌握得再好，都是沒有用的，因為皇帝是御史制度中最為重要的角色。

那些成功與失敗的典型

大唐的御史制度可算完善，有許多成功彈劾的例子，規範了官員的行為，也讓百姓受益不少。但大唐畢竟是封建社會，不是法治社會，天下所有的一切都歸皇帝一人所有，加上彈劾大隊隊員也不是聖人，種種原因加起來，彈劾失敗的例子仍不少。

曾考中進士、做過幕僚、爾後走上仕途的李商隱，便做了彈劾大隊察院小分隊的一員。作為一名光榮的監察御史，他雖然官階低，卻彈劾了不少官階較高的官員，其中就包括當時科舉考試中吏部的面試官崔湜和鄭愔。

李商隱彈劾的理由非常直接，便是兩個人在選拔人才的時候貪汙受賄。他通過各種管道向皇帝舉報，經過種種波折之後，最終成功將兩人舉報，這兩人同時被貶職。這樣的結果可謂大快人心，但在封建的大唐，要讓每個貪官都遭到懲罰，幾乎是不可能的。不光需要李商隱這樣的正直之士，更需要皇帝的英明威武。不過，從這裡我們也看到了大唐御史的威力。

雖說御史可以彈劾百官，權力很大，但他們的言行還是要時刻注意。察院的監察御史周子諒不知道因何原因，向自己部門的老大報告，說牛仙客這個人根本沒有才華，現在給他這樣的官位根本就是浪費。

牛仙客到底有沒有才華，認識他的玄宗當然知道。而且從他的簡歷中，可以看出這人是一步一步升上去的，中間沒涉及犯法之事，也沒有不良表現，可以說沒有任何不妥。監察御史的彈劾，完全是在造謠。唐玄宗做了嚴肅處理，周子諒遭受皮肉之苦後，被流放外地，結果不幸死在流放的路上。

有些彈劾之路比較曲折，需要隊員們的不斷堅持和不懈努力，以及與生俱來的正義感。柳範彈劾皇子的例子就是一個典型。身為台院侍御史的柳範這次彈劾的是李世民的兒子——吳王李恪。柳範彈劾的原因簡單且直接，吳王打獵破壞百姓的農田，應該受到懲罰。

太宗接到資訊後，生氣地說：「即使犯錯，也是教他的人的錯，你竟敢將錯誤推到我兒子身上？」柳範聽後，斗膽將自己的想法告訴了太宗：「如果您把錯誤和責任都推到老師身上，是不是有些問題？按這樣的說法，魏徵大人和房玄齡大人早就不在人世了。這都是因為有您這樣的明君，善於納諫，及時改正，才有今天的大唐，有魏徵和房玄齡的名節。」

太宗細想之後，對他的言行進行了讚揚，同時也懲罰了吳王李恪。其實，彈劾大隊還有其他的工作，例如和其他部門一起審理刑事案件，或者到刑場上監督施刑的過程，但最主要的工作還是對違法亂紀的官員進行彈劾。

做好這樣的工作很簡單，只要有一顆良心、為民之心便好，但又困難重重，因為誰會沒有私心呢！

唐朝官員的假期與退休——致仕與官假

在大唐上班，就要弄清楚休假制度，好不容易等到週五，別以為可以休息了，接下來又是五天工作日。沒錯，大唐就是這樣的休假制度，上十天班才休一天。不過別煩惱，大唐還有兩個小長假。但想請假的注意了，病假請太久可是會被辭退的；因為家住得遠而沒請假回家見爹娘的也是……想辦退休的可要想好，五品及以上的官員福利好，六品及以下沒錢養老。說了這麼多，其實在皇帝面前，所有制度有時候都是浮雲，比如養病超過一百天，只要皇帝准許，你照常可以待職養病；七十歲不退休，若皇帝老爺也不著急，照樣叱吒官場。

大唐的休假還是很人性化

大唐的官員沒有週末，上十天班，休息一天。如果沒有特殊情況，基本上是一個月休三天。別看只有一天的休息時間，睡覺、聚會、娛樂絕不耽誤。盧照鄰在休息那天去了農村遊覽，王勃在休息那天寫了《滕王閣序》……由此看出，官員們的休息日還是很充實的。

除了休息日，官員們還有小長假。不是國慶、不是勞動節，而是田假和授衣假，一個在夏天、一個在秋天。田假主要是讓官員們在農忙時可以回家一趟，打理自家的土地，安排好今年的種植專案，從而專心工作。

授衣假的來源比較早——在大唐以前，人們在七月的時候，便感知到天氣轉涼，於是在九月的時候，就開始裁布、做衣來抵禦寒冷。「七月流火，九月授衣」說的就是這個意思。所以，授衣假的目的是讓百官在九月授衣的時候，可以回家穿上老婆新做的衣服。

其實總體看來，如果自

壁畫《宴飲圖》·唐

畫面正中置長方案，案上陳設杯盤碗筷，菜肴豐盛。九名男子圍坐宴飲，左右兩側各站端盤侍童及圍觀者，神情動態逼真傳神，情趣盎然，是一幅珍貴的歷史風俗畫。此圖以寫實的手法反映了唐代官員休沐宴飲的場景，對研究唐代的官員生活、飲食文化和家具文化具有很高的價值。

身不出問題，就不需要請假，一年也有五十天左右的假期，想想還是很幸福的。但誰家沒有點事情需處理呢？所以請假是不可避免的。那麼在大唐有哪些假可以請呢？有什麼需要注意的事項呢？

病假和事假，在大唐當然可以申請，但也有一些規定需要注意：病假不能超過一百天，不管你是感冒、吊點滴還是動手術，一百天應該足夠了。倘若真的是遇到重病，百天之內無法痊癒，這時你就不要請病假了，做個「長告」吧。「長告」可以理解為長期告假，但若申請「長告」，為了維護機構的正常運作，你的官職會被免去。皇帝允許他人頂替你的職位，你可以提前退休了。當然，這只是普通官員的待遇。如果你是朝廷要員、職業精英，皇帝無法離開你，那皇帝肯定准你帶病上朝，邊工作邊養病，想養多久就養多久，直到你康復為止。

事假包括的項目比較繁多，婚喪嫁娶可以請假，父母生病沒有人照顧可以請假，官員祭拜祖先可以請假，老婆生孩子可以請假，孩子行成人禮也可以請假等等。上述請假理由在大唐都是可以獲得批准的，時間長短不等，視具體要求而定，這一點還是比較人性化的。

舉個例子，回家探親。如官員的老家離上班地點很遠，原定的假期可能全花在路程上還不夠，該怎麼辦，難道不回去了？那是絕對不行的。因為大唐是非常重視孝道的；不回去就是不孝，不孝就是無道，連道德都沒有，還能做一位好官嗎？另外，如果你的行為被御史台發現，是要受到懲罰的。所以，大唐針對這樣的官員，給予了更人性化的處理，給了更長的假期，保證他們有足夠的時間回家探親。這點我們應該為大唐的制度叫好，畢竟百善孝為先。

退休差距大，寫申請時要想好

兩鬢斑白還要堅守工作崗位，本該安享晚年卻要動腦子處理政事；青年才俊們面臨就業困難的窘境，身強力壯，本該為國效力卻成無業遊民……這些都是沒有完善的養老制度和體系的緣故。但大唐的皇帝能容忍這樣的情況發生嗎？當然不能。所以，大唐政府早早訂立一套完整的退休方案，有福利，有賞賜，皇帝說話還很客氣。

按照大唐的退休制度，官員七十歲開始辦理退休手續。然官階不同，退休後享受的待遇也不一樣，這主要體現在五品及以上的官員和六品及以下的官員身上，這兩個官階的退休待遇差距很明顯。

五品及以上的官員直接向皇帝遞交退休報告。皇帝看了報告後，會很客氣地挽留你，這個步驟就像在打太極拳般，皇帝推，你擋；你推，皇帝擋。如果皇帝實在不想讓你走，你最好再多幹兩年。

打太極的步驟順利完成，皇帝同意你退休後，一般會賞賜你一些物品。拿了賞賜先別急著走，趕緊向皇帝表達謝意……然後你就可以回家養老了。但是，三品以上的官員得注意了，由於你們是難得的國家棟梁，所以可以在退休後回到朝廷看看，特別是在一些大型活動的時候，皇帝和同事們仍很想見到你。五品及以上官員的退休金是正常工資的一半，終身享受，而且逢年過節還可得到皇帝的諸多賞賜，晚年衣食無憂。

六品及以下官員的退休申請就別自作多情地往皇帝那裡遞交了，乖乖地交到尚書省就行了。皇帝不會親自受理你的退休申請，也不會像挽留五品及以上官員那樣挽留你。申請交上去批下來後，一個人默默走掉就好了。六品及以下的官員回家後過得都比較清貧，因為退休以後的生活開銷基本就靠自己為官多年的積蓄，且逢年過節的賞賜也不多。因此需要調整好心態，平淡生活，安享晚年。

不退休和不讓退休

雖說退休對官員和政府都有好處，但有人不想退休，有人想退休卻皇帝不讓。

不退休的代表人物是柳公權，和書法家顏真卿齊名的那位。柳公權不僅書法造詣很高，官也做得很好。三十歲考中進士，官至二品，封邑兩千戶，是官場少有的大贏家。柳公權七十歲那年並沒有遞交退休報告，皇帝也沒有提醒他，就這樣持續幹下去。十年以後，柳公權以太子少師的身分活躍在朝堂之上。然而，畢竟年紀有些大了，上朝的時候竟把皇帝的尊號讀錯了，被殿中侍御史當場吐槽。還好，八十歲的柳公權沒被流放，也沒被貶官，只是被罰了些俸祿而已。但是「八十歲還在上班」這件事讓很多人取笑，也讓柳公權成了「說啥都不退休階層」的代表人物。

另一位也是三朝元老，深得皇帝喜愛，從沒退休過。雖然沒有柳公權那樣長壽，到了八十歲還領著百官上朝，但亦是為大唐做出了巨大貢獻的重臣。他就是長孫皇后的哥哥——長孫無忌。

長孫無忌並非沒有寫退休申請，而是向皇帝提過很多次，都被皇帝婉拒了。長孫無忌的退休之路走得很艱難，他曾分別向太宗李世民和高宗李治兩人提過退休的事，結果太宗微笑著回絕了他一次，高宗禮貌地回絕了他兩次。那為什麼不讓長孫無忌退休呢？因為太宗需要他留下來輔佐自己的兒子，而高宗的理由更簡單了，因為你要輔佐我。總之，長孫無忌的退休之路沒有那麼順利。

總的來說，大唐的請假制度相當靈活，而且人性化。離家遠的官員不用擔心路上耽擱時間，想娶老婆的官員不必等小長假才能結婚，孩子行成人禮還能在家陪著……一切以人為本，為民服務，即使規定的假期不長。此外，退休的官員要注意自己的官階，六品及以下的官員得加把勁，千萬不要放過退休之前的升職機會。當然，如果官場不好混，申請退休也是個好辦法，遠離政治鬥爭，享受天倫之樂。

貧富懸殊

唐代致仕官員待遇優厚，造成官民之間極大的貧富懸殊。致仕官員從九品到一品，他們的土地收入和俸祿收入相當於一般丁男家庭的二・五至六十倍和五・六至一百一十四倍（唐代丁男家庭年收入不足二十石），這意味著官民之間經濟上的超乎尋常的不平等。

唐代統治者為了籠絡官員，造成官民之間經濟上的尖銳對立，影響了上層建築的穩定。唐代致仕制度對官僚機構和君臣關係的影響，尚屬統治階級的內部矛盾，往往可以通過各種手段相互妥協、相互調整。

專題：輝煌的書法

唐一代近三百年間，傑出的書法家輩出，楷書、草書、篆書、隸書、行書如林花璀璨、鮮豔奪目。盛唐時期，書法創作上表現出一種勇於突破舊有的藩籬、創造新境界的博大精神。至晚唐時期，有志於書法者，在廣泛學習前賢的基礎上刻意創新，終於為書壇吹出一股新空氣。

歐陽詢

字信本，潭州臨湘（今屬湖南）人。一生經歷陳、隋及唐初，而其主要的政治與書法藝術活動在唐初。唐太宗時，官至太子率更令、弘文館學士。詢敏悟絕倫，博覽經史，尤精三

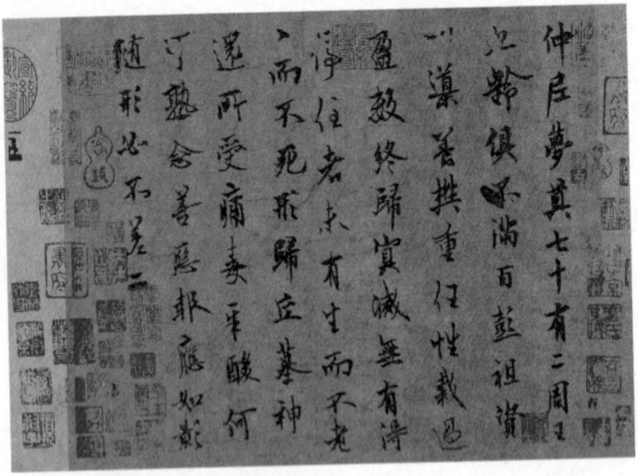

《仲尼夢奠帖》・唐・歐陽詢

史。編著有《藝文類聚》一百卷。其書法藝術，以楷書為最精。書法史上以「顏、柳、歐、趙」為楷書四大家，以時序而論，歐陽詢是最早以楷書名世的大書法家。他的楷書被後世稱為「歐體」，其用筆峻峭險勁，法度森嚴，以其獨特的風格對後世產生了深遠的影響。

張旭

唐代的草書藝術，以孫過庭、賀知章、張旭、懷素四人最為有名。張旭字伯高，一字季明，蘇州吳郡（今屬江蘇）人。他的主要政治和書法藝術活動都在盛唐時期。史載他初為常熟尉，後官至金吾長史，故人稱「張長史」。盛唐時期，人才輩出，張旭就是一個以草書名世的奇才。

顏真卿

字清臣，京兆萬年（今屬陝西）人，唐開元進士，歷仕玄宗、肅宗、代宗、德宗四朝。因曾任平原太守，

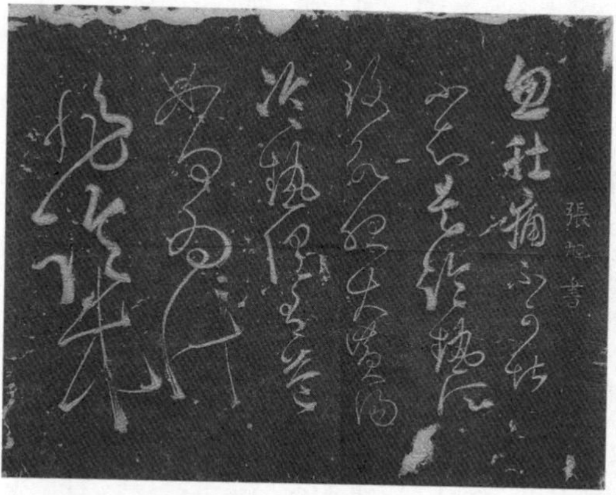

《肚痛帖》‧唐‧張旭

此不屬於狂草，但它是傳世張旭草書中最為著名的一種。此帖書寫用筆變化莫測，但法度嚴謹，縱橫跌宕，頓挫起伏，有若天成。

賜爵魯郡開國公，人稱「顏平原」，亦稱「顏魯公」。他秉性剛直，玄宗後期奸臣楊國忠專權擅政，他仍以儒士的風範獨立不阿。「安史之亂」發生後，作為國家重臣，他置生死於度外，竭盡全力平息叛亂。在他七十六歲時以身殉國，其人格風範為後人所仰慕。

顏真卿的書法，初學褚遂良，後師從張旭，參透用筆之理，這從他寫的《述張長史筆法十二意》中可以看出。顏真卿得到張旭的筆法傳授，使他對書法藝術的認識有了質的飛躍。他對書法藝術的學習相當廣泛，篆隸、北碑以及當時流行民間的寫經都有體悟，最終形成了他豐偉剛健、氣象博大的「唐代之書」的特色。

《顏勤禮碑》拓片・顏真卿

顏真卿的書法作品，流傳至今的墨蹟及碑刻拓本有七十餘種。其中最為著名的楷書有《多寶塔碑》、《大唐中興頌》、《麻姑仙壇記》、《顏氏家廟碑》、《郭家廟碑》、《祭侄稿》和《爭座位稿》等。

柳公權

字誠懸，京兆華原（今屬陝西）人。他是唐代繼顏真卿之後的一位大書法家，也是對後世影響最大的楷書大家之一。他的楷書人稱「柳體」，歷來是學習楷書者必學的重要書體，而且往往是楷書入門必學的範本。

陸柬之，生卒年不詳，吳郡（今蘇州吳中區）人。官至朝散大夫、守太子司議郎，活動於初唐。陸柬之傳世作品甚少，《絳帖》載有陸書二十五字，此外僅有的也就是被稱為二陸文賦的《陸柬之書陸機文賦》了。《文賦》為墨蹟本，是初唐時期少有的幾部名家真跡之一。據說陸柬之年輕時讀《文賦》，極為傾心，想親

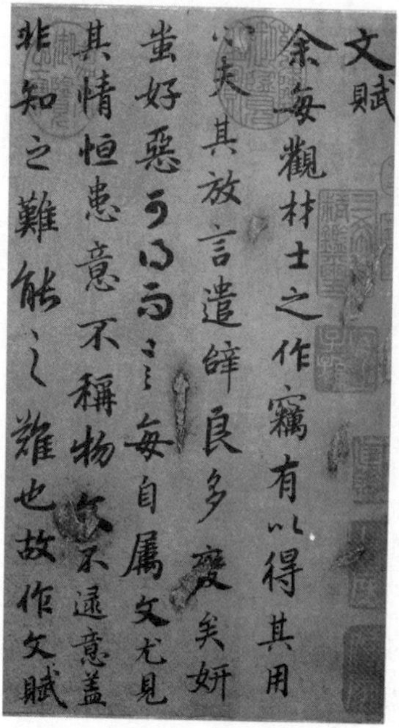

《文賦》卷（局部）・唐・陸柬之

筆書寫一篇，因怕自己書藝不精而「玷辱」前賢名作，始終未敢貿然動筆，直至他晚年才動筆了此夙願。此帖筆法直逼「大王」（王羲之），深得晉人韻味。

李陽冰，字少溫，趙郡（今河北趙縣）人，生卒年不詳。好古，善屬文，他曾為縉雲令、當塗令、集賢院學士。李白贈以詩曰：「落筆灑篆文，崩雲使人驚。吐辭又炳煥，五色羅華星。」李陽冰在唐代以篆學名世，評論者以為，得大篆之圓而弱於骨，得小篆之柔而緩於筋。

孫過庭，名虔禮，陳留（今河南開封）人；一作吳郡（今江蘇蘇州）人；或作富陽（今屬浙江）人。孫過庭的書法，開元年間書論家張懷瓘對他有極高的評價：「博雅有文章，草書憲章二王，工於用筆，俊拔剛斷，尚異好奇，然所謂少功用，有天材。真、行之書，亞於草矣……隸、行、草入能品。」《宣和書譜》也說他「好古博雅，工文辭得名翰墨間。作草書咄咄逼羲獻，尤妙於用筆。俊拔剛斷，出於天材，非功用積習所至。善臨摹，往往真贋不能辨」。可見孫氏既有深厚的文學底蘊，又得「二王」之法，再加上超凡的天分，從而形成自己獨特的書法體系。代表作有自撰書法理論《書譜》及草書《千字文》。

懷素，俗姓錢，字藏真，湖南零陵郡人。因他出家為僧，書史上稱他「零陵僧」或「釋長沙」。懷素是中國歷史上傑出的書法家，他的草書稱為「狂草」，用筆圓勁有力，奔放流暢，一氣呵成，和張旭齊名。後世有「張顛素狂」或「顛張醉素」之稱，可以說是古典的浪漫主義藝術，對後世影響極為深遠。懷素的草書有《自敘帖》、《苦筍帖》、《食魚帖》、《聖母帖》、《論書帖》、《大草千文》、《小草千文》、《四十二章經》、《千字文》、《藏真帖》、《七帖》、《北亭草筆》等等。其中《食魚帖》極為瘦削、骨力強健、謹嚴沉著。而《自敘帖》其書由於與書《食魚帖》時心情不同，風韻蕩漾。真是各盡其妙。米芾《海嶽書評》：「懷素如壯士撥劍，神采動人，而迴旋進退，莫不中節。」唐代詩人多有贊頌，如李白《草書歌行》、曼冀《懷素上人草書歌》。

《自敘帖》卷（局部）・唐・懷素

第三章

金錢、寺院和房產，唐朝的經濟與生活

在大唐做個有錢人，可不是件輕鬆的事。開元通寶究竟是官方發行的好用，還是民間自造的划算？到青樓去玩耍，有錢還不行，還得有過人的才情？提著大袋錢卻買不到一套屬於自己的房子？別說大唐土豪們活得累，如果你不睜大眼睛看清楚這些門道，就算守著一屋子錢也開心不起來。在大唐，驚喜多著呢！

瓷器與織品，真正的玩家在這裡——古玩市場

外國人到了大唐買什麼？不買兵馬俑，不買貴妃的畫像，而是買瓷器和絲綢。瓷器的世界和金庸筆下的江湖相似，《射雕英雄傳》裡有「南帝北丐」，大唐的瓷器也分南青和北白；《笑傲江湖》裡有衡山派和華山派等「五大門派」，還有個日月神教獨立於「五大門派」之外，大唐的瓷器裡有越窯、邢窯、婺窯、曲陽窯等專門燒製瓷器的地方，同樣也有個和瓷器截然不同的「唐三彩」。此外，若想買絲綢和其他織品，你算來對地方了。大唐的絲綢紋樣設計感十足，質地薄，屬高級品。這樣的絲綢衣服可以同時穿很多件，可作為禮服和防曬衫的不二選擇。

大唐瓷器中的「冰雪皇后」

浙江越窯的青瓷、河北邢窯及定窯的白瓷合起來，就是大唐人眼中的「冰雪皇后」。青瓷像冰，白瓷如雪，是器物圈裡難得一見的珍品。大唐的才子們發揮了無

窮的想像力，給青瓷、白瓷世界極其美好的比喻。例如皮日休贊青瓷、白瓷是「圓似月魂墜，輕如雲魄起」，按照現在的藝術處理手法，可以理解為「月亮代表你的心」和「你是天邊最美的雲彩」。

此外，喜歡音樂的朋友也發現了青瓷、白瓷的妙用：找十二個大小相同的盛水瓷器，並排擺在桌上，然後在這些容器中倒入清水。倒水是有講究的，從左到右或從右到左，倒入的清水依次遞增。把水倒好以後，便可以找個筷子，敲打起來。如果此時燈光師把光打成柔和煽情的調性，再斟上一杯酒，絕對是一件十分美好的事情。這是大唐音樂愛好者首創的「瓷製樂器」，聲音清脆、悅耳，成為家庭聚會、文藝晚會的絕妙伴奏或獨奏。

比起大唐藝術圈的人士，百姓對青瓷、白瓷就沒那麼多痴愛了。因為百姓們平時用的盤子、罐子都是青瓷和白瓷，已經沒什麼新鮮感了。青瓷、白瓷不僅能做日常生活的器具，還能做文化人士的學習用具，比如放毛筆的筆架或筆枕等。

大唐的瓷器生產廠房比較多，除了最具代表的邢窯和越窯之外，還有其他的窯廠。所以大唐的瓷器種類繁多，製作工藝精美，價格也很低廉，廣泛應用於生活的各個層面。只要你在大唐生活，無論什麼職業、什麼身分，家裡都能找出幾件像樣的瓷器，如果能留到現在，那價值肯定不可估量！

美女出門臉上都要塗脂抹粉，瓷器也一樣，光素顏成型是遠遠不夠的，不塗一層釉可對不起自己的身分。這裡我們要說說皇宮中經常可見的青瓷中的祕色瓷。祕色瓷可謂「絕世美人」，她出門擦的「粉底」和其他瓷器不一樣，抹上的粉底牌子也和其他瓷器不一樣。別的瓷器問她：「平時擦的都是什麼啊？你的氣色看起來那麼好？」祕色瓷啥都不說，輕飄飄看了其他瓷一眼，坐著豪車就去皇宮了。至於她臉上到底擦的是什麼，至今仍是個祕密。因為祕色瓷專供皇家使用，所以想從皇宮借寶的得注意了，就算你成功拿了祕色瓷出來，也沒有當鋪敢收，放在家裡遲早被發現，還是換其他的拿吧。

昌南鎮瓷名天下

江西的昌南鎮，在唐代雖然尚未成為後世的「瓷都」，但當時生產的白瓷名聲也很大。據說，唐武德年間，昌南鎮曾製作一批瓷器，進獻給皇帝。這些瓷器「體稍薄」、「色素潤」，潔白而半透明，其美如玉，在長安被稱為「假玉器」，於是昌南鎮瓷名天下。

據對景德鎮出土的一些唐代白瓷殘片進行分析，這些白瓷的白度（表示物質表面白色的程度，以白色含有量的百分率表示）已達百分之七十，燒成溫度大約在1150℃～1200℃，相當接近現代高級細瓷的水準。

中看不中用的唐三彩

美貌的瓷器看完了，再看看陶器，大唐的陶器還是很出色的。如果說瓷器是「裸妝美女」，那陶器唐三彩就是「彩妝美女」。黃色、綠色、褐色、藍色、紅色……不塗三種以上的顏料在臉上，就覺得不過癮。但是打扮得太漂亮又有種不實用的感覺。果然，唐三彩便論證了這個觀點。唐三彩是拿來「看」的，不是拿來「用」的。如果你嫌青瓷、白瓷太素，非要用三彩陶器來點綴，結果必定是用不了兩天，便會滲水或者崩裂。因為它「出廠設置」裡根本就沒有「容器」這一項。所以說，唐三彩就是擺著看的「花瓶」。

三彩陶駱駝載樂俑・唐

駱駝昂首挺立，馱載了五個漢、胡成年男子。中間一個胡人在跳舞，其餘四人圍坐演奏。他們手中的樂器僅殘留下一把琵琶，據夏鼐先生研究，應該是一人撥奏琵琶，一人吹篳篥，二人擊鼓，均屬胡樂。駱駝載樂陶俑巧妙地誇張了人與駝的比例，造型優美生動，釉色鮮明潤澤，代表了唐三彩的最高水準。

那買一個放在家裡，增添一點藝術氣息，應該挺好的吧？勸你最好不要這樣做。這個東西再好看，也不適宜放在家裡當擺設，因為它不是裝飾品，而是用於喪葬的冥器。這樣的結論，大家可能無法接受，但據歷史記載，確實如此。唐三彩是最具唐朝文化的藝術品，有很高的藝術價值，但它原本的材料是泥土，在大唐是不值錢的。另外，它在古代一般是隨葬物品，不會出現在富貴之家，否則會鬧出大笑話。因此，如果你不想把家裡布置得跟墓葬現場一樣，還是不要把美麗的唐三彩帶回家了。

三彩貼花雙龍耳壺・唐

現代人喜歡唐三彩的古樸造型和豔麗色彩，買了放在家裡或者送人都有那麼一點追隨唐朝風尚的意思。但如果你在影視作品裡看見有人家裡擺放著唐三彩，或者手裡端著唐三彩酒器，你就盡情地笑吧。因為這樣的情節，絕對不可能出現在真實的大唐。

大唐絲綢，質感十足

大唐女人的手都很巧，原先的經線織法已經不能滿足她們的審美需求了，所以又創造了新式的緯線織法。用新手法織出來的東西色彩更豐富，花紋樣式更繁多。所以採這種方式織出來的布、做出來的衣裳，再也不用擔心有撞衫的可能了，保證獨一無二。

大唐的絲綢之路可謂名不虛傳、舉世聞名，絲綢也當之無愧成了大唐文化的重要組成部分之一。大唐的絲綢有質地超薄、花紋設計感強的特點。

關於大唐絲綢質地超薄，還有個有趣的故事：一個異國商人來到大唐學習，看到迎接他的官員穿戴甚少，便說：「天氣這麼涼，你穿這麼少、這麼薄的衣服，難道不冷嗎？」大唐官員笑了笑，說：「我穿了五件衣服，怎麼會冷呢？」異國商人不信，官員便一件一件地揭給他看。果然穿了五件衣服，每件衣服都是綢緞所製，非常輕薄，看起來就像一件衣服一樣。最後，異國商人不得不為大唐的絲綢工藝拍手叫好。

薄如蟬翼便是對大唐絲綢薄的程度最好的形容。其實，若放到今天看來，大唐的絲綢真的可以做成透視裝，尤其穿在姑娘身上，一定會很妖嬈、很性感。

關於大唐絲綢的花紋設計感，唐朝知名設計師竇師綸先生最有發言權，因為他設計出了新式的絲綢紋樣。這位設計師遵循中西合璧的理念，用色大膽，不斷創新，而且作品中必有神獸。因此，在大唐如果你看到絲綢上的花紋是一種動物，且花紋的各個細節都很對稱，色彩使用大膽卻和諧豐滿，多半就是竇師綸先生的作品。此外，絲綢當時的主產地在湖州，宣傳詞便是「湖州湖州，魚米之鄉，綠油油的桑葉美味又營養，這裡的蠶寶寶最白胖，這裡的絲綢最漂亮」。

在瓷器的「世界」裡，越窯練就了「絕世武功」，造出「容貌」獨一無二的祕色瓷。而與之並駕齊驅的唐三彩「彩妝技術」也越來越好，可謂爐火純青，深受中外友人愛戴。在絲綢的世界裡，湖州地區的「蠶寶寶」吐出上等的蠶絲，經過姑娘們的巧手製成了頂尖的絲綢，最後送進皇宮，彰顯華貴……大唐的功夫真是威武，令後人敬仰，不僅物美價廉無假貨，還引領潮流。

絲綢生產的鼎盛

唐朝絲綢的生產組織分為宮廷手工業、農村副業和獨立手工業三種，規模較前代大大擴充。同時唐朝絲綢貿易十分發達，陸上絲綢商道更多採用一條偏北迂迴的道路。海上絲綢之路也在這一時期興起，絲綢產品通過東海線和南海線，分別輸往朝鮮半島、日本和東南亞、印度，且由阿拉伯商人傳播到歐洲。絲綢貿易的興盛導致了絲綢技術的外傳，至七世紀，東起日本，西至歐洲，西南到印度均有絲綢生產。

錢到哪裡都是寶，貨幣知識不可少——貨幣政策

知道買東西要用什麼錢還不夠，如果想在大唐過得舒適一些，懂點貨幣知識是必不可少的。銅錢是怎麼來的呢？它背後的故事如此傳奇，大唐民眾對它都做了些什麼？開元通寶出了什麼問題，才讓高宗開始發行新的貨幣？為什麼銅錢能跟玄宗的妃子扯上關係？等等。這一系列的問題都和大唐的貨幣知識有著密不可分的關係。

「開元通寶」背後的故事

大唐開國第四年，非常有經濟頭腦的李淵便下令鑄造新錢幣，徹底消滅市面上所用的五銖

開元通寶・唐

在樣式上，初唐開元通寶光背無文，中唐起錢背開始有星、月及其他紋飾，晚唐會昌開元則在錢背面加上錢局所在地名。經過三百餘年鑄造，版別複雜。

錢，並將新的錢取名為「開元通寶」。那錢幣的設計圖是誰做的呢？是皇帝本人或者其他平面美工設計師，至今沒有搞清楚。但「開元通寶」四個大字，卻非常肯定是當時書法家歐陽詢所寫，其字體被人稱為「歐體」。

但這錢的背面怎麼不平，難不成是給盲人用的點字？這摸著像是個「一」，難道是一塊錢的意思？這你就想多了。銅錢上沒有幣值，背面是個月牙形的印子。印子可能只是為了區別而做的標記而已，就像今天的商標一樣。

關於「銅錢背後的故事」，在大唐民間有諸多說法。其中有一個說法比較出名，是關於「長孫皇后」的故事：大唐錢幣總鑄造師按照圖紙設計做出樣品後，急忙拿給唐太宗觀看。太宗看了樣品後，非常滿意，就將它遞給了身邊的長孫皇后。也許是長孫皇后新做的指甲，拿的時候不小心在錢的背面劃了一下。如此一來就在樣品上留下了獨一無二的痕跡。長孫皇后看了看太宗，紅著臉低下頭，不好意思開口。太宗見她半天沒說話，流露出無辜眼神，手裡還攥著留有劃痕的樣品，便輕輕拉過長孫皇后的手，朝她笑了笑，然後十分威嚴地吩咐總鑄造師：「就按皇后的意思辦。」這樣便有了開元通寶背面的月牙痕跡。但這說法是真是假，誰知道呢。

另一個比較有影響的說法，與上面描述的內容一樣，只是把故事的主角換成了唐玄宗與楊貴妃。後來有人質疑：「開元通寶是大唐開國之初鑄造的，怎麼到了玄宗那兒才有了印子？」這樣的質疑，至今沒有人能夠回答。

雖說這兩個關於「開元通寶」的故事有如言情小說裡的濃情蜜意，但不得不說，這兩條「八卦」讓開元通寶的知名度變得更高。

銅錢不夠用，開爐自己造

雖然有各式各樣的「八卦」和「名人效應」，但大唐政府深諳經濟學原理，知道通貨膨脹的危害，所以並未增加開元通寶的發行量。這樣的政策會不會影響那些手上有少量錢幣的百姓的正常生活呢？某種意義上來說「不會」，因為除了錢幣之外，百姓還可以用絹帛進行交易。

在大唐，一開始銅錢不夠時，也可以用絹帛交易。如果這個月家裡沒有絹帛的存貨怎麼辦，沒關係，有布料就行，家裡的綾羅綢緞等絲織品都可以拿來交易。絹帛只是個泛稱。但由於各種織品的品質不同，所以交易的時候要先弄明白自己手裡的布料是優是劣，不能「缺斤少兩」，也不能以次充好，否則就屬「花假錢」的行為。但是隨著大唐經濟發展速度不斷地加快，用絹帛進行交易的弊端逐漸顯現出來，越來越麻煩，越來越不方便。

百姓沒錢用是個很嚴重的問題，長期下來會引起社會的動亂，那該怎麼辦呢？但任何人都沒想到百姓會採取簡單的方法，就是——自己造錢花。聽起來很不可思議，對吧？但這真實存在。這也不是大唐創舉，私自鑄造錢幣的行為自古就有。

百姓私自鑄造的錢幣，只要模具正，原料好，就可以在市場上流通，而且沒有假錢一說。但他們的錢幣畢竟不是官方發行，總是有差別的，而且價值不對等，兩枚銅錢相當於官方銅錢的一枚，二比一還算合適。

就這樣，大唐的百姓自力更生，解決了銅錢不夠使用的問題。而且私人鑄造和官方發行並行，和平共處了許多年，相安無事。後來，高宗李治對私自鑄造開元通寶的行為實在忍無可忍，便選了一個吉利的年分發行一款新貨幣。西元六六六年，改了年號，發行乾封泉寶。高宗說了，一枚乾封泉寶等於十枚開元通寶。面額巨大的乾封泉寶，不光讀起來拗口，在百姓心目中也沒有什麼實際效果。

揣著面額巨大的新錢買什麼都不方便。買個餅吧，做胡餅的漢子搖了搖頭說：「找不開。」買杯酒吧，沽酒的小娘子一笑：「拿開元通寶付錢的話，給郎君打九折！」看來大唐百姓對開元通寶才是真愛。因此，降世八個月的乾封泉寶又重新被扔回鑄造爐。至此，開元通寶與乾封泉寶大戰結束，開元通寶完勝！

此外，你如果在大唐看見除了開元通寶和乾封泉

鎏金乾封泉寶・唐

寶之外的錢幣，也不要大驚小怪，以為是假錢。因為大唐的皇帝們發行過很多不同名稱的錢幣，比如乾元重寶、建中通寶和會昌開元等。

唐高宗想消除私自鑄錢的行動，最終以失敗而告終，所發行的乾封泉寶也被開元通寶徹底擊敗，但之後卻有人成功了。這個人就是經濟學專家、情感專家、音樂家的大唐皇帝唐玄宗。唐玄宗沒有採取直接剷除的做法，而是運用一定戰術，將私人鑄造錢幣的行為逼得走投無路，最終自生自滅。唐玄宗時期，商業發展很快，同樣出現了唐高宗時期開元通寶不夠用的問題。這個時期，民間又興起了私人鑄造錢幣之事。此時，玄宗發行了新的開元通寶，沒有否定原本開元通寶的價值，反而提高了開元通寶的品質。

生產這一批開元通寶時，政府嚴格把關品質，讓群眾明白了「皇帝家造的錢才最值錢」的道理，然後又加大了官方錢幣的發行量。這樣一步步下來，私人鑄造的錢幣被逼到死角，逐漸在市場上消失了。因為若有足夠交易的官方貨幣，商販們還有什麼理由收那些品質參差不齊的私幣呢？最終，大唐官方的開元通寶完勝。

乾元重寶・唐

乾元重寶錢開鑄於唐肅宗時期，新鑄錢的目的是為了緩解安史之亂帶來的經濟壓力。然而此錢面世之後，不僅沒有解決實際問題，更是引起了市面貨幣流通的混亂，因此五年之後該錢即被停用。

自從開元通寶誕生以後，就慢慢參與到了與民間私人鑄造的貨幣和其他貨幣的鬥爭中。還好開元通寶有足夠的耐力和韌性，讓百姓對它愛得「無法自拔」；也好在唐玄宗在關鍵時刻做出的明智決策，才讓開元通寶最終屹立不倒。正是由於種種的貨幣政策，開元通寶在人們的手中停留的時間才如此長久。而到了今天，開元通寶的價值更是不可估量。

歌姬妖嬈，「娛樂公司」忙得不亦樂乎——青樓妓院

大唐最「搶手」的職業是什麼？棄筆從戎，棄武從文？那些都是跟著時代大方向走的，是階段性的產物。而青樓文化的發展卻伴隨著大唐的發展，走得越來越長遠。別害羞，不用難以啟齒，古代青樓是一種文化、一種風尚，是達官顯貴、風流才子常常光顧的地方。而這其中，長安的平康坊便是這種文化的代名詞。作為一介文人，不到平康坊走一趟，就不算是位風流的好文人。在大唐，青樓走的是文藝風，文人作詩給美麗的姑娘；姑娘也要在送郎君離開的時候回贈一首，就這樣你來我往，其樂融融。

文人才子的精神樂園

大唐的青樓女子靠唱歌、跳舞來維持生計，雖命運不好，但文采一流。所以，對於大唐的男性知識份子來說，這些有學識、懂音樂的女孩子就是他們的紅顏知

己。心情低落，追憶往昔的時候，可以像杜牧一樣，想想那些曾經在青樓裡和姑娘們愉快玩耍的時光，那是多麼美好的回憶；人生得意的時候，和幾個朋友一起到青樓裡聽姑娘吟詩唱曲，看她們跳舞彈奏，人生多麼愜意。最盡興的是，有的青樓女子有見識又不高冷，能聊詩歌也能說古今，知人間冷暖也懂你的愛恨情仇。這樣的女子，對古代文人來說，就是知己難求啊！

在大唐，到青樓去是一種流行文化。所以，官員碰見御史不用躲，你找紅顏知己彈琴作畫，他找青樓女子吟詩作曲，碰面了就大大方方地打個招呼，說不定你的紅顏知己也是他一直想結識的，相互介紹、切磋，三個人都是好朋友。換句話說，文官去青樓可謂風流倜儻，武官去青樓就是溫情款款，文武相約一起去，就是知己好友覓紅顏、品美酒的時間了。

大唐的青樓女子文采風流、溫柔大方，深知才子們的內心，讓才子們心甘情願地為她們寫詩。李白曾在《對酒》裡這樣寫道：「玳瑁筵中懷裡醉，芙蓉帳底奈君何。」這是李白醉臥美人膝的節奏，但這並不是最風流的。著名詩人、監察御史元稹外地出差，約了美貌的才女薛濤見面，兩人一見傾心，互訴衷腸，寫下了一首首幸福的詩歌。爾後元稹被調走，兩人異地相戀，痛苦萬分，只好依靠著頻繁的書信互訴著彼此的愛戀。薛濤為了寫詩，甚至自己做了小張信紙，專寫四言絕句。薛濤的文采令才子欽佩，自製信紙更讓才子感動。這樣的愛情故事很多，我們不得不被他們的惺惺相惜而感動。

比元稹愛得深切，相思成疾的才子也不在少數，薛宜僚便是其中之一。被皇帝派駐新羅大使館的薛宜僚，在上任的路上，遇到了他這輩子最後愛上的女孩。這姑娘名叫段東美，是薛宜僚於席間見到的。兩人一見傾心。段姑娘雖沒有留下什麼作品，但薛宜僚和姑娘分別的時候寫了一首離別詩，以表自己對她的情誼。可能是工作的原因，兩人的感情後來沒有了下文。按現在的劃分標準就是，感情依舊，但現實讓他們離開了彼此。

不知道是水土不服，還是相思成疾，薛宜僚到了新羅大使館不久就病倒了，沒多久就不幸離世了。這樣的事情讓人不敢想像。後來有人在查看他的「病例本」

彩繪雙環望仙髻女舞俑・唐

舞者梳雙環望仙高髻，著半臂與長裙，臂纏披帛，造型靈動飄逸。

時，發現上面寫著「睡眠品質差，夜間多夢」的字樣。他夢見誰了？我們無從得知。但因為無法開始異地戀而分手，想來對他產生了重大的影響。面對這樣的結果，我們除了惋惜之外，沒有別的。薛宜僚雖然沒有一段讓人嚮往的異地戀情，但他的愛卻深埋心中，甚至因此而丟了性命，這不得不讓現代的薄情之人深感慚愧。

這樣的愛情故事讓人感歎，讓人羨慕，但如果將故事移到許多青樓女子身上，情節會更加虐心、更加悲慘。故事情節往往是這樣的：才子和青樓女子為彼此的才華所傾倒，兩人雙雙墜入愛河。但終因某種緣由，才子不得不離開青樓女子。女子送走才子後，一心等待良人歸來，結果卻等來了才子娶妻生子的消息，或者再也沒有了音信，最後女子鬱鬱而終……。

娛樂公司的「藝人們」

大唐的青樓女子們就像藝人一樣，自身的才藝就是收入的來源。她們就像是在一個大型的娛樂公司一樣，根據自身條件和才藝，按照各自的分工，維持著生活，實現著自己的價值。在一些滿是知識份子的宴會場合中，她們承辦著該宴會的大部分娛樂項目，充分地與宴會中的客人進行互動。有的姑娘負責演奏樂器，有的姑娘負責唱歌，有的姑娘負責跳舞，還有的姑娘負責和客人作詩聊天。但光是這樣的分工還不夠，因為晚會裡少不了主持人。

大唐的青樓女子分三類，一種是地位比較高的，專門接待文人才子一類。這樣的女子一般都受過良好的教育，琴棋書畫樣樣精通，百分百的純才女。她們多半溫柔、善良、善解人意，才名出眾，還喜愛和才子交流。就像今天的藝人一樣，若有哪位名士願為她大費筆墨，那名氣一定大增、身價大漲。而在大唐宴會上充當主持人的青樓女子，可謂比才名出眾的女子更勝一籌。她們不僅博學多才、能歌善舞，還要在不讓人反感的條件下做一個能說會道的姑娘。

她們掌控和主持整場宴會的所有節目，讓客人在井井有條的情況下喝酒、看節目、找樂子。如果遇到一些複雜問題，例如有人來砸場子等，她們也要第一時間處理妥當，不能讓客人乘興而來、敗興而歸。因此，她們承擔

彩繪釉陶樂舞俑群・唐

女俑頭綰髮髻，穿尖領、開胸、緊袖、拖地長裙，長跪在地，手中各執不同的樂器。從左到右依次為：琵琶、笙、拍板、拍鼓。這組伎樂女俑瓷色灰白，瓷質細膩，人物姿態優美，形象逼真。

著相當大的壓力，必須要保證這場宴會可以有條不紊地進行。此外，大唐對這些青樓女子中的主持人有個專門稱謂，叫「都知」。在當時酒會特別流行的時候，鄭舉舉、薛楚兒和顏令賓三位都是有名的主持人。這三位雖然沒有像薛濤般留下自己的作品，也不像杜秋娘那樣有著進過宮的經歷，但她們依然被歷史銘記。之所以被人銘記，大概就是因為她們那讓人稱讚的言談舉止和無法忽略的個人魅力吧。

薛濤與薛濤箋

薛濤京兆長安（今陝西西安）人。十六歲入樂籍，與韋皋、元稹有過戀情，戀愛期間，薛濤自己製作桃紅色小箋用來寫詩，後人仿製，稱「薛濤箋」。脫樂籍後，終身未嫁。

薛濤箋產生於唐代。唐代名箋紙，又名「浣花箋」。北宋蘇易簡《文房四譜》云：「元和之初（九世紀初葉），薛濤尚斯色，而好製小詩，惜其幅大，不欲長，乃命匠人狹小為之。蜀中才子既以為便，後裁諸箋亦如是，特名曰薛濤焉。」從這些記載中可知，「薛濤箋」的形制是小幅詩箋，初造於九世紀初葉。

「娛記」白居易

白居易機智聰慧，文采好，思路廣，除了做詩人之外，更適合做一名記者。因為在他的筆下，記錄了唐玄宗和楊玉環的愛情故事，還為上陽宮的宮女寫了人生專欄，詳細描寫了青樓裡姑娘們的衣著打扮和言行舉止；他對偶遇的琵琶女做了「人生專訪」，訪問到最後，自己不禁淚流滿面等等。因此，這樣專業又真性情的記者，在大唐是不多見的。換句話說，白居易的報導向人們展示了大唐的種種風貌，透過他的報導，亦讓世人更直觀地認識了大唐的青樓文化。

我們先看看白居易來自潯陽江的報導：這裡有一位彈著琵琶的女子，年輕的時候因為擅長演奏琵琶而小有名氣，富家子弟們為了聽她的琵琶曲，贈予諸多物品。後來她不再年輕，魅力大不如前，嫁給了一個商人。雖然衣食無憂，但並未因此擁有幸福、美滿的生活。白居易的訪談到了最關鍵的階段，開始傷懷起來，聽著琵琶曲，眼淚不禁掉落下來。這樣的訪談和描寫，其實就是對當時那些命運淒苦的青樓女子、賣藝女子的真實寫照。白居易除了擅長報導訪談之外，還喜歡寫評論。他的某些評論對當時社會產生了重大影響，甚至讓一些人丟了性命，青樓女子關盼盼便是一個典型的例子。

人美、歌甜、舞藝一絕的關盼盼原是一名舞伎，後被張愔娶回家做小妾。某次，白居易到張愔家做客，張愔熱情地向他介紹小妾關盼盼。席間，關盼盼給白居易留下了深刻的印象。後來張愔死去，關盼盼非但沒有離他而去，反而是守著張愔，一直住在燕子樓裡，不出門，不娛樂，不改嫁。

關盼盼這樣的表現，應該得到人人的稱讚。白居易卻在給關盼盼的信中寫了「歌舞教成心力盡，一朝身去不相隨」。既然愛得那麼深，為什麼不隨他而去呢？面對白居易的評論，原本憂傷難過的關盼盼，最終選擇了自盡。

這裡我們無法責備白居易的無情，因為每個人都有表達看法的

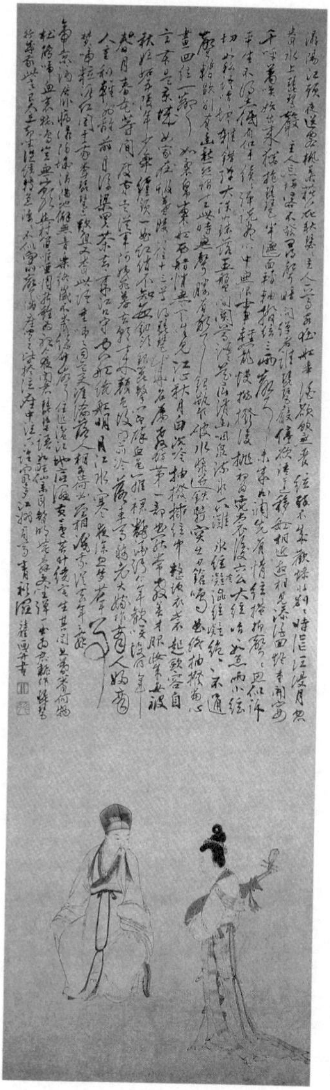

《琵琶行圖》．明．郭詡

唐代詩人白居易做九江郡司馬時，送客至江邊，在船上傾聽一位長安故伎彈奏琵琶，有感而作《琵琶行》。此圖下繪白居易與琵琶女，上錄《琵琶行》全文。

權利，造成這樣的結果，相信是白居易沒有料想到的。

大唐「娛樂公司」忙得不亦樂乎，因為旗下「藝人」人才輩出。伎子懂詩文、知古今，愛音樂、愛跳舞，素養和文化水準都很高。但若提及她們的人生，能夠幸福美滿度過終生者為數寥寥。有的出家孑然一身，有的出嫁卻無法得到幸福。

青樓在某種程度上是風流才子的「精神家園」，才子們在這裡找到了自己的真愛，但最終能雙宿雙飛、有情人終成眷屬的少之又少。反之，淒美的分離為普遍的結局。

布施、質庫、無盡藏，獨特的經濟實體——寺廟經濟

說到大唐僧人，你會想到至印度拜佛求經的玄奘，又會想起東渡日本的鑒真，但這只是歷史上享有盛名、勵志的僧人。而更多的僧人是在大唐過完自己平凡又富裕的一生。富裕指的是僧人有地產，而且不用交稅，地產出租，收入頗豐，所以，當時僧人的生活很富足。如果你是一名僧人，你可以安心地待在寺廟裡，過著悠閒而快樂的生活。

度牒可免役，超度要收錢，做

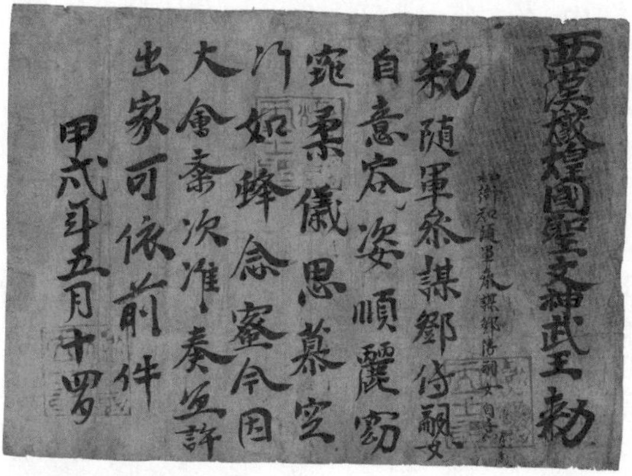
西漢敦煌國聖文神武王勅
勅 隨軍參謀鄧傳嗣女
自意 容姿順麗 窈
窕柔儀 思慕空
門 如蜂念蜜 今因
大會齋次 准奏 度許
出家 可依前件
甲戌年五月十四日

鄧傳嗣女出家度牒・唐

僧尼出家，為證明其合法身分，由官府發給的憑證，稱之為「度牒」。此為一千一百年前、年僅十一歲的女童鄧自意出家為尼的「度牒」，是關於敦煌女眾出家的非常珍貴的文獻資料。

僧人就是這麼酷。如何證明你是位合格的僧人呢？度牒是能夠證明僧人的專屬身分證。此外，有了度牒，佛祖也不用擔心你交不起稅了，因為大唐僧人根本不用交稅。

賦稅都不用交，是不是有點羨慕啊？想要度牒嗎？那就剃度出家吧，走大唐高僧們走過的路，做高僧們做過的事，全身心投入佛法的學習中。不過這一切完全出於自願，不能強求。但有些人，尤其是那些狡猾而富裕的商人，把度牒當成了免稅的證明。膽子小的，多花點錢，向官府買；膽子大的，直接跳過官府，自己弄個假章，做個假度牒。但得奉勸一句，踏踏實實做個老實人，乖乖交稅才是長久之道，切勿「玩火自焚」。

寺廟要養活僧人，還要給佛祖修超大號「金身」，雖然僧人不用交稅，但若沒有收入坐吃山空，照樣會變得貧窮。知名寺廟受

壁畫《五臺山圖》・唐

此圖描繪了佛教聖地五臺山的山川景色、建築、橋樑、佛菩薩畫像、僧俗人物等。唐代是五臺山的鼎盛時期之一，其經濟實力不可小覷。據史料記載：「五臺山有金閣寺，鑄銅為瓦。塗金於上，照耀山谷，計錢巨億萬。」足見五臺山之繁華富庶。

到來自皇帝貴族們的巨額賞賜，但普通寺廟卻沒有，他們如何平衡收支呢？

其實，僧人每天除了念經，也要工作。主要工作就是給死去的人超度，為活著的人祈福，是一份有愛心的工作，也是有償的服務，具體價錢得諮詢當地寺廟。可以討價還價嗎？還是不要了，沒人在這種事上講價打折的。

大唐百姓舉辦的佛事活動比較多，僧人們經常在寺廟內或是外面進行超度與祈福的工作。總之在大唐這個全民找高僧的年代，僧人們收入穩定，工作時間也比較自由，是一份人人羨慕的好工作。

僧人們的小金庫

除了僧人主動工作，還有坐在寺廟裡等錢來的好事情，也就是接受布施。普通善男信女們會主動布施，土豪信眾們則瘋狂布施。另外，貴族姑娘們一年集中布施一次，將家裡的絹帛和錢全貢獻給佛祖。

鎏金銅觀世音造像．唐

唐太宗時期，為拯救佛教而生的三階教就收到來自貴族姑娘們的布施，一輛輛大車滿載財物而歸，如果沒有個像樣的庫房，根本放不下。

三階教稱為拯救佛教而生，那如何拯救呢？先修佛祖金身住的地方，再修佛祖金身，讓更多的人有機會接觸到寺廟，認識佛法。為了這拯救項目，三階教的僧人們自己每天只吃一頓飯，剩餘時間就去各處求布施。

為了存放財物，三階教還特意設立了無盡藏院。「無盡藏」指的是那些為了提高佛祖知名度而準備的財富，而無盡藏院用白話來說，就是僧人的金庫。雖說三階教的願望是美好的，但是專案資金實在過高，僧人們從最早的為佛祖造金庫，慢慢地變成為自己守金庫。

儘管佛寺造得足夠多，佛祖金身也足夠威武，但仍有些僧人犯貪戒，硬是鑽到金庫裡不肯出來。僧人的金庫裡面有數不清的財富，歷史評論者對僧人的財富總結是：如果能將大唐看作是分成十份的大圓餅，僧人們以佛祖的名義，已經占了七八份。所以，百姓日子過得很清苦，但僧人們金庫裡的財物卻越來越多。

大唐的知名寺廟得到皇室的支持，不僅有皇帝的賞賜，跟著做好事的臣子們也笑呵呵地送錢財進去。幫太宗打倒割據惡勢力的少林寺，就屬這樣一個存在。

當年，還沒做皇帝的李世民，為了表彰少林寺，將幾千畝的土地友情贈給了少林寺。登基後，更是對少林寺照顧有加，年年有賞賜。普通寺廟將超度、祈福等工作作為經營寺廟的主打品牌，而對於少林寺，太宗說了：「讓光頭小娃娃們練好武功，大人們把那幾千畝的土地管理好，就可以了。」

隨後的唐高宗和武則天亦十分重視少林寺，對它進行了多次、諸多的賞賜。皇帝賞一次就足以過一輩子了，更何況少林寺次次都得賞賜，所以，當時少林寺的財力絕對不是一般的雄厚。

穿僧袍的「大地主」

據大唐對僧人的種種福利顯示，僧人不僅有錢拿，還有地種。一位僧人三十畝地，到人老的時候，土地就歸寺院所有，不用上交國家。這麼一算，若將兩三個僧人湊在一起，估計就能發展出一間寺廟。寺廟存在的時間越長，占地面積就會越大，只要國家政策好，就能穩穩當當地進行擴建。

雖然僧人們有屬於自己的土地，但自己種地的僧人還是不多，僧人們喜歡把自己的土地出租給普通農民，也就是佃戶。僧人們不用種地耕田，只要按時收租就行。是不是有點達官貴人的節奏？光收租還不算什麼，佃戶們除了平時要交租金給僧人，還要在寺院中做一些雜務。例如幫僧人們買菜做飯、整理僧人們的小金庫等，因為僧人的特殊身分，所以這些俗事都是由大俗人來代為辦理。

此外，如果你在寺廟中見到這樣的人，不能叫「農民伯」，要稱呼他們為「淨人」。僧人們將淨人分成了兩個等級。對待上等淨人，寺廟提供服裝和盒飯；下等淨人則什麼都沒有。淨人的構成比較複雜，不過大部分都是自願的，這一類人可能是想鍛鍊自己，積累工作經驗，感受一下寺廟的氣氛。

寺院在繁忙的時候，還會出錢雇用一些臨時工，所以總體來說，僧人們的日常生活和普通地主家沒什麼區別，甚至比地主過得更舒服，因為僧人不用交稅。

在規模大的寺廟中，有上百位僧人，裡面有各種雜役，還有小沙彌和童子，加起來總共有上千人，難怪當時有人咆哮著說：「長安的好地方都被寺廟給霸占了！」

由於僧人有土地，因此可發展許多產業。但這種事情同樣由紅塵之外的人看著，而且真正操作的都是一些商人。商人們經營著原本屬於僧人們的邸店和車坊等地產，僧人則負責繼續收取租賃費用。如果你在長安發現哪家店鋪其實是屬於寺院僧人的財產，也不要驚訝，因為僧人才是長安的「地產大亨」之一。

僧人們的收入來源廣，除了出租農業用地，還出租商業用地；不僅可以接受布

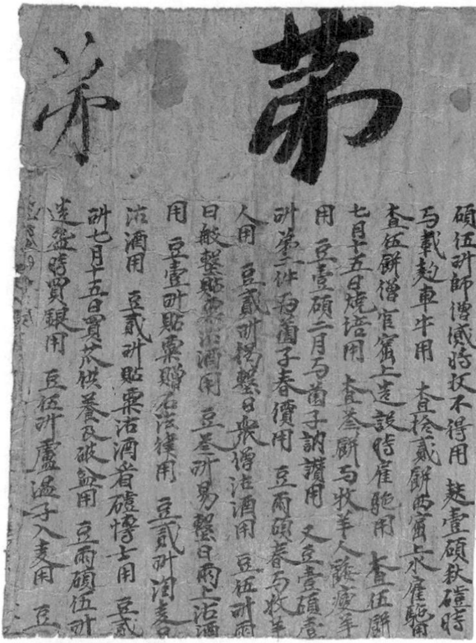

某寺交割實物・唐

這是一份寺院日常開銷的記錄簿。內容涉及寺院收穫和地租收入的豆、麥等，同時詳細記載了僧官、僧人以及與寺院相關的運輸、磨坊的收入支出情況。在藏經洞出土的敦煌文書中，有大量關於寺廟經濟的原始資料，是研究唐代寺院經濟的重要依據。

施，知名寺廟還獲得達官貴人的豐厚賞賜。就算僧人們把一部分錢花在雇人幹活、修建寺廟上，錢還是多到花不完。可以說，大唐曾經把相當的財富都放在寺廟上。

雖說對僧人的定義是看破紅塵、弘揚佛法，一些和金錢、土地不沾邊的詞彙，但生活在紅塵裡，而且生活在對僧人那麼好的大唐，沒有錢的寺廟幾乎不存在。所以，想在唐朝過得好，考慮當個僧人也不錯。

房地產高利潤高風險，唐朝投資需謹慎——房地產業

大唐買房要看身分，即使富商也無法跟別人拼房產，真的羨慕就多去豪宅看看，只能看不能買。如果你是政府官員，想給自己弄間新房子，千萬不要想可以留下來給子孫萬代。想用房產造福子孫根本不可能，還不如珍惜當下，能住多久住多久，不然就會像長寧公主那樣，洛陽的新房子還沒住進去，房子就變成國家的了。如果你想在大唐投資房地產，先記住一句話：只有房子還在自己的手裡，才能算是自己的不動產。

商人買不到房，貴人擴建忙

大唐商人有錢，但即使有錢也買不到大量的房子。因為他們不夠資格，按照大唐的管理條例，商人的地位低賤，比不上普通的百姓，所以他們買房子受到大量限制，不是你想買就能買的。即使是他們的後代也會受到影響，比如作為商人後代的

李白，就無法參加科舉考試。

然而作為大唐的普通百姓，地位雖然比商人要高一點，但房產的購買面積依然受到限制。舉個例子，如果你是大唐的普通百姓，和爸爸媽媽住在一起，那你家最多只能擁有一畝地的面積。就算你再有錢，也不能多買，除非你入仕，擺脫平民的身分。一名有錢的商人，他們的命運甚至還不如平民，購買的總面積肯定是不能超過一畝地的。

商人手裡有錢卻沒法買地，但貴族有權有錢，可以隨意置辦房產。太宗家的小四李泰就是這個典型。魏王李泰是太宗與原配長孫皇后的孩子，從小聰明好學，深得太

含元殿遺址

唐長安城的標誌性建築，建成於龍朔三年（西元 663 年），毀於僖宗光啟二年（西元 886 年），是皇帝舉行朝賀大典等活動的主要地點。

宗喜愛。李泰在東都洛陽和長安都有自己的房產，其中長安的芙蓉園，還有洛陽的房產都是父親下令送給他的，絲毫沒有限購之說。

太宗有些溺愛李泰。李泰在長安延康坊內的住宅他親自去過，還免了坊內百姓一年的賦稅。其實，李泰在延康坊內的府邸原本是隋朝楊素的居所，他在住進去之前就開始裝修，還因裝修花太多錢被太宗的臣子告了一狀。儘管如此，李泰仍是太宗的心頭肉，裝修照樣進行。最後裝修完成的府邸面積，占延康坊總面積的四分之一。

所以，什麼限購房產的說法，到了李泰這裡完全沒有任何意義。在洛陽就更誇張了，李泰在洛陽占了比兩個坊面積還大的地方，在裡頭裝修自家的房子，而太宗為了讓他在洛陽過得舒服，還特地將洛水池也簽到李泰名下。

這樣一來，李泰不光擁有兩處超大住宅，還外加了兩處國家級風景區。白居易曾在他的詩中說：「原洛水池，現魏王堤上的柳樹已經發出新芽了，一點點綠真好看。」

掙房容易守房難

買地蓋房一直是大唐官員內部的一種時尚。當年那個住低檔旅店、不受店老闆青睞的馬周，得皇帝賞賜後，就開始了自己的買房計畫。不要怪馬周囂張，當時的官員都是如此。雖然長安房價不低，但官員們的投資熱情絲毫不減。新的府邸不僅是財富的象征，更是面子和身分的一種表現；面積越大，裝修越豪華，這家人越體面越尊貴。這樣的價值觀跟現代人還頗為相似。

買個大房子，然後豪華裝修一番，這對於官員來說，似乎比較容易，但如果想把這份房產流傳後代，估計就比較困難了。隋朝楊素在延康坊的大宅子後來被魏王李泰占為己有，這樣的更替可以說是朝代更迭造成的。下面再來看一組大唐房產的更替報導：魏徵的宅子最後被子孫變賣；楊貴妃姐妹的宅子豪華裝修後，不到二十年就無人打理；發明中國象棋的宰相李德裕死後，孫子李敬義想保留祖父留下的家業，卻遭到了手握權力之人的拒絕等等。

想在大唐弄到一套大房子，也許憑自己的努力就夠了。但要想在大唐守住一套大房子，尤其是非常顯耀的房子，不僅要靠自己的實力，還要看子孫後代的實力，因為稍有不慎，昨天的繁華就成了今天的一場夢。所以，在投資房產這個項目上，不管是重臣、貴人，還是多朝元老，都得慎重再慎重。

大唐炒房地產第一人

雖說賺房容易守房難，但投資報酬率還是很高的，比如大唐最瘋狂的房地產蒐集人，就是李顯與韋皇后的寶貝女兒長寧公主。

長寧公主置辦房產的愛好要從她嫁給楊慎交說起。長寧公主出嫁以後，首先在洛陽建造自家的房子。但這房蓋得不容易，花掉她大量的積蓄。最終房子相當豪華、氣派。洛陽的房子裝修好後，長寧公主又開始她其他的購買計畫。她接著把唐初宰相高士廉的房子買下來，還把附近軍營的地也買下來。但她不是想多蓋幾棟，而是要把在長安的家打造成超大豪宅。房子建好以後，公主總覺得還缺些什麼，於是又把新家西面的空地買下來當球場，這是何等的財氣和闊綽。

長寧公主在長安有一棟帶有蹴鞠場的豪宅，在洛陽也有一套精緻裝修的豪宅，按說她除了比魏王李泰少了國家級風景區外，已經勝過其他公主了。但長寧公主是房地產大亨，絕對不會滿足於現況。

不久，洛陽的永昌縣被撤銷了，縣衙空了下來，隨後公主將它「廢物利用」。洛陽雖有兩處房產，但沒有可遊玩的地方，因此把李泰在洛陽的宅子全部要了過來，成了她的別苑。

長寧公主雖有多套貴族豪華的房地產和深愛她的母親韋皇后，但隨著專政的韋皇后以失敗告終，她不得不將多處房產賣掉，以維持自己優越的生活。

作為大唐房地產開發的成功人士，長寧公主也無法將自己的財產傳給子孫後代。儘管如此，在大唐，若能夠在保證自己房產的情況下，投資房地產的利潤確實很高。

含光門遺址

櫃坊與飛錢，銀行的雛形——金融業

雖然大唐重農抑商，商人身分低賤，但經商活動依然十分繁榮。大唐雖然沒有銀行，但為了交易方便，無論是官家還是私人，都會提供方便商人交易的機構。另外，想要經商卻沒有資金，可以貸款嗎？貸款需要財力證明嗎？帶上大量的錢財外出，會有意外嗎？等等。諸如這樣的疑問，在大唐經商前，一定要搞得清清楚楚、明明白白。

外出經商，保證人財安全的好辦法

大唐初期，隨著商業在政府無情的壓迫下頑強地成長，從商的人開始多了起來。商人們最開始進行的是小範圍交易；慢慢地，交易圈開始擴大，跨州縣甚至跨國貿易開始進行。但這時有一個問題出現了，帶那麼多錢出門安全嗎？因為大唐沒有銀行，出門買貨的錢只能隨身帶上。

舉個例子，如果你是到蘇州買絲綢的長安商人，準備拉幾車絲綢回長安賣，那你得把大量的錢財運到蘇州去。可是，從長安到蘇州路途遙遠，要經過無數個小樹林和無人的小黑道？你確定唐朝治安足夠好，且你足夠幸運，一路上一個強盜都沒有？這個時候，讓我們想到了《水滸傳》中「智取生辰綱」的片段，楊志押送的生辰綱就是在小樹林中被晁蓋一夥劫走的。有人說，把錢財交給鏢局不行嗎？說實話，交給鏢局仍無法放心，因為他們也是強盜下手的主要目標之一。另外還得多花不少錢，既不保險亦不划算。

可是不帶錢怎麼買絲綢？其實，大唐政府也考慮到了這問題，所以針對這樣的事情採取了一些措施，即設立匯款機構。如此一來，你就可以把錢交給大唐匯款機構，然後拿著匯款機構開具的匯票出發，等到達目的地以後，再憑匯票取出自己預存的錢。

所以，若你要從長安到蘇州買絲綢，可

《商人遇盜圖》

以先找到蘇州駐長安辦事處，告訴工作人員你的意圖，然後把錢存了（當時不叫存款、匯款，而叫「飛錢」），再拿著工作人員開出的匯票（在大唐叫「文卷」），就可以到蘇州輕鬆進貨去了。但如果你在出發前，找不到蘇州駐長安辦事處，也可以找政府設立的轉運使，還可以找信譽好的、在蘇州經營店面的富商等等。但不管你找公辦機構或民營企業，匯款都是要收手續費的。

商人與飛錢

在商業異常發達的唐代，各地商人運貨到京城出售，售貨得著的大量錢幣要隨身帶上既不安全又不方便，因此商人們就將錢幣交給各地駐京的進奏院（類似於駐京辦事處）和有關機構，或交給各地設的分支機構的富商，由這些單位發給半聯憑證，另半聯憑證寄回各地的相應單位。商人回本地區後，經驗證相符，便可取款。

飛錢，亦稱「便換」、「便錢」。唐憲宗曾禁飛錢，可見飛錢產生在此之前。飛錢是中國歷史上早期的匯兌業務形式。唐代的飛錢實際上是一種票證，類似於今天的銀行本票。《新唐書．食貨志》這樣表述：「……商賈至京師、委錢諸道進奏院及諸軍、諸使、富家，經輕裝趨四方，合券乃取之，號飛錢。」

拿著信物取錢去

去外地進貨的商人們輕輕鬆鬆地拿著文卷出發了，但飛錢出現的時間比較晚，大唐還有一種更為普遍的取錢辦法——憑信物取錢。

假設你到了蘇州，將所有的錢用來買絲綢，返回長安之前，卻在洞庭湖邊喜歡上了一個彈琵琶的姑娘，且想把她娶回家做小妾。首先條件，你得為這姑娘贖身，但已經沒有錢財了該怎麼辦？總不能把剛買的絲綢都給賣了吧？這時你想起來了，離開長安前，「大唐合夥人」怕飛錢不靠譜，讓你帶了一塊玉佩在身上，如果飛錢取不出來，就拿玉佩到當地某家櫃坊裡找他們老闆。

櫃坊是做什麼的？就是可以領取存款的地方。大唐沒有銀行，系統不聯網，也沒有銀行卡，所以存錢的時候，就會把自己的信物拿給對方看。雙方達成協議後，就可以將錢存入和取出。信物可以貴重也可以普通，但一定要有特點。比如揚州六合縣的土豪張先生與揚州北邸藥店的王先生達成了協議，在王先生的藥店

三彩錢櫃

裡存了兩千多貫錢。他們的信物是什麼呢？一頂很簡單的草帽，但草帽特點鮮明，帽頂前縫了條紅線。一般來說，櫃坊對來取錢的人和信物都會驗證一下，確保無誤後，才會讓客戶將錢帶走，畢竟他們收取了「櫃租」。唐朝時的櫃坊不像現代的銀行，在櫃坊存錢不但沒利息，還要收取客戶的錢。

貸款可以，但最好不要觸碰它

除了規模較大的店鋪兼櫃坊以外，大唐還有專門的櫃坊。專門的櫃坊裡不僅辦理存取款業務，還辦理貸款，所以人們把這種辦理貸款的櫃坊稱為質庫。不過想在大唐辦理貸款可要想清楚了，因為這裡的利率相當高，如同搶錢一般，典型的高利貸。若你選擇在質庫貸款，就要準備好上交百分之四十的利息。這樣的利息令我們現代人也為之驚歎啊！

雖然質庫放的是高利貸，但還是有很多沒錢的人選擇這裡。比如一些落魄的貴族常常把自己曾經住過的豪宅拿來抵押，從而獲取現款。包括魏徵的玄孫曾將魏徵的房契拿到質庫換錢，後來因為沒錢贖回，宅子被質庫的經營者變賣了。

此外，普通勞動者遇到特殊事件或者沒錢的時候也會想到質庫。因為糧食產量過低，農戶基本沒有收入，但為了交稅，只能四處找錢，無奈之下透過質庫將土地等資產抵押出去，以此來換錢交租。此時有人不禁想問：把土地抵押出去的農民，今後靠什麼吃飯？明年交租的時候又要如何應對？無奈他們也想不了那麼長遠，只能過一時算一時了。

有些喜歡喝酒的文人為了湊酒錢，常常把自己的衣服抵押給質庫，從而獲取酒錢。杜甫便是其中之一。他說自己每次都把春衣抵押，拿錢買酒，然後跑到曲江喝到大醉才知道回去。事情不知道是真是假，但好像更符合我們心目中的那個杜甫。

用物品抵押貸款在大唐彷彿很流行，但也有一定條件。這裡你需要了解三個步驟：第一步，找到有價值的物品，例如衣服、家具、生活用品等；第二步，找到一個肯為你作保的人，證明你的信用。因為貸款利息很高，所以如果到時候你抵押的東西不足以還債和抵利息，那為你作保的人就得承擔責任；第三步，跟質庫經營者達成協議，確定貸款和贖回物品的具體時間。如果約定的時間到了，你卻無力還款，那質庫經營者有權把你的物品賣出去。

質庫的經營者還是很有職業道德的，他們賣了客戶的物品之後，除了扣除應該還的款項和利息之外，還會把剩下的錢再還給客戶。假設你抵押自家的十床傳家棉被，借了半貫錢，如果你在約定日期過了以後沒有還錢，對方就按約定賣了你的十床棉被。此時，若十床棉被賣了一貫錢，那質庫的經營者會自行扣除半貫錢和貸款利息，再把剩下的錢還給你。

匯款、取錢、抵押貸款，大唐金融業其實可以滿足你的需求。無論你信賴公辦業務，還是青睞私人機構，這裡都有你想要的。飛錢出現得比較晚，櫃坊也不是大唐初期就存在的，所以如果你想跨區經商，請在對的時間、地點，遇見對的金融機構，辦好手續。另外，需要貸款的還要做好後續還錢準備，不到萬不得已，千萬不要抵押「傳家寶」。因為可能由於你的一點失誤，就讓祖上的「傳家寶」成為別人的囊中之物——欠了一屁股的債，還怎麼贖回「傳家寶」啊！

商品經濟的發展

唐朝時期，因為商品經濟的發展，人們之間經濟聯繫增多，隨之而來的是債務糾紛不斷增多。為此，唐朝制定了非常嚴格的法律法規防止民間的債務糾紛。欠債不還不但要被處以刑罰，比如打板子、坐牢，還要「役身折酬」，也就是要去白幹活抵債。

此外，唐朝法律還規定了「保人」制度，如果債務人「逃跑」，保人就要承擔賠償責任。唐代亦制定了與利率相關的法律：超過法定利率不但無效，還要受罰。唐朝的這些法律對當時的社會起到了一定的作用，因此，這些法律法規不僅傳到了日本，也被宋朝加以延續。

第四章

那些年，大唐這樣搞外交

大唐的繁榮是全世界的傳說，透過人們的口耳相傳成為真正的傳奇。肩負使命東渡的高僧、不畏艱難出使敵國的使臣、遠道而來膜拜天朝上國的外國留學生和遣唐使，都是大唐品牌形象的傳播者。他們讓大唐的瓷器、絲綢以及文化驚豔世界，也讓萬邦來朝的上國品牌更加深入人心，讓世人嚮往了千百年。出發吧！身在大唐，心向遠方！

跟隨高僧去取經——文化交流

佛教在大唐有很重要的地位，且獲得了飛速發展。佛教四大譯經家在大唐已經有兩個了。大唐高僧有著好學的美好品質，他們都是渴望知識的莘莘學子，一心想要去最好的學校學習。玄奘和義淨便是其中的兩位。他們決定來一場轟轟烈烈的取經之旅，但他們走了相反的路線。所幸，地球是圓的，不管是徒步，還是坐船，只要有一顆堅韌的恆心，最終都能到達理想的彼岸。最後，高僧們學成回國，圓滿完成任務，為我國佛學的發展，做出了不可磨滅的貢獻。

一個往西，一個往東

大唐取經僧人有兩位，一位是世人熟知的唐僧——玄奘，另一位是深受玄奘西行影響、一心要取經的義淨。

但大多數的人們對這些人的了解可能都源自於《西遊記》中的描寫，好像玄奘的取經之旅就是不停地趕路，最後到達目的地，見到佛祖，取了經文就回去。其實，並不是這樣。玄奘的取經像遊學，舉凡到達有高僧、有先進佛學的地方，就會在當地住上一段時間，進行學習。學習的時間可長可短，全看玄奘對課程的掌握程度。

就像今天辛苦求學的學子們一樣，玄奘的心中也有一所理想的學府。但這所最高學府不是常春藤名校，不是劍橋，而是那爛陀寺。不要小看這寺，在當時，它就相當於佛學界的哈佛。這裡有大批的高僧、大量的佛經，有先進的佛學思想，是所有熱愛佛學研究者的理想殿堂。

經過千難萬險、千辛萬苦，玄奘終於到達了自己心中的理想學府。在這裡，他並沒有像電視中演的，拿到經文就返回大唐，反而是留下來，潛心學習，而且一學就是五年。最後

大雁塔

位於唐長安城大慈恩寺內，又名「慈恩寺塔」。玄奘為保存由天竺經絲綢之路帶回長安的經卷、佛像，主持修建大雁塔，最初五層，後加蓋至九層，再後層數和高度又有數次變更，最後為今天所看到的七層塔身。

學成以後，玄奘帶著經文回到了大唐，將先進的佛學思想帶入，對大唐的佛學發展做出了卓越的貢獻。

玄奘西遊我們比較熟悉，但義淨東遊卻少有人知道。

義淨受到玄奘的影響，也將那爛陀寺設為自己的理想學府，但他決定走不同於玄奘的求學之路，玄奘當時走陸路，於是他選擇水路。而且為了能夠更好地學習和生活，在去那爛陀寺之前，走水路的義淨在印度恆河河口的耽摩栗底國開始了他的語言課程。梵語學習課程歷時一年，義淨順利修滿學分，正式開始他的求學之旅。

最終，義淨順利到達那爛陀寺，和玄奘成了校友。但由於義淨走的是水路，停

那爛陀寺遺址

十二世紀由於戰爭的原因，那爛陀寺逐漸被廢棄，淪為廢墟。一八六一年，英國考古學家亞歷山大 · 康寧漢在這裡發現了一片佛教遺址，經過與《大唐西域記》的記載核對，證明這就是那爛陀寺。

留地方沒有玄奘多，所以他大部分時間都花在學校裡。而且一學就是十年。儘管兩人學制不同（義淨的導師很多，可能選的課也比較多），但兩位都是那爛陀寺拿到雙學位的優秀畢業生。

玄奘和義淨都是從大唐出發，一個往西走，經過沙漠，遇見高昌王，還碰見了兇猛彪悍的強盜等，最終來到那爛陀寺進修佛學；一個往東走，由廣州出海，在大海上航行，最後也終於走進佛學界的「名校」，開始新的學習生涯。如果把這兩位大唐高僧的求學路線畫出來，會發現剛好是一個封閉的圖形。這種求學態度我們不服不行。

高僧不好做，求學路上多坎坷

看見高僧的求學路線，就以為這是一場「容易的求學之路」嗎？當然不是。玄奘和義淨的遊學經歷太不容易了。

首先，在國內常常遊學的玄奘，經常會發現對於同一部佛經，不同地方有著不一樣的版本，這讓他甚是費解。後來，玄奘認識了一位原從印度來的僧人。僧人向他講述，在遙遠的天竺國有一座非常出名的那爛陀寺，那裡高僧眾多，佛經無數，是許多愛好佛學的人都嚮往的地方。玄奘得到這消息後，決定「西遊求法」。於是向大唐政府遞交申請，結果沒有任何消息。因為大唐的政策不允許西行。

玄奘無法預知未來，他不知道後來太宗攻打東突厥，成了「天可汗」，所以不可能等到國家政策允許西行時再出發。最終，他做了一個驚人的決定——偷渡。但在唐朝，這舉措是要受到嚴懲的，任何私自出國的人都會被以通敵罪拘捕，甚至可以被守邊的軍士直接殺死。

這敘述彷彿和《西遊記》中的不太一樣，《西遊記》中說玄奘受了皇帝的委託，以「御弟」的身分前往天竺拜佛取經。但據歷史記載，玄奘西行之前曾上書太宗請求西行取經，但未獲得批准。

歷經一個月的時間，最終成功逃出關卡。但在他逃出不久，朝廷的追捕令就下來了。隨後，玄奘連夜趕路，且不敢走大路，最終迫不得已選擇穿越荒漠。走在無邊無垠的荒漠中，沒有水源，經常迷失方向，我們不知道玄奘如何去應對這些惡劣的環境。但最終他憑藉著堅強的毅力和對佛學的信仰，成功脫險。

之後，多日滴水未進的玄奘，幸運地來到了西域國高昌，並受到高昌王親切的接見和禮遇。高昌王十分希望玄奘能留下來，在此地傳播佛法，但玄奘一心到西天取經。高昌王見玄奘西天取經之心堅定不移，迫於無奈，將其放行。臨走之時，慷慨的高昌王送給了玄奘「黃金一百兩、銀錢三萬」及三十匹馬、三十位隨從，還給他一封親筆信，以此方便疏通途經的國家。隨後，玄奘遇到強盜、雪崩、怪獸等危險，但憑著強大的內心，一一化險為夷，最終到達了他夢寐以求的佛學聖地那爛陀寺。而另一頭走水路的義淨也是排除千難萬險，才到達那爛陀寺。雖然沒有被人強行挽留，也沒有人要殺他，但長時間漂蕩在海上，與各種風險鬥爭，亦讓世人欽佩不已。我們可以這樣說，在大唐那個年代，要遠行萬里到異域他國，無論是陸路還是水路，這樣的壯舉只能被歷史記載。

高僧遊學回國後的就業情況

雖然以偷渡的方式外出求學，但求學成功以後，卻是光明正大地回到了祖國。這結局還是令人感到欣慰的。玄奘求學歸來時，大唐的官員、百姓和僧侶，夾道歡迎。偷渡出去，回國後能有這樣的受歡迎程度，在當時的大唐，玄奘絕對是第一人！

而義淨學成歸國後，同樣也受到國人的熱烈歡迎，女皇武則天甚至親自迎接。這樣的待遇似乎超過先前的玄奘。所以這麼一比較，《西遊記》裡玄奘回國後的待遇，應該是照著義淨的來撰寫。

學成回來的兩位高僧發揮了自己的優勢，將自己從佛教聖地所學到的，傳給了大唐僧眾。玄奘隨後寫出《大唐西域記》，詳細介紹了西域各國的風土人情，以此獻給唐王李世民。李世民因此將玄奘安排到西安大慈恩寺翻譯佛經。據史書記載，玄奘從西元六四五年五月到西元六六三年十月，共翻譯佛經一千三百三十五卷，平均每年七十五卷，每月六卷多，相當於每五天翻譯一卷。這樣的工作、時間、效率也只有玄奘這樣的高僧才能完成。此外，玄奘帶的一批學生也取得了不少成就。

義淨回國後，得到女皇的親自迎接，他的翻譯事業也得到國家的大力支持。女皇還專門為他設立譯場，讓他安心翻譯。其實義淨在回國之前，就已經譯出了一些著作，如《華嚴經》等。另外，還寫了《大唐西域求法高僧傳》，描寫多位到西域求學的僧人；《南海寄歸內法傳》和《重歸南海傳》描寫大量大唐的航海知識，為我們了解大唐時期的南海風貌、當地的風土人情，提供了很好的借鑑和幫助。

真實版的大唐高僧西天取經之事，可不像《西遊記》裡描繪的那般神奇和容易，每當唐僧受難之時，總會有徒弟的搭救，可謂有驚無險。而現實中，玄奘和義淨雖然沒有受到妖魔鬼怪的威脅，但仍與大自然頑強抗爭，也讓無數人為之膜拜。《西遊記》中，唐僧做夢都想到達西天大雷音寺，現實世界裡就是印度的那爛陀寺，但進去以後要想順利地畢業，得經過一番修煉。師兄玄奘學習了五年，師弟義淨學習了十年，所幸學成歸國後都得到了好工作。

啟稟皇上，出事了，出大事了——邊疆爭端

大唐邊疆一直處於混亂的情況。東邊的高句麗、新羅、百濟個個都有變動；西邊的突厥一直向外發展，試圖挑撥大唐和「鄰居」的關係；大唐南邊的西南地區，你看得見文成公主浩浩蕩蕩的和親隊伍，但看不到大唐和吐蕃那些根本停不下來的戰爭；你知道《仙劍奇俠傳》裡的南詔公主，但不一定知道南詔和唐朝也有爭端；大唐北方，東突厥曾以二十萬大軍包圍長安，還有薛延陀……大唐周邊，東南西北都不安定。

面對東突厥，大唐要逆襲

「出大事了，長安被圍了」，這是剛登基的李世民聽到的一個最壞的消息。包圍長安的是頡利可汗和二十萬突厥大兵。他們聽說大唐換皇帝，立刻瘋狂進逼。頡利可汗先派使者前去送信：「我大突厥可汗，帶著百萬雄兵來了！」

太宗可不示弱，指著來使的鼻子問：「明明有盟約，你們卻發兵，有沒有良心？忘了當初我大唐怎麼對你們的？還敢說來了百萬雄兵？我先砍了你的頭！」但俗話說「兩軍交戰，不斬來使」，把使者殺了沒道理，放了又覺得窩囊。這麼一想，太宗決定把頡利可汗派來的人關起來。隨後，太宗帶著房玄齡等大臣，前往對方陣營談判。

突厥的二十萬大兵在渭水河北岸，太宗他們停在渭水河南岸。經過一番唇槍舌劍，頡利可汗心中有些緊張了。看看太宗背後有大臣，有身披鎧甲威武雄壯的士兵，開始懷疑自己的計畫是不是有漏洞，經過深思熟慮，頡利可汗對著太宗大喝一聲：「不如我們結盟吧！」太宗想了當下的形勢，決定採取此策略。

於是兩天之後，東突厥和大唐正式結盟。結盟之後，頡利可汗便帶著他的突厥大兵，高高興興地撤走了。

簽了和平盟約後的唐太宗並不開心，雖說大唐對

《便橋會盟圖》(局部)・明・無款

此圖描繪的就是唐太宗和突厥頡利可汗在渭河便橋會盟的情景。圖片的左側就是唐太宗在文武群臣的陪同下前往便橋。

突厥一直採取和平結盟政策，但這一次是被逼到家門口，迫不得已採取這樣的政策。對於大唐來說，就是一種恥辱。所以，從結盟的那天起，太宗加強練兵，開始想各種辦法削弱東突厥的勢力。太宗獎勵叛離東突厥的薛延陀；在西突厥內部混亂時說一句：「你們都沒弄明白誰是君，誰是臣，要娶大唐妹子沒門。」於是原本要和東突厥聯合的西突厥突然縮手。最後太宗準備好軍隊和將領，在東突厥最薄弱的時候開打。

大唐對戰東突厥，戰況很複雜，總括一句：頡利可汗很狡猾，但太宗有好將領李靖。最後東突厥滅亡，頡利可汗被抓到長安，他上次來長安的時候，身後還有傳說中的「百萬雄兵」。

若不是西突厥的拉攏，或許還是好朋友

熱情友好的高昌王鞠文泰是玄奘留學的贊助人，他用國家的財力幫助玄奘一路西行。貞觀四年他到達大唐長安，見到太宗，受到大唐的熱情招待。按劇情發展下去，大唐和高昌應該一直保持友好的關係，卻偏偏西突厥來搗亂。西突厥威逼利誘，讓高昌王鞠文泰原本向著大唐的心動搖了，高昌王出兵攻打了和大唐交好的焉耆，還攔路，不讓西域的國家給大唐進貢。太宗知道了以後，想起曾經面見這位高昌王，卻無法想通他為什麼不與大唐善交了。於是太宗下詔說：「過來。」鞠文泰是這樣回覆的：「病了。」這麼任性的回應讓太宗忍無可

三彩絞胎騎射俑・唐

此俑人物橫跨馬上，身體右傾，頭頸扭動，目光凝視上方，左臂伸向空中，右臂回勾呈射箭狀，手中弓箭已失。腰間佩劍，胯下馬匹神態安詳，駐足直立。反映出唐代胡服騎射風尚。

忍，於是決定出兵。

鞠文泰當時聽說大唐出兵後，他心裡想著：大唐調兵過來那麼遠，還要走沙漠，有糧草嗎？有水源嗎？就算有，運得過來嗎？沒有糧草的士兵我需要害怕嗎？餓著肚子打仗，戰鬥力會很強嗎？但是大唐兵力的強大讓鞠文泰輸了，侯君集帶著大兵殺過來，過了沙漠。哐噹一聲，鞠文泰嚇傻了，病倒了，一病不起了……仗還沒打，君主已經下不了床，雖說國君之位後繼有人，繼承王位的新一代高昌王請西突厥做援軍，但高昌依然戰敗。

大唐和高昌的戰爭就這麼勝利了。打了勝仗的侯君集沒有著急回去，他幫著原本被高昌欺負的焉耆人重獲自由，讓焉耆感受到來自大唐的溫暖。一直進貢給大唐的焉耆，看到國人回來後非常感動，焉耆王特意派遣使臣到大唐進行交流，還表達了焉耆對大唐濃濃的謝意。但焉耆並不專情，在焉耆王的女兒嫁給西突厥人後，焉耆的心也偏一邊了。焉耆沒有驚動太宗，只是進貢的東西減少，最後安西都護府直接上書皇帝表示：不可容忍。太宗看後深表認同，於是大唐士兵又到焉耆打仗去了，儘管這次依舊是勝仗，但大唐前腳剛走，西突厥後腳就冒出來了。大唐征討焉耆，雖然勝利，但沒有發揮多大的作用，焉耆最後還是跟西突厥做了好朋友。

山之旁海之濱，有個倔強的高句麗

大唐時期，朝鮮半島有三個國家——新羅、百濟和高句麗。其中新羅表示願意做唐朝的好朋友，但百濟和高句麗卻沒有這個想法。由於屢次被百濟和高句麗聯合起來欺負，並且聽說他們馬上就不讓自己和大唐來往，於是哭著喊著找大唐幫忙，畢竟大家都是大唐藩屬國。太宗了解情況後派使臣帶著自己的詔書前往高句麗，目的就是一句話：住手，不許打架！

使臣在踏上朝鮮半島的時候，高句麗的士兵們正在新羅作戰，他們要把以前屬於自己的土地打回來。大唐使臣開始勸架了：「別打了。」高句麗將領淵蓋蘇文淡定地說：「除非這些地盤變成我的，否則不停戰。」大唐使臣接著說：「都是藩屬國，說到底這地仍是大唐的，皇帝說讓你們停戰，你們就得停。」但是倔強的高句麗根本沒有停戰的打算，淵蓋蘇文表示，管你是大唐還是小唐，打仗的時候你們不要吵我！

使臣啥也沒辦成就回去了，請求保護的新羅還是被高句麗欺負著。按理說高句麗作為大唐屬國，應該遵從皇帝的命令，但高句麗就是這麼高調地拒絕了。於是太宗大怒，出兵！雖然大唐的會議中有反對出兵的一方，但畢竟太宗憤怒了，所以非出兵不可了。

攻打高句麗不像攻打龜茲、焉耆那麼容易；太宗攻打了高句麗，高宗也攻打了高句麗，然而高句麗太過頑強，大唐一共發了五次兵。

如果你是參與攻打高句麗的士兵，真的是挺不容易的。大唐的士兵們第一次是凍到打退堂鼓。第二次效果不錯，如果你參加了應該能獲得一些軍功。第三次是太宗最後一次攻打高句麗了，這次無功而返，因為太宗駕崩了。接下來，兩次攻打高句麗的是高宗李治，下令攻打的領導人換了，將領也換上著名的薛仁貴。薛仁貴上場了，看來攻打高句麗是一場持久戰。最後一次攻打高句麗的時候，那個一心一意不聽大唐使臣說話的淵蓋蘇文也不在了，高句麗內部出現了小混亂。終於，在又一個寒冷的冬天來臨之前，高句麗王出城投降，大唐成功平定高句麗。

百濟塔

俗稱蘇定方塔。塔高八公尺多，由花崗岩雕砌而成，距今已有一千三百多年歷史。

阿倍仲麻呂等在大唐國子監的學習生活——留學生

大唐歡迎留學生的到來。當你到了大唐，上學的住行全程都免費，到長安還有官員熱情迎接，讓你時刻都是有身分、有面子的留學生。在大唐國子監學習，你不用半工半讀，不用拼命地申請全額「獎學金」，只需要深厚的國學知識，還有刻苦好學的精神。留學生待遇非常好，要求自然高。在國子監，你將會和大唐的本土學子們一起學習和生活，教材一樣、老師一樣，考試內容也一樣，最後可以考試做官，全看個人天分和學術水準高低。你可以和大唐的文人們做好朋友，在那詩歌盛行的年代，如果有人願意為你寫詩，那不僅說明你學識頗佳，也代表你徹底融入大唐的圈子。當然，收穫滿滿的你也可以回到祖國，做一個傳播大唐文化的使者，告訴學生你在大唐的點點滴滴，應該是一件很光榮的事情。

九寺與五監

太常寺：掌管廟樂效祀社稷之事。光祿寺：負責總理朝會、祭享等典儀中膳饈供設。鴻臚寺：掌外交之儀與凶喪之儀。衛尉寺：掌國家武庫、器械、文物。宗正寺：掌皇族事務。太僕寺：掌管廄、牧、車、輿之事。大理寺：是中央司法部門，掌審判刑罰之事。司農寺：掌倉庫、苑囿、屯田等事。太府寺：掌財貨與貿易等事。

國子監：是中央文化教育機關，最高學府。少府監、將作監：二監掌管百工技藝及國家重大工程之修建營造之事。軍器監：負責繕造甲弩。都水監：掌管川澤津梁之事。

到大唐留學，衣食住行都不愁

來大唐留學的外國留學生們，可以在國子監學習，在長安生活。長安繁華，久居不易，生活費應該很貴，付不起怎麼辦？要不要申請全額獎學金？那個時代有嗎？若是辛苦一點，半工半讀能完成學業嗎？

這一切都不是問題，不必擔心錢的問題，因為鴻臚寺，就是外國留學生在天朝上國最溫暖的家，它會時刻關心你。在國子監學習的留學生，一切吃的穿的用的都

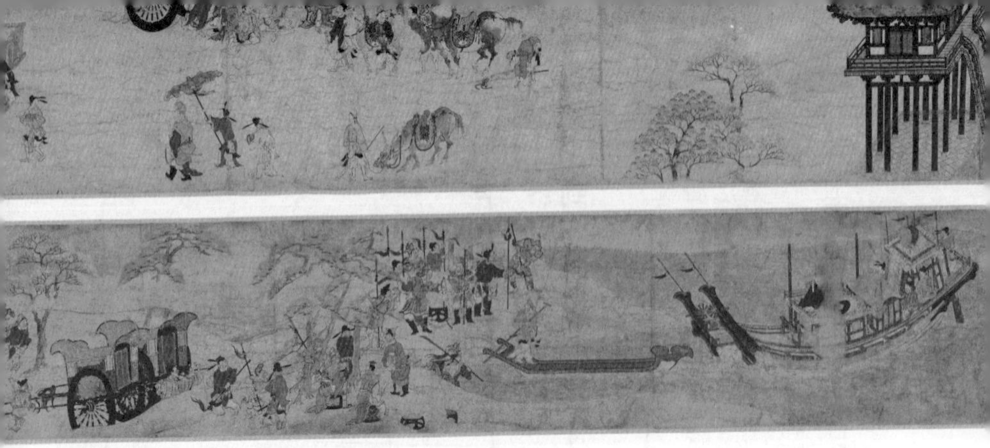

由鴻臚寺無償提供。是不是感覺作為留學生很占便宜？不需要太驚訝，只要是在國子監學習的學生，吃喝國家全包了，還有衣服穿。而留學生入學的待遇和大唐學生一樣，只是產生的一切費用報銷途徑不同。

這麼美好的生活，自然不是白給的。國子監的國際生在入學的時候，可能就已經被告知：在國子監，你要記住自己是留學生，不僅要比別人更加努力學習，跳出母語的桎梏，深度學習和研究都要使用中文，還要忘記自己是留學生，才能融入國子監這個圈子，才有機會真正融入唐朝的精英圈子。因為國子監不會顧忌你的留學生身分，反而會對你的學術要求更為嚴格。

如果你是個熱愛學習的留學生，那你來大唐一定會受到熱情接待吧？先不說一踏入長安，作為國際留學生，你的臉就是你的通行證。大唐驛館的馬隨便你騎，驛館的船免費坐，大唐普通百姓住不了的驛館隨便你住，這接待規格可不是一般的高。到長安，你會住在長樂驛，第二天會有官員來迎接。大唐官員非常熱情，來的時候還備酒備

《吉備大臣入唐繪卷》（局部）・平安時代・無款

是日本傳世文獻中最早描繪唐都的圖像史料，主要講述遣唐使吉備真備前往大唐長安學習、生活、交友的情景。

肉，笑呵呵地把你們一行人接到了四方館。這四方館真大，裡面有來自各個國家的人，而且會說漢語的還挺多，大家坐著聊天你才發現，有很多人是和你一樣的，這就是留學生的群居地。作為國子監的新生，你們會開始展望在國子監學習的美好生活，也許你會發現有人不說話，沒過多久就會明白，因為這人的漢語水準最差，所以不願開口露怯。旁邊來自日本的留學生說：「國子監名額本來就不多，如果漢語不好，他們不收的。就算收了，漢語不好也學不了，還是會被勸退的。」所有人聽了以後都沉默了。一聽這話，你也跟著不說話了，雖然你來大唐的時候苦練口語，作文也寫得不錯，是使團裡漢語水準頂尖的，但跟中國學生比，還是有很大的差距。加上國子監裡均以漢語授課，教材也和中國學生一樣，如果遇到不懂的地方，仍得多請教中國學生。那天在四方館裡，你看著和你一樣忐忑激動的留學生，頓時覺得：只要能進國子監，就一定要好好學習。

留學生也要好好學習

國子監沒有語言課程，也沒有專門的留學生班，所以漢語不好的留學生在學習上是很吃力的。國子監和現在的大學一樣，有類似中文樓、物理樓般的設置，只是專業分為六種：國子學、太學、四門學、律學、書學、算學。一般來說，留學生傾向選前面三種專業，這三種專業主要培養方向是經史類，因為中華文化博大精深，經史子集很多，所以要想學好不容易。律學、書學和算學三個專業更加具備專業傾向，律就是法律，書是書法，算就是數學類，也有少數留學生選擇其中的個別專業，這就全看個人愛好了。

選好專業，接下來就要了解用什麼教材了。因為國子監的教材和學習時間是有很大關係的，由於教材量很大，所以學制為九年制，想想跟義淨在那爛陀寺的學制也差不多了。國子監具體的教材和學習時間如下：

《孝經》＋《論語》　一年

《尚書》　一年半

《春秋公羊》一年半
《周易》兩年
《毛詩》兩年
《周禮》兩年
《儀禮》兩年
《禮記》三年
《左氏春秋》三年

看這些教材就知道，做為一位在大唐的留學生有多不容易，就是一股把留學生變成本土文化人的節奏。不努力，行嗎？

像這種按年計算的課程，學不好能PASS嗎？不能，必須學到會為止。而且成績必須要及格才行！國子監學術和考試都很嚴謹。在國子監，你要經歷三種考試：旬試（十天考一次）、歲試（每年七月考一次），和業成試（結業考試）。如果結業考試不及格，就無法順利畢業，九年學校就白上了。如果連續三年，你的所有考試成績都是下等（國子監的閱卷老師給分一般是：上等、中等和下等），國子監學校就會實行勸退政策，這和大學裡被當掉的科目多是同一個待遇。當然了，如果學習不錯，但留學期間，不尊重師長，無法跟同學們和睦相處，也會受到勸退待遇。大唐是非常重視禮節的國家，別說你和人打架鬥毆、翻牆打牌了，就算吵個架也會被勸退。

國子監課程這麼繁重，那有沒有振奮人心的事？——放假。大唐不流行週末和工作日這種說法，每十天放一次假。對於國子監的學生來說，旬試以後，就可以享受一天的假期了。考試是痛苦的，但若考完試至少能放鬆一天。國子監每學年的考試前後也都有放假。如果你成績好，可以在五月分玩一個月，然後高高興興地考完試，之後九月分還能再玩一個月，哪怕是在唐朝，學霸的生活也一樣愜意啊。前後兩個月的時間你可以約朋友，也可以自己去遊玩，正是可以好好了解大唐風土人情的時候。但若不幸學習成績不好，五月就得埋頭苦讀，準備考試，找好複習資料、關在房子裡，天天吃「泡麵」吧。成績再差一點，五月複習之後考試沒過，只能九月繼續了。經史子集這樣的書籍得靠自己來理解。也許在國際留學生眼裡，經史子集如同佛家說的「悟」。如果僅是語言理解的問題，還可以向大唐學生請教，也正好練練對話，算是閉門苦讀的調劑了。

以阿倍仲麻呂為首的學霸發展情況

儘管國子監課程複雜，教材難度大，但依然有優秀留學生，比如來自日本的學霸阿倍仲麻呂，漢文名為晁衡。阿倍仲麻呂學的專業是太學，你可以稱他為太學生。在日本，派到大唐留學的學生都必須經過政府層層選拔。因為當時去一次大唐很不容易，如果送過去的留學生文化素質不高，最後被國子監退學了，或者根本進不了國子監，那不是白送了嗎？正因為學習成本昂貴，所以選送的必然是精英。阿倍仲麻呂從小就喜歡漢學，聽說祖國要選拔留學生到他日思夜想的大唐，他立刻就報名了。

那一年，阿倍仲麻呂十九歲，和他同船的另一位學霸叫吉備真備。

作為學霸，同時作為對大唐文化非常痴迷的人，在國子監裡學習的阿倍仲麻呂簡直如魚得水般，非常順利地畢業了。在參加專門為留學生準備的科舉考試時，他直接面對的是賓試

阿倍仲麻呂紀念碑

阿倍仲麻呂紀念碑背面鐫刻其事蹟，柱頂四側是表現中日友好的櫻花、梅花浮雕，柱基是採用蓮瓣雕飾，柱板上刻日本遣唐使船浮雕，兩側分別是《哭晁卿衡》、《望鄉》兩首詩，具有深邃的中日文化內涵。

科。賓試科是專門為優秀留學生們準備的，大唐給了這些不可多得的國際人才一個在中國做官發展的機會。若你是優秀畢業生，可以直接分配進政府部門！學霸阿倍仲麻呂在賓試科中考中了最難的進士科，這說明晁衡同學已經是個「大唐通」了。從內到外，完全的中式，一般跟他交流的人，肯定看不出來他是來自日本的外國友人。

中國的士子們考中進士後，一條腿就差不多踏入了光芒萬丈的未來。來自日本的阿倍仲麻呂考中了進士，自然也是如此；而且由於他身分特殊，自然受到皇帝的重視。想一想，一個外國人居然能考上中國的進士！在朝堂上有一席之地的阿倍仲麻呂，也和李白、王維等詩人都是好朋友。在文人圈子中，大家都稱呼他為晁衡。天寶十二載（西元七五三年），晁衡到日本時居然遇到了海盜，兩年後才安全回到大唐。在晁衡失聯的兩年裡，所有人從失望到絕望，都以為他死在了大海上。晁衡的好朋友李白是這樣表達的：明月不歸沉碧海，白雲愁色滿蒼梧。由此可見，阿倍仲麻呂在唐朝已經擁有了不錯的友情與生活。

阿倍仲麻呂這類學霸代表了畢業後繼續在大唐生活的留學生，而和阿倍仲麻呂同船而來的吉備真備，就是畢業後回國發展的標杆。吉備真備選的專業是四門學，和眾多留學生一樣，他把很多大唐書籍帶回家，供國人學習。同時，作為學成歸國的「海龜」，吉備真備順理成章地在日本做了官，並開班傳授他在大唐學習到的知識。在祖國工作了十六年的吉備真備，被日本選為遣唐使，爾後再次來到大唐出差，還見到了老同學阿倍仲麻呂。

向唐朝學習，日本工匠「百人」使團

——遣唐使和僧人

日本奈良時代掀起了一場「不遺餘力向唐朝好好學習」的全民學習潮流。於是，一艘艘漂在海上的大船開始在大唐和日本兩國之間漂來漂去。雖說日本遣唐使團數量有百人，但因出海而犧牲的也不下百人。沒辦法，海上有風險，出門請謹慎。為此，遣唐使們心裡的一句話可能是：「大唐，來一次不容易啊。」遣唐使來大唐做什麼？學習之餘還刺探情報，最後把同胞們接回去，正所謂「來也一陣風，去也一陣風」。日本人說是來學習的，學完就馬上走！這時，出現了新的名詞——留學僧，也就是在大唐留學的僧人，他們和留學生待遇相同，但留學僧有擇校權，名人也比留學生多一些。

去一趟大唐不容易，一切都要好好珍惜

你可能知道遣唐使是坐船來大唐的，但你不知道，這些遣唐使坐的船其實是「漂」過來的。當時日本造船技術不發達，季風是什麼，洋流是什麼，海嘯是什麼，這些統統不明白。我想他們到了大唐學會一句話：「無知者無畏。」遣唐使所乘的船雖說是國家出資，花了兩三年預備，但航海水準就僅是停留在「聽天由命」的階段。

簡單一句話：拼運氣！遣唐使的船總是會有一兩艘不幸遇難，要不就是漂流到其他地方。比如在遣唐使團第四次來的途中，日本的一艘船就漂到了南海島嶼。遣唐使團中的第一大使就在這艘船裡，他漂到了南海島嶼。還有李白和所有大唐人都以為阿倍仲麻呂死在海上那一次，發生在遣唐使團回國的時候，當時一起去日本的還有已經嘗試過五次東渡的鑒真，所幸阿倍仲麻呂失蹤將近兩年，最後終於回到了大唐，鑒真也成功到達日本。

海上的災難是無法預知的。一到海上，即使是高僧，遇到意外一樣危險。但日本總有著願意冒著生命危險到大唐的人。勇敢無畏的遣唐使在出發前，除了要跟送他們的天皇和重臣們道別以外，還要求神保佑，而且求的還不止一個。他們雖然不像現在說一大堆「求上帝菩薩佛祖太上老君真主保佑」的話，但也差不多了，因為

他們不只求佛、求本土的神，還求了新羅神。總之，多拜幾個沒錯，反正沒什麼損失。

考慮到船隻可能會在海上漂流很久，遣唐使們的船上準備了足夠多的糧食和衣物；考慮到在海上可能會患病，船上還有各式各樣的備用藥材；考慮到順利到達大唐後的情景，船上還有準備給大唐的特產、禮物等等；再考慮到留學生和留學僧在大唐學習交際的開銷，船上也有足夠的錢財和貴重物品；再考慮到遣唐使團中的每位團員都這麼勇敢、這麼有夢想，天皇還為他們每個人準備了高額工資。其實這既是一種獎勵，也是一種報酬，所以放眼望去，船上應該有不少值錢的東西。

一旦有錢，就怕有人來搶劫，為了保護使團不受強盜打劫，隨行的還有弓箭手。考慮到交流與溝通，使團內還有祕書、翻譯等文職，水手工匠等體力勞動者，最後還有醫生、廚師和畫師、樂手。各種各樣的專業人士，不僅在船上發揮作用，

《遣唐使船圖》（局部）

中國自古以來就與域外民族進行廣泛的經濟文化交流。除陸路交往之外，海路也是相當重要的交通途徑。日本由唐初至唐末共派遣十餘次「遣唐使」至中國，學習中國文化。圖為日本遣唐使船航行於中國東海之上。

到了大唐仍相當重要。比如說醫生可以和大唐醫生互相交流醫術，或者交流怎麼治療暈船；畫師可以學大唐的畫風；樂手也可以和大唐樂手一塊交換藝術思想。還有怎麼製作家具、怎麼跳舞等等。對於留學生來說，他們待在大唐幾年也學不會這些實用的技能，然術業有專攻的專業人士就不同了。這樣看來，遣唐使團是一個特別重視全面發展的學習團隊。

《鑒真第六次東渡圖》・平安時代・無款

圖為日本《東征繪傳》中描寫鑒真準備登船的情景（局部）。

遣唐使們在大唐的主要工作

根據大唐和日本的情況，遣唐使們在大唐的工作也有分工。日本遣唐使們的工作內容就像一個完整的故事一樣，有開端，有高潮，也有結尾。

最早被派往大唐的遣唐使，出於政治目的，他們的主要目標是學習大唐的政治體制。因為當時日本國內正值大化革新，所以遣唐使到大唐的工作，就是把大唐的政治、經濟、文化等一切先進的制度帶回日本，幫助日本盡快地渡過轉型期。同時，前幾批來到大唐的遣唐使也擔任「間諜」工作，他們想盡辦法知道，大唐皇帝如何看待百濟問題。到大唐來學習可以，但想要知道大唐機密的軍事政策，可沒那麼容易。再加上當時皇帝要發兵百濟，因此不管遣唐使有沒有獲知這個情報，這些日本特工都暫時無法回去。就這樣，一直到百濟消失，遣唐使的「關禁閉」期才結束。沒辦法，敏感期當然得隔離。

作為遣唐使，其工作內容的高潮部分是學習大唐文化禮儀。為了引進各種優秀人才，這個時期來到大唐的使團人數是初期人數的一倍，一來就是五百人。如果你生活在這個時期，說不定早就碰見到大唐的日本人了。可能因為他們長得沒什麼特別，加上漢語太好，所以你沒發現。遣唐使到大唐不刺探情報了，一心一意學習大唐文化、詩書禮儀、經史子集，和風土人情。他們的目的很簡單，爭取把能學的都學回去。出於這樣的考慮，來到大唐的日本使團成員們對於所有在大唐的人才均不遺餘力地召回，將人才帶回祖國。例如留學僧們遇見鑒真說：「來日本吧，那裡需要你。」遣唐使遇見在國子監畢業的日本同胞吉備真備則說：「回來吧，剛好坐我們回去的船，很方便的。」沒有其他原因，只是希望人才回到祖國，所以在這段時間到大唐來的遣唐使可能會這樣計算一下：來的時候五百人，留下了三十個留學生和留學僧，那走的時候就要將這三十位博學多才、能為祖國提供幫助的人帶回去。反正最後必須湊足五百人，這樣才能算是圓圓滿滿，真正為祖國所用。

但是到了最後幾次，遣唐使的工作目標是：全體回國！一看這架勢，難道是日本出事了？不是日本出事了，是大唐出事了——安史之亂。大唐亂套了，日本人肯定會覺得不安全。因此，遣唐使見到在大唐的日本人會這樣說：「回家吧，船準備好了，專門來接你們回家的。再說，這裡太不安全了，再不走就沒船了。」留在大唐的日本學生或者僧人，一聽到來自祖國的呼喚，紛紛回國。當然也有遣唐使無論如何都帶不走的人。不是這些人倔強，而是這些人已經死在大唐了。雖然這些人身死，但他們的祖國不能不管他們，於是遣唐使另一項工作就是祭奠這些人，和他們做最後的告別。從此以後，日本不再派遣唐使了。

留學僧不是留學生，但留學僧類似留學生

國子監九年學制，留學僧和留學生可以在大唐待九年。九年以後，不回國的留學僧們就可算是自動地加入中國僧人的隊伍中。留學僧們到了大唐，可以自己選擇想要進修的佛學院，也就是寺廟。如果你不知道哪個寺廟適合你，就先選導師，看你仰慕的導師在哪個寺廟你就去那裡。對於留學僧來說，漢語水準要求沒有留學生

高，畢竟佛經是以梵文書寫。所以他們要在大唐學習梵語，這樣才能幫助他們更好地理解經文。

這些來到大唐的日本留學僧都有自己的成就，最著名的是傳說中的「入唐八大家」——空海、最澄、常曉、圓行、惠運、圓仁、圓珍和宗睿。在這八大家中，最有名的是有「二聖」之稱的空海和最澄。空海從小就受到良好的教育，雖說人在日本，但他的成長路上就像「遊戲開外掛」一樣。早年在日本，他就已經學了《左傳》和《尚書》。還沒來中國，中文已經可以用「好得不得了」來形容。到了大唐，留學僧空海進入西明寺佛學院學

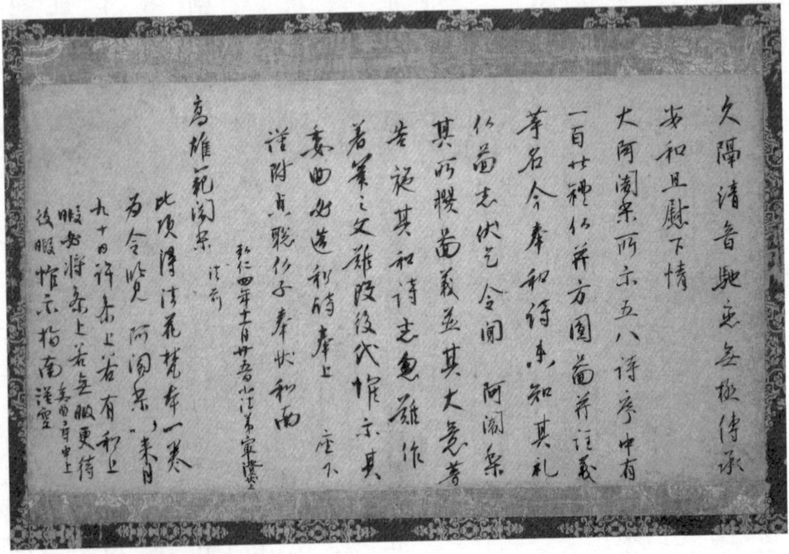

《久隔帖》（局部）・最澄

本件為最澄的尺牘，根據信的開頭語「久隔清音」，這封書信又稱為《久隔帖》。

習。留學機會難得，他非常努力，在惠果大師的教授下，他在佛法研究領域取得了相當大的成就。回國後的空海在日本開設了佛學課程，並且將所學的專業之一「真言」帶回了祖國。從此日本才有真言宗。他學問突出，勤於宣講。另外，空海還是八大家中圓行和常曉的導師。

「二聖」中的另一位，就是最澄。如果調查最澄祖籍，會發現他其實是個中國人。非常令人意外的是，他還是後漢孝獻帝劉協的後人。當時的最澄到大唐學習佛法，其實是帶著問題來學習的。一直在日本修習佛法的最澄對《法華經》產生了疑問，他覺得裡面錯誤頗多，認為這本《法華經》不是盜版就是誤傳。由此可見，他學習的努力程度。我們大多數人還停留在追尋標準答案的階段時，他已經在質疑教科書了。如果不去大唐將原版找到，就得一直按照錯的學習。為了求取真經，他選擇到大唐的某個佛學院。可惜的是，雖然最澄和空海在同一批遣唐使團中，但最澄卻未能到達長安，因為最澄的目的不是長安，而是要去尋找問題的答案，所以最澄去了天台山。天台山在哪兒？地位如何？舉個例子。八大家中的圓珍是在天台山畢業的，那時圓仁向大唐政府申請前往天台山時可不被允許呢。最澄在天台山只學習了九個月就回到日本了，雖然他學制短，但因為他是帶著問題來，針對性強，學得精，所以最澄在學業上有很大的收穫。最終因最澄的勤勉好學，日本從此有了天台宗。

吾家有女初長成，不遠萬里，出嫁了——公主和親

和親公主結婚不走尋常路線，挑黃道吉日和算生辰八字可直接略過。換句話說，真龍之女，承天之佑，是不需要做挑日子、算八字這種市井小民之事的。送親的排場很大，幾乎全長安上東區的人都出動了。畢竟是兩個民族間的親事，全長安上東區必須去撐場面。出嫁時和親公主風風光光，但嫁過去之後，可能並沒有幻想中的婚姻浪漫生活。說實話，和親本來就是一種政治婚姻。像文成公主和金城公主這樣，做好分內工作就可大受人民的愛戴。作為和親公主，進了「婆家門」，就要抓住一切機會好好學習當地文化和習俗，以包容接納的心態感受一切。當然，如果不能接受，也無法一走了之，所以你只能先適應，再努力學習。不過你也可以辛苦一點，像文成公主那樣逐漸改造當地人民的生活方式，讓所有人都過上你比較習慣的生活。

和親公主的結婚流程

大唐姑娘嫁人流程複雜，公主嫁給駙馬也是如此，但和親公主們結婚就會省略許多步驟。實際情況是，路途遙遠，兩個民族之間風俗差異很大，細節部分無法一一落實。當時傳統大唐的婚禮有六步驟：納采、問名、納吉、納徵、請期、迎親。到了和親公主遠嫁的時候，六步驟簡化成兩個步驟：提親（納采）、迎親。這是因為各地到大唐來求娶公主的人目的都很明確，所以來的時候就已備妥禮物準備提親了。大概是因為漢族有八字的說法，其他民族沒有；加上和親情況特殊，時間緊、任務重，一般

《步輦圖》‧唐‧閻立本

《步輦圖》是唐朝畫家閻立本的名作，是中國十大傳世名畫之一。貞觀十四年，吐蕃贊普松贊幹布仰慕大唐文明，派使者祿東贊到長安求親，所繪的就是祿東贊朝見唐太宗時的場景。現存畫作被認為是宋朝摹本。

和親民族大膽直接，所以省去問名、納吉、請期這些流程。這樣一來，他們的提親算是納徵和納采一起辦了。

雖說和親公主結婚省略了傳統婚禮的一部分流程，但也比普通姑娘出嫁程序多了兩個步驟：一個是送親，另一個是改漢為胡。當和親公主出嫁的時候，送親是和親流程中很重要的一部分，這麼遙遠的路途，送親自然是大事。一路上更是宣揚國威、普天同慶的大事。等公主到了遠嫁的目的地，還有「公婆方面」舉行的「改漢為胡」的禮儀。

說到和親公主的送親隊伍，那真是史上最大排場的送親。由於公主的未來夫君在遠嫁的地方等著公主，所以婚禮現場很無聊，或者說新郎根本沒有到現場。那些催妝詩、卻扇詩，根本派不上用場。當然，就算未來夫君到了公主面前，他作為一名外族人，你確定他能作一首好詩嗎？因為沒有新郎迎親，只有來幫著娶公主的使節。實際上，大唐姑娘結婚可能只有和親公主見不到新郎吧。為了讓和親公主風風光光地出嫁，也為了讓和親國看出大唐對公主的重視，皇帝在送親的隊伍上增加排場。皇帝、皇后本人要把「剛認的女兒」或者親女兒送出一段路，百官也跟著相送，整個長安城裡有權勢的人都聚在一起送公主，這也是公主最風光的時刻。公主嫁得遠，路上還必須得有專人護送，比如大將軍和官位比較高的文臣等；和親隊伍還在大唐國境的時候，每到一處地方，也都會有專人接送，做好照顧工作。

當公主不遠萬里到達和親目的地，幻想補上一個浪漫的婚禮現場，或者來個單膝跪地的求婚過程？不可能，她還要開始「改漢為胡」的儀式，也就是嫁雞隨雞、嫁狗隨狗的意思。以太和公主為例，這位公主嫁到回鶻，就得穿回鶻的衣服，跟從回鶻人的習慣。看到這，如果你對這個沒概念，想想《還珠格格》裡面含香的故事就明白了。含香公主嫁過來，原本穿自己的民族服飾，保持自己民族的生活習慣，容嬤嬤和皇后卻硬逼著她換成滿族的打扮，致使她走投無路。因此，就算是公主，現實下仍得低頭。

和親不是談戀愛，和親是工作

和親是大唐公主嫁給其他民族君主的故事，但並不是浪漫的愛情故事。第一，你並不認識將要嫁的人，或許他是個英俊的異域王子，但又或許對方是個「胖老爹」。第二，你嫁的人也許已經有了妻室，而且他家最小的孩子可能都已經上學了。第三，你和其他民族君主的生活習慣不同，思想也不同。第四，和親聽著美好，實際卻很殘忍。因為不是要你去和未來老公談情說愛，而是要讓你在異族土地上，做好本職工作，肩負促進兩族兩地和平交往的使命，這只是純粹的政治婚姻，毫無浪漫可言。

政治立場明確以後，要想做一名合格的和親公主，先要明白為什麼要你去和親。如果你覺得是因為自己長得美又有學識的話，你可能曲解皇帝的政治意圖了。和親的目的是為了讓公主嫁過去的地方與大唐成為友好鄰邦，如果每天跟老公吵架，自然也會壞事。比如兩族要打仗，送你去和親表示友好，兩族就有可能把酒言歡，在女權主義者看來，就是犧牲一個女子，去換取可能的和平。如果兩族關係維持得好，那也和親，免得哪天翻臉不認人。因此，作為和親公主，你肩負著和平大使的職責，是化解戰爭的好辦法之一。

布達拉宮

布達拉宮位在西藏拉薩西北的普陀山上，是著名的宮堡式建築群，為藏族古建築藝術的精華。

最後還是要說，沒有永遠的朋友，只有永遠的利益。你的婚姻是一種政治遊戲，需要注意的是，當利益不在時，和親公主就有生命危險。比如說，如果你嫁的人不願和大唐善交，那和親的公主就有可能是第一個沒命的。比如嫁給奚人李延寵的宜芳公主，和親的時候就挺不開心，覺得自己以後只能望向長安。但李延寵娶了公主後半年就想跟大唐決裂，於是把能代表友誼的宜芳公主殺死了。想想，宜芳公主也真是冤枉，但造化弄人，成為歷史中的一場悲劇。看到這裡，你還對遠嫁和親的大唐公主抱有浪漫的幻想嗎？

文成公主和金城公主的工作成績

作為稱職的和親公主，文成公主和金城公主做得很成功。文成公主的工作成績主要體現在文化傳播方面；而金城公主的工作成績主要是修復關係。

當時，被太宗認作女兒的文成公主嫁入吐蕃時，帶了很多大唐的好東西，如醫療、文學、宗教、農業、手工業這些都有。依照這位公主的性格，如果她不做和親公主，應該比較適合做老師，因為她身上有誨人不倦的優點。有著優良品德的文成公主教會吐蕃人民織布，種更多糧食，也教導做大唐菜品和釀酒，她還幫著修建寺廟，帶了佛像。這樣的大唐公主簡直就是全才啊，在吐蕃人眼中，尤其是勞動人民的眼中，就是教人們如何過上好日子的仙女。因為文成公主的文化傳播工作，讓大唐人的生活習慣和生活方式漸漸深入吐蕃人的心中。思想一旦統一，和親工作自然容易多了。文成公主已經用實際行動，證明了一句非常勵志的話——當你無法適應現狀的時候，你就必須想辦法改變現狀。

另一位著名的和親公主，就是被中宗放在皇宮內撫養大的金城公主，在文成公主之後也開始了和親吐蕃的工作。你可能會發現這兩位公主都只是皇帝認的女兒，頂著公主的名，為和親事業做貢獻。皇帝的親生女兒，如非萬不得已是不可能摻和到和親事業裡的。文成公主早已為金城公主打下一定的文化物質基礎，儘管金城公主在吐蕃努力傳播文化，但已經無法超越了。雖然無法超越前人，還是要努力活在當下。金城公主也有自己重要的政治任務，那就是修復大唐與吐蕃的關係。金城公主嫁入吐蕃前，大唐和吐蕃時有小小衝突，但沒關係，金城公主帶著友好的期盼嫁入吐蕃後，每次碰上小衝突，就會立刻寫一封信交給大唐皇帝。大致內容就是：最近我很好，但我需要……物資，還有就是我的夫君想與大唐和好，最後祝福皇帝陛下一切安好。於是每次大唐和吐蕃打完架，金城公主就會給皇帝上表，表示和好；接著，大唐就會有豐富物資運到吐蕃，表示接受和好。由自己老婆寫信當和事佬，還能有點賞賜下來，吐蕃自然也願意服軟稱臣。因此，在金城公主和親吐蕃期間，大唐和吐蕃的關係還是比較和平的。

公主遠嫁

景龍元年（西元七〇七年），唐中宗允諾吐蕃贊普棄隸贊的請求，將雍王李守禮（中宗嫡侄）之女封為金城公主嫁給贊普。吐蕃貴族因當時北方突厥為患，為避免腹背受敵，派大臣悉熏熱進獻方物，為年輕的贊普求婚，中宗為了國家利益允婚。公主到了吐蕃以後，贊普為她另築別宮居住。金城公主愛好文藝，除帶去幾萬匹錦繒外，還有許多書籍、樂工雜伎等，對吐蕃文化發展有重大影響。

外域單于，朝中官，四方外朝皆子民——設都護府

如果你想到祖國的邊疆鍛鍊，感受不同民族的生活習慣，帶領軍士保衛國土，請加入六大都護府的招聘吧。如果你看厭了長安浮華，想領略飛沙走石，或者想親身體驗在大海或山川邊生活工作的日子，請不要猶豫，抓緊時間報名六大都護府的招聘吧。但六大都護府招聘有限制：必須是男性，因為是武力工作；必須是官員，因為涉及兩國事務；必須能吃苦，天涯海角邊塞苦寒。符合以上條件的請自動去吏部或皇帝那登記。

大唐都護府招聘簡章

根據大唐國情，主要設有六大都護府：安東都護府、安北都護府、單于都護府、安西都護府、北庭都護府、安南都護府。現六大都護府統一招聘，具體職位資訊如下（職位需要人數和官階，以單獨的一個大都護府為單位）：

大都護一人

任職要求：政府官員。有領導才能，熟知都護府轄區內的政治、經濟、文化、軍事等情況；善於處理衝突，有勇有謀；性格穩重，懂進退，能適應長期外出，有帶兵打仗經驗者優先。簡稱進能安邦定國，退能軍民一家親。

職位待遇：從二品官階及相應待遇。

主要工作：統籌管理都護府轄區內所有事務，包括軍事在內。

副大都護兩人

任職要求：政府官員。有領導才能，善於處理人際關係，具備軍事素質，有突出的文學修養；有長期生活在邊遠地區的意願和熱情；具備較高的政務協調能力。

職位待遇：從三品官階及相

交河故城遺址

交河故城遺址曾是西域三十六國之一的車師前國的都城。唐朝時，駐西域的最高軍政機構安西都護府最早就設在交河故城。現存的古城建築全部由夯土築成，布局則與唐代長安城相仿。

應待遇。

主要工作：協助大都護完成一切轄區內工作，簡稱大都護的左右手。

副都護兩人

任職要求：政府官員。具備一定的行政管理經驗和軍事領導能力；協調能力強，心思細膩，能在艱苦條件下出色地完成工作者。

職位待遇：正四品上官階及相應待遇。可謂是大都護手下的儲備幹部。

主要工作：協助副大都護完成轄區內事務，完成具體工作。

長史一人

任職要求：政府官員。具備祕書工作者應有的一切工作素質和專業素養。能想領導之所想，急領導之所急。

職位待遇：正五品上官階及相應待遇。

主要工作：負責轄區內一切祕書工作。例如，整理辦公檔案、安排領導視察等。

司馬一人

任職要求：政府官員。有武力值，能負責軍隊日常訓練；熟悉軍隊事務和軍事法律；有司馬工作或相關經驗者優先。

職位待遇：正五品下官階及相應待遇。

主要工作：管理轄區內軍隊的所有具體事務。例如，軍隊每人每天的日常訓練、保證軍需物品及時到位等。簡單一點理解，就是一位軍事教官。

錄事參軍事一人

任職要求：政府官員。熟知大唐官員行為準則，心思縝密；善於處理人際關係，有監察工作經驗者優先。

職位待遇：正七品上官階及相應待遇。

主要工作：監察都護府轄區內的所有官員，檢查公文。就是一位官場的啄木鳥。

功曹參軍事一人

任職要求：政府官員。工作認真負責，心思細膩；有一定的管理經驗，能適應加班者優先。

職位待遇：正七品上官階及相應待遇。

主要工作：管理轄區內功曹，負責官員的考核工作。考勤與績效是其主要工作內容。

倉曹參軍事一人

任職要求：政府官員。心思細膩，應變能力強；有一定的管理經驗，能適應加班者優先。

職位待遇：正七品上官階及相應待遇。

主要工作：管理轄區內倉儲事務，即倉庫和後勤，必然是需要強大責任心的。

任職要求：政府官員。心思細膩，有責任感；有一定的管理經驗，能適應加班者優先。

戶曹參軍事一人

職位待遇：正七品上官階及相應待遇。

主要工作：負責轄區內戶籍事務。

任職要求：政府官員。工作態度認真，有責任感；有一定的管理經驗，能適應加班者優先。

兵曹參軍事一人

職位待遇：正七品上官階及相應待遇。

主要工作：負責轄區內武官的考核，以及軍隊武器、盔甲等物品的管理。

任職要求：政府官員。工作認真負責，熟悉法律事務；有一定管理經驗者優先。

法曹參軍事一人

職位待遇：正七品上官階及相應待遇。

主要工作：負責管理轄區內的法律事務。

參軍事三人

任職要求：政府官員。工作態度認真，有責任感，積極樂觀，做事有條理。

職位待遇：正八品下官階及相應待遇。

主要工作：負責管理上述專職參軍事以外的雜務。

錄事兩人

任職要求：政府官員。文筆好，熟知政府公文寫作，有相關工作經驗者優先。

職位待遇：從九品上官階及相應待遇。

主要工作：負責轄區內政府公文的寫作和文件備案工作。

另附大唐都護府主要職能概括：保證所轄地區治安維持良好狀態；保證下轄區不受別國侵犯；管理轄區內下屬機構；防止民族矛盾和民族爭端。由於都護府處於邊遠地區，需要處理民族事務，因此應聘人員必須具備民族團結意識以及吃苦耐勞精神。

大唐都護府聘用人員情況公示

經過皇帝親自任命，大臣推薦，六大都護府已經招聘完畢。為了保證大唐政府安全，現僅將部分都護府都護的招聘結果公示如下（名單上的人並不是同一時間出現的）：

安西都護府都護：郭孝恪

任命理由：曾任涼州都督，有領導經驗，熟悉安西都護府轄區內的大小事務，有優秀的軍事才能。

安西都護府副都護：高仙芝（高句麗人）

任命理由：有在安西生活的背景，具備軍事才能和人格魅力。

安東都護府都護：薛仁貴（這個名字是否非常耳熟？）

任命理由：具有優秀的軍事領導才能，熟悉遼東地區軍政事務，有顯赫的軍功。

安南都護府都護：馬植

北庭都護府遺址

位於新疆維吾爾自治區上，東臨東河壩，西接西河壩。

任命理由：曾任饒州刺史，對大唐南部地區較為熟悉；處理政務有條理，具備處理繁雜事務的能力。

大唐用人不看民族不看國籍，那時有阿倍仲麻呂考中進士，也有高仙芝坐在安西副都護的辦公室裡上班。也就是說，外邦人員找工作，只要走對的程序，只要足夠有才，一定不會被大唐皇帝忽略。都護府的設置讓大唐邊境一定程度上安定下來，防止了其他民族對大唐的惡意入侵，也讓邊境貿易順利開展。如果你住在大唐邊境地區，知道都護府的都護們個個驍勇善戰，一定可以安穩地睡覺。

定期朝拜唐皇，香料寶馬進貢來——藩屬國制度

成為大唐藩屬國就像辦了大唐俱樂部的會員卡一樣，甚至比辦了會員卡的優惠還多。作為大唐藩屬國，你可以和大唐交換禮物，而且次次都是自己賺得多；你可以把自己國家的商人帶到大唐，讓他們和大唐商人親切地交流一下；你可以在受到惡勢力欺負的時候，尋求大唐的保護。作為天朝上國，大唐的形象這麼高大，只要求助就會得到幫助；你還可以把自家的孩子送到大唐學習，把他教育成有用之才。不過辦了大唐俱樂部會員卡的國王們要注意了，請定期朝拜大唐皇帝，記得打卡。

那些大唐和藩屬國要做的事

對大唐藩屬國來說，有時候像是保護神。新羅就是這麼想的：報告大唐皇帝！高句麗和百濟欺負我！於是，大唐皇帝寫了詔書，派使者和高句麗協商：你高句麗也是藩屬國，聽話，別打新羅了。別看錯了，大唐皇帝在這裡扮演的可不是社區調

解委員會的角色。作為天朝上國，他是命令式地通知。不要嫌大唐多管閒事，因為新羅是大唐藩屬國，他們定期朝貢、聽話乖巧，所以大唐需要保護藩屬國的安全。如果其他國家欺負藩屬國，大唐就是藩屬國強有力的後盾；如果兩個大唐藩屬國打起來，大唐就是命令他們停手的大家長。在大唐時代，尤其是大唐盛世，尋求大唐保護的小國很多。當然也有「牆頭草」式的藩屬國：先依附強盛的大唐，看見比大唐似乎還要威猛的國家出現，就轉而依附去了。比如倒向西突厥勢力的龜茲和高昌。

如果你有了大唐的保護，作為藩屬國們自然也有事要做。比如說：定期看望大唐皇帝，把禮物帶給他，把自家孩子送到大唐當人質，按照大唐的曆法過日子，服從大唐的命令……這些都是必須要做的事。

其中，去看望大唐皇帝這一項，可以由國王本人做，也可以由國王派人完成。但是不論誰作為代表，都要對大唐皇帝恭恭敬敬的，因為這是見「老大」的節奏。看望皇帝當然要帶禮品，這就是「進貢」，不要覺得買禮物消耗了自己這個小國的國力，事實上去進貢可是賺的。作為國王，你送大唐皇帝你們當地的土特產，禮尚往來的大唐皇帝為了表示兩國處於友好關係，會贈送給你豐厚的回禮，絕對比你帶到大唐的那些禮品價值高。將自己家的孩子送去當人質真有點捨不得，但如果你隨隨便便送個人到大唐，那還算是人質嗎？不過孩子在大唐，只要你想得開也挺好

的，有事業，也不耽誤學業，還能開闊視野。想去長安的留學生那麼多，不一定都能留在長安學習，而你卻可以直接把孩子送到長安，半工半讀，想想也挺美的。只要你和你的國家不跟大唐翻臉，那自己的孩子也就是到長安工作了幾年，留個學而已，且吃好喝好。

差點忘記了，作為大唐藩屬國的國王，你還要把自己國家的曆法改成大唐的曆法。這個很簡單，買幾本大唐皇曆，照著上面過日子就行。大唐過元宵，你們也過元宵；大唐現在是貞觀六年，你們現在也是貞觀六年。最後，服從大唐皇帝的命令！舉個例子，兩個「高」字輩的國家——高句麗和高昌。大唐皇帝說：「高昌王，你過來我們聊聊。」高昌王居然說他病了。大唐皇帝派使者到高句麗表示：「別打新羅了。」

《職貢圖》・唐・閻立本

此圖所描繪的便是唐太宗時，南洋的婆利、羅剎和林邑國等前來中國朝貢及進奉各式珍奇物品的景象。有學者認為現存的《職貢圖》乃是經過裁切之後的作品。目前全幅共繪有二十七人，如同遊行的隊伍一般，自右向左行進。

高句麗居然還說：「我的城池我做主。」作為失敗案例的兩個藩屬國，他們引來的便是大唐的征伐。

高高興興去大唐，開開心心見唐皇

既然朝貢是賺的，那就高高興興地挑些禮物去拜見大唐皇帝吧。不要偷懶，這是要打卡的，長久不來進貢，外交部一定會報告給皇帝知道。

從你的國家到長安，路途必然遙遠，但你只需要拿好從國都到大唐邊境地區的路費就行。到了大唐邊境，直接找都護府，或者都護府會派人迎接，然後吃、住、行都不用自己操心。假如你剛出發，去大唐的路就被其他國家堵住，不讓你進貢給大唐。這時候，請毫不猶豫地向新羅學習，立刻向大唐告狀！說不定很快大唐都護府的士兵就來幫你開道了。

不管你是從陸地到大唐，還是走海路到大唐，進貢小隊裡多數情況下都有商人在裡面，他們只是跟著進貢隊伍，路上結伴同行而已。等到了大唐，商人們就自己做生意，為國家外貿事業做貢獻去了。

本來你還幻想著，見到皇帝陛下，行完禮以後把禮物從包裝盒裡拿出來，接下來，由皇帝身邊的人接著，然後你就指著人參說：「陛下可以拿這個人參燉雞吃，對陛下身體好。」然後又指著另一個托盤裡的珍珠說：「這個珍珠可以給皇后娘娘用，磨成粉以溫水服下，美容養顏好氣色，純天然不用卸妝，美白的同時還能為肌膚補充營養。」想著大唐的皇帝陛下肯定會滿意的點頭，然後說：「這麼關心我的身體，看來咱倆真是好朋友，我也有東西要送你……。」你越想越覺得這畫面溫馨，臉上的笑容更深了。然後，你感覺門口有動靜，一轉身，你想著，大唐的內侍們魚貫而入，手裡端著托盤，托盤上都是大唐的寶物。這些都是大唐皇帝賞賜給你的。你繼續幻想著自己非常從容地向皇帝陛下又行一禮，表示自己對大唐禮物的喜愛和對皇帝的感謝。STOP，別再胡思亂想了，現實絕對不是這樣。當你還沒有到達長安，這些貢品就已經被大唐的官員直接拿走了。

大唐的官員們看著你一臉迷茫，便知道你是第一次來朝貢的。官員先把禮物送到鴻臚寺，鴻臚寺估好價值，才能決定給你多少回禮。如果不估算，不清點禮物，怎麼會知道你送的人參和珍珠價值連城呢？

東邊渤海國來了個質子

質子又叫侍子，他們主要是國王的孩子，或是國王的弟弟。質子到大唐學習文化，開闊視野，渤海國國王大祚榮覺得這樣很好，既能表達他對大唐的尊重，也能讓孩子外出鍛鍊一下。於是，渤海國的質子大門藝來了。

作為貴族少爺的大門藝是下一任渤海國國王大武藝的弟弟。大門藝在大唐學習、生活，並和唐人做好朋友，然而無論他再怎麼喜歡大唐，最終也只能回到渤海國。而在大武藝任國王期間，由於不爽黑水靺鞨與大唐

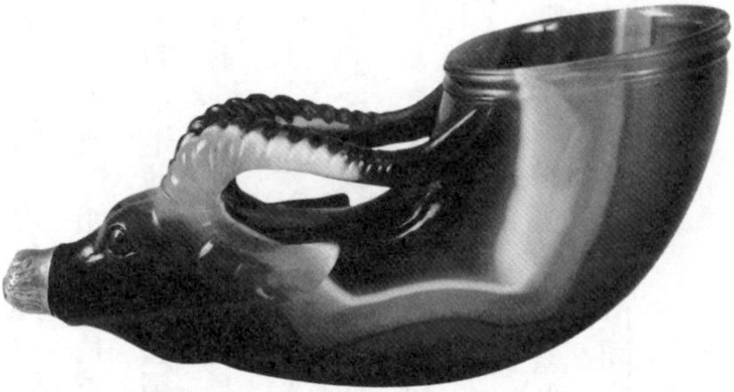

獸首瑪瑙杯・唐

瑪瑙杯選材精良，巧妙利用玉料的俏色紋理雕琢而成。杯體為角狀獸首形，獸雙角為杯柄。唐代與四鄰各國交往頻繁，從這只杯的造型來看，這是唐代中外文化交流的產物。

交好，覺得黑水靺鞨是為了攻擊自己才投靠大唐，於是萌生攻打黑水靺鞨的想法。當時的大門藝思路清晰地說：「大唐和黑水靺鞨交好，所以如果兄長讓我領兵攻打黑水靺鞨，就是與大唐決裂。」但是沒辦法，掌權的不是他，大武藝還是要發兵。大門藝聽話地帶兵走了，但到了邊境仍覺得這樣做不好，於是勸說兄長：「如果做出此舉，其後果真的無法挽回了。」大武藝徹底怒了，對弟弟動了殺念。

大門藝無奈之下逃往大唐去，大武藝更加憤怒了。而玄宗認為大門藝這個人很明事理，於是為大門藝找了份工作，讓他留在大唐。這下大武藝徹底發火了：弟弟不支持我，大唐也不支持我，還是我的士兵聽話，不如發兵大唐好了，說不定威脅一下還能管用。玄宗賢明英武，派了大門藝去迎戰，又找了新羅和黑水靺鞨等國來幫忙，一場毫無懸念的戰爭結局已經註定。當大門藝見到自己這位同胞的哥哥時，內心充滿了矛盾。

看見大門藝這麼愛大唐，身為大唐人民的你也會對他很有好感的。作為一名合格的質子，大門藝不能離開長安，也不敢離開長安。因為哥哥退兵之後依然心懷怨念，派出殺手追殺他這位「不爭氣」的弟弟。

你來我往做買賣，產品交流以文治外——貿易外交

胡商和奇珍異寶之間好像有著解不開的緣分，這些胡商有一雙「鈦合金眼」，能發現普通大唐人民看不見的寶貝。胡商是錢的象徵，如果你聽說有一個窮得沒飯吃的胡商，那絕對是一個荒誕的故事。在大唐邊境可不能錯過互市，這裡有大唐沒有的東西。在互市買賣寶貝，說不定會碰上不一樣的人和事。想來大唐經商的人要注意了，入唐隊伍已經準備出發了，沒準備好的可以等下一次，等不及的可以自己「跟團」。

胡商是天賦異稟鑑寶人

在大唐人眼中，胡商是天賦異稟的鑑寶人。他們會以高價買走你的某件東西；當你以為他們傻的時候，他們會向你證明，原來屬於你的這個東西其實是個更高價值的寶貝。胡商，最重要的就是辨別力。

扶風的一個旅店老闆就曾遇到這樣的事情。那天，有一位胡商看見旅店門口有塊方形大石頭（當然，所有經過的人都能看見），他繞著大石頭來回不停地看，看了很久都不肯走。胡商的這一舉動引起了旅店主人的懷疑，便問：「這石頭有什麼好看的？」胡商回答：「某正好缺個洗衣服的石板，某拿兩千錢買門口的大石頭可好？」店主人第一時間沒有反應過來，怔了一下，等到自己的思路清晰後，以為自己碰到一個錢多任性的客人，便答應了商人的請求，把門口的大石頭賣給商人。雖然心中有疑惑，但看到兩千錢便笑了。

故事的最後，店主人聽路過逆旅的人說：「看見一個胡商弄了塊大石頭感覺很奇怪。更奇怪的是，他正要將石頭剖開！某覺得似乎又有些不對，於是停下來看。沒多久，石頭被他弄開了，裡面居然是一顆寶珠！有一寸那麼大，這麼大的珠子可

三彩鴨形杯・唐

胎呈白色。杯作臥鴨回首銜尾狀，鴨長嘴，彎頸，尾作荷葉狀杯口，姿態優雅柔美。此類造型的杯子，仿製古希臘陶杯而加以創新，是典型的中外文化交流的產物。

相當值錢啊！」旅店主人後悔也來不及了，由此可知，胡商的鑑寶能力非常厲害。

眼光銳利的胡商在大唐人眼中亦是富裕的代表，不只在鑑寶方面眼光犀利，在商業經營方面造詣也很高。搞金融的胡商開得起櫃坊，放得了高利貸，還能開展飛錢業務，簡直就是銀行家的前身。那位做珠寶生意的胡商能拿兩千錢出來買石頭，應該算是高級的投資家；而那些到大唐做藥材生意的商人也賺了不少錢，大唐人民喜愛那些沒聽過名字的「神藥」，都是胡商研發出來的。那再說說餐飲業，賣酒的胡姬生意應該不錯，賣胡餅的較為辛苦。據說為了讓胡餅口感新鮮，只能當天做，但是胡餅賣得快，出攤才做根本來不及，於是勤勞的賣餅人凌晨起來做餅，和現在一些賣早餐的店鋪差不多。賣胡餅的人應該不會像做金融和珠寶生意的人一樣富貴了吧？事實並非如此，賣胡餅的老爺爺說：「某左手的手臂裡面有顆珠子。」簡直是真人不露相！在大唐，胡商加珠寶就是胡商發財的常見模式，果然胡商中無窮人啊。

看看大家都買了什麼

胡商來大唐做生意，大唐也和各個國家有互市。大唐把中原的物品放在邊境的市場裡，有錢的來買，沒錢的就會想辦法賺錢來買。大唐有彪悍的軍隊、霸氣的將領，也有開放的互市，瞬間把邊境國家想搶物資的「野蠻」想法扼殺在搖籃中。

如果你在大唐的西部邊境地區生活，你可以看見互市中有人賣馬匹和牛。賣馬匹的廣告語是這樣的：大唐最好的騎兵就該配最好的戰馬，一匹寶馬也是您長途旅行的必需品。賣牛的廣告是那樣的：還在為耕地發愁嗎？還在辛苦地用家裡的老牛犁地嗎？牛是第一生產力，為什麼不換頭更有力的？不只牛馬，出了牲口區，你可以看見大唐的商人們在互市裡忙碌的身影。他們賣的東西品種比較繁多，有茶葉、絲綢、農具，還有糧食種子，只要是大唐能賣的，互市裡應該都有。不過最多的還是茶葉、絲綢這些日常用品，這就是大唐特產，也是最有市場的貨品。大唐商人說：「這裡有各種名茶，蒙頂石花、陽羡茶、雀舌、武夷茶，只有想不到，沒有買不到，懂茶的別錯過。」賣絲綢的也有話說：「便宜的、貴的都有，種類齊全價格實惠，走過路過別忘了帶走一匹絹帛。送人自己用都不過時，親膚材質不加色素，天然又健

三彩胡人俑・唐

此胡人造型用髮箍束短髮，深目高鼻，雙手握拳，身穿翻領右衽衣，腰繫帶，足穿靴，直立在平板上。此俑以施黃釉為主，僅在翻領處及衣擺處略見綠色。其形象應為文獻記載中的胡人。

康。」

大唐東部邊境地區的互市也相當熱鬧，商人們賣水產、賣珠寶，還賣藥材。他們廣告詞是這樣寫的：「東海大珍珠美容養顏，進貢款、親民款任君挑選。」「各類水產，買魚就送生魚片調料包，芥末生薑友情贈送，魚不鮮不要錢。」「神奇靈藥，包治百病。」

不管你在東邊還是在西邊，胡商都在你身邊，邊境的居民快來找互市上的寶貝，說不定異國商人手裡真的有你找了很久的寶貝。

大王派使節去大唐了，商人們快跟好隊伍

不管你在大唐周邊的哪個國家，只要你所在的國家沒有和大唐翻臉，那你就有機會跟著出使大唐的隊伍一起到大唐。如果沒趕上赴唐小隊，還有外商赴唐交流團。

如果你覺得在大唐做生意方便，也可以選擇在大唐定居，娶老婆、開公司都沒問題，只要留心交稅問題；大唐對待經商的人，不像對待留學生那樣條件優厚。在大唐你的經營範圍很廣，經營地區也無限制。資金雄厚可做珠寶生意，有餘錢的還可以嘗試做金融業務。吃貨可以選擇發展餐飲業，如果你會做胡餅或者會釀酒都可

以在大唐開個小店鋪。又或者你可以選擇去長安做生意，西市附近住著許多外國商人，說不定你能找到自己適合的組織。長安繁華，人流量大，你的生意也容易做大；如果你覺得長安的競爭太激烈，試試看在大唐任何一個地方做生意，例如蘇州、湖州，或者是某個村某個山，胡商的眼睛善於發現奇珍異寶。

由於外國商人們大多是乖乖交稅的合法商人，這些不遠千里來做生意的人受到大唐政府的保護。首先，大唐尊重各國各族商人們的生活習俗和飲食習慣，你可以保持自己的特殊性。其次，在大唐，你的錢是受到保護的。如果你遇到買東西不付錢、借錢不還或者敲詐等問題，大唐政府會為你主持公道。例如穆宗時期就發生了一件件事。有位官宦子弟李××不還胡商的

壁畫《禮賓圖》‧唐

該圖表現由六人組成的禮賓行列，左邊三人為唐代鴻臚寺官員，右方三人分別為東羅馬帝國、高句麗和東北少數民族的使節。此畫不僅具有極高的藝術欣賞價值，而且也為研究唐代中外交往情況提供了珍貴的資料。

錢，結果李××的父親就被貶官了。事情經過如此：這名來自回紇的胡商以放高利貸為生，李××不知道高利貸的情況，向回紇商人借錢一萬一千貫。等到了還款日期，回紇商人並沒有看到李××前來，於是找了一圈，結果李××囂張地說：「就是不還，我爸是李晟，右龍武將軍你知道嗎？」生氣的回紇商人找到大唐政府，拿著李××借錢的證據，向李××和其父親索要賠償。由於李某某借錢數額大，回紇商人受到傷害太深，所以事情傳到穆宗耳朵裡。穆宗一聽，臉丟到國外去了，身為政府官員，這麼沒素質，果斷貶官！在此之後，穆宗嚴肅規定：借錢不能不還，以後有與外商的借貸事務，必須通過互市來進行。這樣才能保證有證人，有證物，公平合理。

第五章

藝高人膽大，科技文教全拿下

大唐是盛世，為每一個人準備了舞台。不管你是文科出身的男孩，還是理科出身的，都能為自己的專長找到用武之地。研究一下永遠不會撒出來的香囊；算一下日食、月食的時間，一定能讓你成就感爆棚。大唐女子更能在這裡得到大滿足，樂棋書畫舞、詩詞與刺繡，時尚多變的服飾文化能俗能雅，風格獨特，加上國際化的歌舞一定能讓你嘆為觀止。

研究不經科學，就得懂點技術——科學技術

如果你是數學愛好者，大唐這裡有專業課程供你選擇，你也可以考慮把「算經十書」裡的習題拿出來練習練習。物理、化學雖然不是專業學科，但大唐的能工巧匠都是專業的，虹吸原理、陀螺儀原理等可都是你學過的，大唐工匠在無教科書、無原理的情況下早已實踐過了，不然怎麼會在煉仙丹的時候煉出黑火藥呢？大唐數學教科書主編李淳風是位迷信的科學家，聽說名字裡帶「風」字的人，跟風比較有緣，若你遇見他可以請他給你卜一卦。大唐的造紙技術也是一流的，在這裡你可以選廉價紙、普通紙、文藝紙，或高貴男神、女神的專用信紙等，美術系學生畢業後找工作可以考慮投奔造紙業，接畫稿工作。

學學大唐的數理化

國子監課程中的算學，就是大唐專門開設的數學專業。如果你對數學非常感興

趣，請千萬不要錯過，這就是當時數學專業的頂尖學府。國子監數學專業的學生用的教科書是「算經十書」，也就是說，學生要在學習過程中學完《周髀算經》、《九章算術》、《孫子算經》等共十本教材裡的內容。「算經十書」裡面有簡單的加減乘除，也介紹了分數和畢氏定理，還有大量練習題以及實用的應用題。認真學習，努力做題。要是能在國子監踏踏實實地把這十本教材學明白，那你就是大唐十全十美、萬裡挑一的算數達人了。要知道大唐數學其實不簡單，光是一本《緝古算經》就要學三年。按照國子監十天考一次試，且每年都有年終考試的習慣，若裡面全是《緝古算經》裡的題目，很現實地說，不好好複習你能及格嗎？

在大唐，數學專業的相關工作可不多。畢竟數學是純理論性的，所以學數學，想要養活自己，建議你最好再輔修天文學。學了天文學，你可以算算太陽、算算月亮，算算什麼時候有日食、月食，算算星星是怎麼運動的。關於日食、月食和五大行星之問題請看大唐僧人科學家編寫的《大衍曆》，還有其他天文知識或者想學觀看星象者，歡迎來大唐交流。只要學了天文學，少說也能到政府部門找份工作。

若跟已經成為一門學科的數學相比，物理、化學就沒這麼幸運了，這兩門沒有教材，也沒有設置什麼學科。在大唐你可能沒法找出一個物理學家，但利用物理所做的東西卻隨處可見，比如利用陀螺儀原理做出來的球形香囊，還有包含了虹吸原理的大唐生態空調——「水簾洞」。

仔細考究下，球形香囊的文雅稱呼是：葡萄花鳥紋銀香囊。通俗一點的說法就是吊著像個葡萄，上面雕刻著小鳥和花朵的鏤空圖案，材質是銀的香囊。觀察後你會發現這個可以掛著的香囊，真是又精緻又好看。走近一看，你會發現香囊暗藏玄機——裡面還有個裝香料的半球。裝入香料隨身帶著，自然會香飄飄，而且你不需要擔心裡面的香料會撒出來。不信的話，使勁晃晃吧。不管你是站著晃還是躺著晃，買回家掛在馬脖子上晃，裡面盛香囊的半球都是「不動如山」，永遠保持平衡。大唐工匠沒學過物理，也不知道什麼是陀螺儀原理，但生活是最好的老師，照樣能穩妥地做一個可保持平衡的香囊出來。

至於生態空調「水簾洞」，這個需要有寬敞的地方來布置：找個有水的地方，利用虹吸原理把水引導向高處的屋頂。接著，你將看到類似下雨的景象，這時候你可以靠在門邊聽簷雨滴答聲。看看遠處，仍是豔陽高照，別人都大汗淋漓地晒著太

《紫微垣星圖》殘卷・唐

陽。大唐原生態空調加溼、製冷，還有風景，相當愜意。

數學、物理圓滿拿下，該攻讀化學了，頭腦裡的元素週期表不停地浮現出來。但是，在大唐你跟別人說想學化學，是不會有人明白的。你應該說想學習煉丹，這個就有人聽得懂了。化學在當時還沒形成學科，煉丹過程卻是化學反應的集中體現。所以元素週期表就先放著吧，在大唐還派不上用場，這裡流行的是「煉丹學」。學煉丹也別想著長生不老治百病，最好努力往製造火藥的方向發展。因為長生不老是不可能的，不如做點實際的工作，修路開山都離不開火藥。若你還是想煉丹，只好直接把大唐火藥配方給你：皂角、硝石、硫黃，比例為三：二：二，如果成功爆炸，就算你化學這學科滿分。

科學家李淳風，帶你感受大唐的風

若想學習大唐科技，就不能不知道大唐學術界的泰斗李淳風，這就像是物理系的學生不能不知道牛頓一樣。李淳風就是那個傳說中已經知道大唐往後命運的人。你可能會問怎麼會這麼迷信？但畢竟在大唐，占卜是很紅的，大唐皇帝和普通群眾都相信。同時，李淳風還擔任大唐數學教材總編。命運離不開看天象，天象離不開數學，九九歸一，他給「算經十書」做了詳細注釋，方便學生學習；他還是天文學家，雖然沒有用天文望遠鏡看星星，但也自己動手設計了觀測天體的儀器。他還能編寫曆法，夜觀星象。他所著的《乙巳占》看似迷信，偏偏裡面的學術想法很值得研究，若說他的《乙巳占》是科學著作，裡面的占星術能預測吉凶你相信嗎？要學的太多了，慢慢去篩選吧。

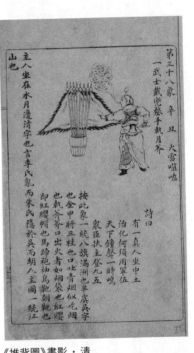

《推背圖》書影・清

據傳為李淳風、袁天罡二人合著，是中國古代比較有影響力的預言書。

作為科學家的李淳風，拋開他在天文、曆法、數學上的成就，他對氣象也頗有研究。長安今天刮的是幾級風？去問李淳風。這位「追風的人」把大唐的氣象學提升到了顛峰地位，讓大唐成為「世界首個有風力等級的國家」。由此可知，李淳風的神奇在於他不斷總結自然現象，不斷總結科學規律。

根據李淳風的描述，風總共可以分成八個級別，最低的一級風，是那種能吹動樹葉的風；最高的八級風，是能將樹連根拔起的風。李淳風隊完整版風級定義分別是：動葉、鳴條、搖枝、墜葉、折小枝、折大枝、折木並飛沙石、拔大樹及根。其中鳴條的意思是，二級的風力可以把柳條吹得沙沙作響。這麼說來，如果李淳風到了大草原，在放眼望去找不到一棵樹的情況下，就只能把風的等級定成兩個——飛沙石的七級風以下和七級風以上。

這是在造紙，這也不僅僅是在造紙

如果你愛蒐集有顏色、有卡通圖案的信紙，或者偏好用道林紙，那麼大唐絕對不會令你失望的。大唐造紙用的原料有很多種，例如野生麻造的紙，便宜又好用；商務最愛的藤紙質地好，寫個日記或者記個事情都可以用；如果你遇到特別喜歡的某本書，也可以買它的楮皮紙印刷版好好收藏，信佛的人每天要看的佛經也特別推薦楮皮紙製的經書。最後，是大唐新產品——竹製紙，採用原生態內竹，純天然、無汙染。革新蒸煮加工方法，天天和紙張打交道的人沒理由不嘗試一下。

如果是簡簡單單地在造紙原料上別出新裁，那還不足以滿足大唐人對紙張的要求。大唐走的是華麗風，所以紙張也不可能太樸素，著名的薛濤箋就是代表。薛濤手裡拿的信箋是深紅色，而詩人溫庭筠家的書房裡有雲藍紙。這兩位文藝代表人物離不開彩色紙，由此可知當時社會的潮流。當然，如果你有朋友愛寫情書或者喜歡寫小詩，送他們大唐彩紙箋這個富有情調的禮物必然是極好的。

素色精緻花紋類紙張和彩色精美花紋類紙張，算是大唐中最花俏的紙了。華麗又炫目，簡直是當時的潮物，稍微有點高調的文藝圈人士幾乎人手一份。造紙業越發達，對於高檔紙張製作的方法更是精益求精。比沙畫還要厲害的「水上作畫」就是一種。水上作畫先在清水上蓋一層巴豆油和皂角膏，然後用顏料和清水上的巴豆油和皂角膏開始創作，想把它們變成精緻的花鳥蟲魚，或者是寫意派的飛禽走獸都可以。簡直是私人訂製，全天下不可能有第二份完全一樣的圖案。只要畫好以後把準備好的紙張輕輕覆蓋在上面，一張有花紋、有色彩的紙就做成了。成品如此美麗，而製作過程彷彿是一場表演。

生災害病不要怕，唐朝醫術名天下——醫學

在大唐，想當太醫，就要先熟讀《黃帝內經素問》和《傷寒論》等醫學書籍，爭取報名醫舉後一次通過考試。大唐三大官方醫療機構，一個是太子的，一個是皇帝的，只有一個是普通百姓的。如果你只想做個給皇帝看病的御醫，那千萬記住，你要進尚藥局而不是太醫署。大唐醫術發達，醫學教育也不差，這裡有太醫署專門的教學機構，為國家培養醫療領域的人才，當然還有為大唐醫學發展提供助力的孫思邈等民間醫生。懂一點醫學常識很重要，如果遇上小病，自己在家就能解決。如果自己對醫學一無所知，說明你不像孫思邈那樣被病痛

金花鸚鵡紋提梁銀罐・唐

唐代服石煉丹之風在上層社會中盛行，服石煉丹用的器具也往往以貴金屬精製而成。這些器具及藥材的出土反映了服石煉丹在唐代上流社會的盛行情況。

折磨過（人一輩子總會生病，孫思邈幾乎可以算是久病成良醫了），趕緊多看看醫學方面的著作，如果看不懂《神農本草經》之類的書，看看簡單易懂的《傳言方》之類的書也不錯。

考上醫舉就可以當太醫了

考醫舉和王維、元稹他們考的科舉不一樣，一般說的科舉每年都有，而醫舉這樣的考試，只有皇帝想起來才會考。如果說《西遊記》裡面的國王張榜求醫，招的是臨時醫生，那大唐醫舉招的就是正式有編制的醫生。醫舉考試什麼時候開考，要考什麼內容都由皇帝說了算。不過後來幾年的醫學專業學生有福了，因為皇帝給醫舉劃了大概的考試範圍：《神農本草經》、《脈經》、《黃帝內經素問》、《傷寒論》，再從其他醫學書籍裡面隨機出兩道題，最後還有關於醫經方術的十道題。看到沒有，皇帝親自畫的重點！其中《黃帝內經素問》是重點學習材料，因為要從裡面出十道題，其他醫學書籍各出兩道。一份醫舉試卷裡有二十八道題，按照規定，做對七題就算及格了。

如果你想考醫舉，就要隨時準備，免得等到皇帝說要招人的時候，你還沒複習完。但不管你最後有沒有考上，先了解一下大唐的醫療機構規模也是挺好的。為皇帝家服務的醫療機構分別是藥藏局、尚藥局和太醫署。前面說過，藥藏局是給太子治病的，尚藥局主管皇帝，這幾乎就是兩家私人醫院。太醫署最為繁忙，它就像大唐人民醫院，無論是朝中的大小官員還是平民百姓生病，太醫署都得治。

三大醫療機構中，隸屬於太常寺的太醫署人員配置最全面。太醫署中的太醫令和太醫丞各兩人，差不多等同於是醫院院長和副院長的職務，在太醫令和太醫丞之下有醫監、醫正、醫師、醫工等人，還有專門負責針灸按摩的人手和管理藥材的職工。太醫院不分內外科，也沒有什麼心腦血管科和神經科，因為這裡的醫師都是全能的，只是擅長的領域不同而已。就像《甄嬛傳》裡面的太醫有的是婦科聖手，有的專攻瘟疫一樣。在太醫署的職工隊伍中，只有醫工的數量龐大，有一百人，而從事其他工作的人員只有四至二十人。如果在太醫署年度職工大會上要分職種來玩遊戲的話，醫工部的人贏定了。

醫正、醫師、醫工都是給人治病的，如果你醫術高超，那在大唐太醫署內無論

素面金銚・唐

這件素面金銚是用金片錘打而成，流、柄與器身渾為一體，是用一整片金片錘成。

是做醫工、醫師，還是醫正，都不會默默無聞，因為這裡定期考核，看誰治好的人最多，誰就是本次考核裡成績最好的醫者。但如果你運氣不好，遇見的病人都是絕症，根本沒辦法治好，考核成績鐵定會很差，不過別太擔心，太醫署職工還有理論考試部分。

官辦醫科大學

太醫署同時也是大唐醫學院學生的最高學府。在這裡，負責教學的有「醫博士」、「針博士」、「按摩博士」和「禁咒博士」四位老師和他們的助教，任教老師總共八人。每位老師的教學內容不同，帶的學生人數也不同。

比如說「醫博士」和他的助教可以收四十個學生，經過基礎階段學習後，學生們又有其他不同的專業方向。在「醫博士」的五個專業——內科、外科、兒科、眼耳鼻牙科和拔罐科中，內科學習的時間需要七年，學習的人數也比其他專業多；兒科和外科的學制是五年，剩下的兩個專業學制才兩年。「針博士」和助教的課程與針灸有關，他們收二十個人，學生在這裡要先認準經脈穴道，否則後果很嚴重。別看「按摩博士」的名字跟醫療沒多大關係，好像只是強調按摩而已，但這裡不同，這裡的按摩是按穴位來的。人體這麼多穴位，相互聯繫、相互關係，沒有兩把刷子，當不起「按摩博士」的頭銜。學會「按摩博士」的課程用處很大，他教學生以按摩的手法治療疾病。比如有人溼氣重或者體內有寒氣，又或者有跌打損傷、不小心脫臼等，這些都可以通過按摩來治療。這裡要事先聲明，大唐的按摩可不是在美容院裡的按摩，均是醫學院水準的治癒系按摩。不過「按摩博士」和他的助教只收十五人。最後，聽上去神祕又奇葩的「禁咒博士」要招十個學生。太醫署不是魔法學院，所以「禁咒博士」不教人魔法，而是教你禁咒術，也就是用咒語為人治病，聽起來是不是很炫酷？不過要想上「禁咒博士」的課，你必須堅定不移地信奉道教或佛教，不能吃肉，把自己打理得乾乾淨淨才能開始學習。畢竟你學的是道家，仙姿飄飄是道家的基本要求。

禁咒術

中國的禁咒術具有相當悠久的歷史，到了隋唐時代，被正式納入醫療機構之中。隋唐的太醫署內設置咒禁師，咒禁師以道教與佛教的咒禁術治療疾病，因此咒禁師與宗教有著密切關係。

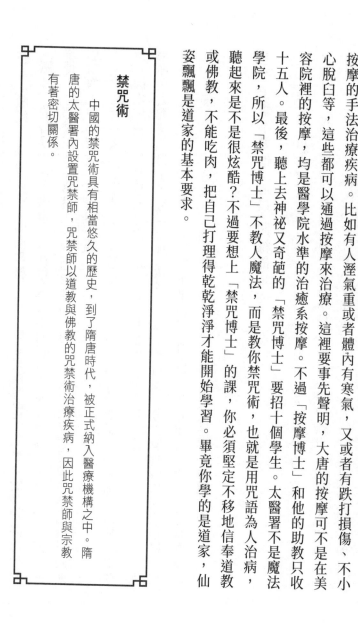

不管你是學醫、針灸，還是學習按摩，都要把《神農本草經》、《黃帝內經素問》、《脈經》、《甲乙經》四部教材學好，這是太醫署醫學院學生的基本課程。學《脈經》的時候，還有機會看見孫思邈首創的彩色人體經絡圖。另外，教你的「醫學博士」都是正八品官員，助教們是九品官員，如果對仕途感興趣的話也可以向他們請教，包你技能、仕途兩不誤。

太醫署四大「醫學博士」介紹完了，作為醫學院的學生，你要抓緊時間好好學習。因為這裡每個月都有考試，春夏秋冬也都有一次考試，還有年考和畢業考。如果你在太醫署混日子，經常上課睡覺，下課不做功課，考試連續兩年都不及格，那你就可以從醫學院「畢業」了。但如果你擅長學習，各方面成績優秀，並且醫德高尚，必然會得到醫學院的重點培養。畢業之後，是有機會直接成為醫師的。

上不了學不要怕，自學照樣能成才

在大唐，想當醫生有很多辦法，不一定非得拿到太醫署發的「畢業證」。除了太醫署，大唐雖然沒有其他醫學專科學校，但若你是中醫世家出身，家學傳承，自然也能當醫生。就像很多言情小說裡寫的那樣，某人的家庭世代為醫，與世無爭……這一類人的醫術通常比較高，因為他們有老一輩人代代流傳下來的從醫經驗，是站在巨人的肩膀上給人看病的。有些人未能生在中醫世家，卻有志從事醫生事業，他們或可以找一位願意傳授醫療經驗的老師或者乾脆自學。不要覺得自學成才不可能，雖說醫學博大精深，自學不容易，但大唐醫學第一人孫思邈，就是自學成才的。據孫思邈回憶：「因為我小時候身體差，家裡給我買藥治病花了不少錢，最後錢用完了，只能自己醫治自己。」別人久病成醫，孫思邈久病成了大名醫。他注重養生，還重視治病的紀錄，自學成才的藥王孫思邈比專門在太醫署醫科專修學院畢業的人還要有成就。沒有孫醫生，就不會有婦科和兒科，也不會有臨床醫學模範書籍《千金方》。

醫生救死扶傷多高尚，但醫者在大唐並不是一個高官階的職業，就算在尚藥局給皇帝看病的醫生，最高官階也只能是五品，更別說普通醫生了。當時大唐的文人對醫生這職業不感興趣，但對醫學卻頗有熱誠。文人之間沒事也會談談養生和治病。劉禹錫是我國唐代著名詩人，但事實上，他不僅在詩文方面有非凡的造詣，對醫藥學也有深入研究，並為後世留下一本有影響的方藥專著——《傳信方》。

孫思邈與《千金方》

孫思邈是著名醫藥學家，被後世尊稱為「藥王」。在幾十年的醫學臨床實踐中，感到古代醫藥書散亂，不容易檢索，於是總結唐代以前的臨床經驗和醫學理論，撰成醫書《備急千金要方》。《備急千金要方》分為總論、婦科、兒科、五官科、內科、外科、解毒急救、食治養生、脈學及針灸，共三十卷。《備急千金要方》首次列出婦女科和小兒疾病的診治，還首次論述了腳氣病的治療和預防。之後又撰寫《千金翼方》。《千金翼方》著重記述本草、傷寒、中風、雜病、瘡癰等，是對《備急千金要方》的補充。《千金翼方》共收載當時所用藥物八百多種，並對許多藥物的採集和炮製做了詳細的記述。

後人通常把《備急千金要方》和《千金翼方》簡稱為《千金方》。《千金方》是唐代最有代表性的醫學巨著，被後人譽為「第一部臨床醫學百科全書」。孫思邈所總結的傳統醫學成就為後世留下了寶貴的醫學財富。《千金方》還流傳到國外，被日本、朝鮮的多種醫學著作所引用，在醫學界產生了深遠的影響。

誰能不為這樣盛大而虔誠的佛禮所感化——佛教文化

活在大唐，就要對佛教文化有所了解。佛教文化從各個方面滲透進你的生活，信佛禮佛已經成為大多數唐朝人日常生活的一部分。有人願意用一輩子的時間為佛雕刻頭像，更有人願意為了修建佛像自掏腰包。在大唐，佛教文化已經紮根於普通百姓的家中。閒暇時間，百姓可以去寺廟聽僧人誦經。如果你在節日裡無事可做，還可以去湊個熱鬧看看僧人是怎麼為佛祖過節的，順便賞花，觀佛塔，逛寺廟，是不是很浪漫？佛教文化已經是顯學，僧人的社會地位也得到了提高。有這麼多有品位的僧人，自然寺廟也非常有品位，如長安的大慈恩寺裡有名花牡丹，佛寺中還有名勝大雁塔，歡迎列位參觀。

為你塑像，為你捐工資，為你做最虔誠的事

大唐要修佛像，這不稀奇。但是這次佛像要修建得又高又大，要讓所有人都能

遠遠地看見。佛像要像山一樣高，彷彿抬腳就能跨過大河，給人以俯視眾生的效果。這座最大的佛像最初由海通和尚發願主持修建，從佛祖的頭部開始，一點一點往下修。可惜，佛像巨大工期漫長。一個成年人只有佛像眼睛的一半那麼大，海通和尚只堅持到把佛祖頭修完，沒過多久便去世了。此時依山而建的佛祖頭和脖子部分安靜地俯視著眾生，遠遠看去正是海通和尚期望的效果。

不久，有位虔誠又有能力的佛教徒出現了。他此時正在當地做官，作為一名虔誠的佛教信徒，他樂於完成這項工程。出資主持繼續修建塑像，於是海通和尚的弟子們終於又開始了期盼已久的工程——修建佛祖的身體。手修好了，衣服也修得差不多了，輪到膝蓋了，可是這位拿自己工資修佛像的官員被調走了。被調走的官員沒有持續匯款過來，於是佛祖現已完成了上半身，但抬腳就能跨河的氣勢還沒有達成。

一直到四十年後，又一位相同官級的官員出現了，他也是一位虔誠的佛教徒。同樣拿出了一大筆錢，這筆錢支撐了佛像竣工的所有費用。修佛像捐工資接力大賽到了這裡，算是圓滿完成了。遠遠望去，佛祖看起來好像真的有一種莊重之感。威嚴地坐在水邊，背靠著大山，守護蒼生。

這座修好的佛像就是我們現在所知道的樂山大佛。它從玄宗時期開始修建，一直到德宗年間才竣工，前後花費了九十年。近乎一個世紀的辛勞，佛像才從山裡誕生。而兩位捐工資修佛的官員，所任官職都是劍南西川節度使，前者是章仇兼瓊，後者是韋皋。

說來也怪，修建大佛以前，佛像面前的江水總是不安分，經常發生洪水，年年漲潮淹死人。但是自從有了大佛像坐鎮，佛像日夜盯著滔滔江水，它再也不敢鬧騰，又或許是群眾的心理作用，據說這裡的江水真的變安靜了。

盛大佛禮，瘋狂開幕

如果你穿越到唐朝的時間是貞觀十九年，那麼不管發生什麼事都不要離開長安，因為這一年玄奘回到長安了！不管你是不是玄奘法師的粉絲，都要好好地感受一下。法師回來那天，長安百姓夾道歡迎，甚至造成大唐道路擁堵。玄奘法師回來的十天時間裡，整座長安城的百姓都在為他的歸來而慶祝。商人們也不正常營業了，商店都關門，官員也在為玄奘法師舉行隆重的歡迎儀式。

儘管當時唐太宗在洛陽出差，皇帝不在，作為臣子、官員們更是盡心竭力地準備著，打算要搞一場熱鬧的迎接儀式。請各位自行想像普天同慶，百姓尖叫痴迷的場景。「迎接玄奘法師」算是長安城中參與人數眾多，百姓印象比較深刻的一場佛事活動。

如果要找一個比這次活動更盛大、更轟動的，就是迎佛骨了。迎接玄奘法師回長安這樣的活動，只有在貞觀十九年才能看到。但迎佛骨的活動，整個大唐一共舉行了七次，作為普通老百姓，能看到的機率還是比較大。佛骨就是佛祖的舍利，皇帝認為此物吉祥，把原本在寺廟的舍利迎回家，天天供奉它，瞻仰它，以求佛祖保佑。舍利不是高僧，不會自己走，也沒法長翅膀飛到皇宮裡。高僧大德的舍利更是佛寺之寶，所以即使貴為天子，也得派人去迎，還得恭恭敬敬地迎。對所有信佛的人來說，可以丟命卻絕對不能把佛骨丟了。所以迎接佛骨的儀仗隊必須要嚴肅、安全、謹慎。把佛骨請出來的時候，要舉行盛大儀式歡送佛骨；在迎接的路上更要有儀仗隊的護送。虔誠的百姓趁此機會在路邊等著，就算是遠遠看一眼佛骨也可以沾沾福氣。等佛骨被迎至目的地，最盛大的迎接儀式就會開始了。

例如武則天女皇是這樣迎接的：讓皇宮採購最好的佛教用品、經幡和各種香燭，更新佛骨的「日用品」後，還要讓佛骨「聽音樂」。太常音聲人們的工作任務下來了，這次要去洛陽一路演奏回長安呢！等到佛骨「安頓」下來以後，供奉瞻仰祈禱這些儀式也逐個開展，這樣的迎接儀式來回要花費很多時間、精力和錢財。但在大唐人們眼中，他們所堅持的是一種普世的人生觀。所以迎佛骨的過程，莊重而神聖，一切的花費都是應該的，而且花費得越多越虔誠。

當然，總有人對佛祖不那麼痴迷。所以迎佛骨並不是全民都喜聞樂見的事，記得韓愈寫過「雲橫秦嶺家何在，雪擁藍關馬不前」，這是他被貶官後所寫《左遷至藍關示侄孫湘》裡的一句詩。那時的韓愈一沒貪汙，二沒以下犯上，按時上班，績效不錯，沒遲到早退，那他究竟做錯了什麼？就一件事，不同意憲宗迎佛骨。

據憲宗自述，當時他生氣的理由是這樣的：韓愈寫《諫迎佛骨表》，對皇帝而言，有人敢進諫說明自己是好皇帝。但是韓愈卻說「信佛的皇帝活不長」，幸好有人求情，才免了韓愈的死罪，被貶為潮州刺史。

其實韓愈文章的主旨不是這個意思，「信佛的皇帝都活不長」這個段落只是個開端，《諫迎佛骨表》的核心內容是要皇帝聽從孔子的話：「敬鬼神而遠之。」雖然韓愈把聖人抬來了，但皇帝依舊「我行我素」，佛骨要迎，佛祖要信，二者都不能停。

到了懿宗時期，迎佛骨的活動變得更加「瘋狂」了。懿宗說了：「見佛骨一面，可以死而無憾。」他親自到皇宮門口迎接佛骨。皇帝都做得如此到位了，百姓更是瘋狂。這次迎佛骨，一路

捧真身銀菩薩・唐

上有頂禮膜拜的，也有整路一步一拜的，相當虔誠。

休閒度假哪裡去？長安大慈恩寺歡迎你

大慈恩寺就是玄奘留學回國後工作的地方，當時迎接玄奘進寺的時候，太常寺的音聲人演奏了九部樂，這可是國家級國宴標準的音樂。其他的大型寺廟也把自己最好的法器分給了大慈恩寺，好讓玄奘法師的工作場所更加美麗和極致。畢竟，玄奘不是個普通的和尚。大慈恩寺工作環境清幽，設有專門的翻經院；大雁塔則是玄奘為了存放他帶回來的佛經而修建的。

整座大慈恩寺是植物愛好者的樂園，亦是情侶約會聊人生的絕佳場所。這裡有各種花草樹木，有的名貴有的罕見，觀賞價值很高。另外，按照大唐寺廟的經營風格，大慈恩寺應該也有定期的開放講座，在大唐這叫「俗講」。開放講座並不是講大道理般枯燥乏味的系列講座，也不是推銷課程的沒良心講座。這裡的講座有說有唱，為群眾免費講一些佛經裡的故事。大唐沒有電影院和ＫＴＶ，所以能參加開放講座，也是一種放鬆的方式，甚至是一種業餘進修的途徑。當時的老百姓喜愛帶孩子去寺廟聽講座，讓孩子從小感受佛家恩澤，一生平安喜樂。到了節慶假日，可能還有廟會活動。廟會期間，有盛大的佛事在寺內舉行，吸引大批遊客前往參觀。

讓廣場舞「低頭」的大唐舞樂——音樂與舞蹈

大唐音樂有雅有俗，但俗並不如你想像中，例如玄宗在梨園裡面的音樂也是俗樂。由此可知，此「俗」非今天所理解的「俗」。音樂興盛，歌詞更為體現詞人的功底。所以對詩人來說，最有成就的時刻便是和朋友聚會的時候，唱歌的姑娘把自己的詩當歌詞一首接一首地唱。講到唱歌，就不能不講跳舞。大唐舞曲風格多，中原與異域風情皆有。喜歡柔美優雅的還是速度和激情兼備的？喜歡看獨舞還是群舞？喜歡看別人跳舞還是自己跳？不管你喜歡什麼樣的，大唐舞蹈界都有。仙樂飄飄，舞姿曼妙，大唐盛世風情盡在其中。

太常寺有個太醫署，還有個太樂署

太常寺、鴻臚寺和大理寺等機構是平行的關係，前文所提到的太醫署歸太常寺所管轄，但太醫署只是太常寺所管轄的眾多機構之一。太常寺主要管宗廟禮儀，具體要管理的機構有：太醫署、太樂署、鼓吹署、太卜署、汾祠署、稟犧署。其中太卜署和汾祠署兩個機構與宗廟祭祀有關，太卜署管理占卜事務；太樂署和鼓吹署與大唐音樂有關，太樂署和鼓吹署都是專注大唐宮廷樂多年的機構，不同的是太樂署主要在管理音樂人和他們的學習情況；鼓吹署注重鼓和吹奏樂器，同時還管理著大唐貴族們的儀仗規格。

在太樂署中，太樂令和太樂丞均屬管理層，王維就曾擔任過太樂丞，官階是八品下。太樂署和太醫署相似，太樂署也有博士和助教，但是其博士和助教要不就是官階最低，要不就是沒有官階。但別失望，太樂署職工也有考核制度，如果樂工在考試中表現出色，就有可能成為博士或助教。

除了太樂署和鼓吹署，大唐還有教授練習歌舞的教坊。皇宮內有兩所專門的女性音樂學校——宜春院和雲韶院。這可不是妓院的名字，是大唐皇宮內的女樂。這些人專門為皇帝表演，舞跳得比一般人好，樂器造詣更勝過許多人，如此才有機會被選進女樂。雲韶院擅長演奏樂器，宜春院則主攻舞蹈技藝，主要是讓皇帝想什麼時候看都可以。

當然，提到大唐音樂不能忘了玄宗。玄宗在位時期，音樂機構又多了個梨園。梨園專選年紀小、長得美的男女樂工練習歌舞，對於在梨園工作的樂工來說，他們經常可以看見玄宗和貴妃談戀愛。另外，在音樂演奏和舞蹈表演等專業方面，還可以接受到玄宗陛下的親自指導。

大唐音樂的雅和俗，「俗」的才流行

大唐音樂分為「雅樂」和「俗樂」。雅樂是特意在莊嚴肅穆的場合才演奏的音樂，需要用到鐘鼓之類的大件樂器。如果你有大唐雅樂的唱片，請不要在深夜播放，因為氣勢太恢宏，會讓人想到祭祀這類場合，失眠機率大。當然，不要看見

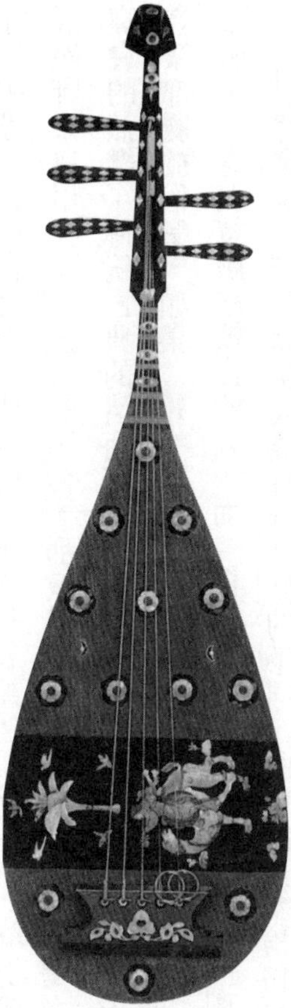

鑲螺鈿紫檀五弦琵琶・唐

這個琵琶是不折不扣的藝術瑰寶，此種五弦琵琶現已失傳，但在敦煌壁畫上經常可以看到飛天彈奏此種樂器。在這一件存世的五弦琵琶上，唐代的螺鈿鑲嵌技巧在此發揮到了極致，表現大唐盛世的繁華。

「俗」你就說不喜歡，「俗樂」並不是形容音樂低俗，大唐「俗樂」說的其實就是除祭祀等莊嚴場合之外，所用的大唐流行音樂，這個「俗」可以理解為「民俗」。既然雅樂只用在非常正式的場合，那麼俗樂的使用範圍就比雅樂多得多。例如用於宴會的燕樂、傳統古典的清商樂、龜茲樂、西涼樂、疏勒樂，還有具有異域風情的音樂都屬於俗樂。如果「雅樂」和「俗樂」是兩個人，「雅樂」可謂是永遠著正式服裝，一直保持嚴肅模樣的人，而「俗樂」就像穿衣風格多變的潮男。

根據宴會規模和宴請人員身分高低的不同，所用的燕樂規格也不一樣。作為大型宴會用曲，只有在皇帝請所有大臣吃飯，或盛大的慶典場合才能演奏燕曲。作為大麯，燕曲包括了所有國宴上的大型歌舞表演，其中有聲樂隊、舞蹈隊，還有龐大的樂器演奏陣容。當然，大麯的參演人員會比較辛苦。這是因為大麯要反覆表演，國宴吃多久，音樂就得要演奏多久，所以要準備很多種舞、曲。為了臨場不出錯，事先肯定已經排練過很多遍了。皇帝坐在中間觀演，所以唱歌的要一直唱，跳舞的不能停，樂手也要記得好好配合。

當然，遇到稍小型的宴會就只需用法曲。這個就不用如此大費周折了，大麯的演出人員還可以繼續上，但沒那麼辛苦，因為大麯就是由多個法曲所組成，稍小一點的宴會中樂師們至少還能喘口氣。其實，大唐法曲很出名，能在大唐聽一次法曲簡直幸福，什麼？你沒聽說過法曲？《霓裳羽衣曲》應該聽說過吧，這就是大唐法曲的代表作。

如果你是幾個人小聚，沒有宴會歌曲也可以。宴會歌曲太奢侈了，如果真用上，演奏的人會比聚會的人還多。一般情況會找像琵琶女這樣的獨奏者，或者找像關盼盼這樣會唱《長恨歌》的人，來一首獨唱就可以滿足要求了。這樣既能聽音樂，又能近距離與表演者交流，這是宴會樂曲無法比擬的。那時的大唐文人流行一種新玩法：幾個人相約找唱歌的姑娘們，看看姑娘們唱的歌詞是不是自己寫的詩，看誰的詩被唱得最多，誰就是寫詩寫得最好的那一位。發明這個玩法的是高適、王之渙和王昌齡，當時三人在酒樓裡喝酒聊人生。酒樓裡突然來了一群藝術家，這桌其中四個姑娘坐好以後就開始唱歌了，這一唱，喚起了三位詩人的好勝之心。他們約定：誰的詩被唱出來，就在牆上給自己

三彩駱駝載樂俑．唐

這組樂舞俑是典型的盛唐時期的作品，舞樂者均穿著漢族衣冠，使用的卻是從西域傳入的樂器，表現的是流行於開元、天寶時期的「胡部新聲」，即胡漢文化融合後的新舞樂。

畫一道杠，最後比誰的杠多，就算誰贏。這次比賽很激烈，上半場的比分是高適和王昌齡持平，王之渙零分，對於王之渙來說這是百分百的羞辱啊。零分的王之渙臉紅了，他說：「長得不夠漂亮的就不會唱我的詩，如果連那個最美的姑娘都不唱我的詩，就算我輸，如果她唱的是我的詩，就算我贏。」高適和王昌齡聽著也有趣，心想這是孤注一擲啊。上半場你沒拿到任何一分，從概率上說，那最漂亮的姑娘隨便唱一首比較有可能是高適的詩或者是王昌齡的詩，輪到王之渙機率不大。再說了那幾個姑娘根本就不認識這三位詩人，就是一場運氣大賽。結果最漂亮的姑娘一開口就唱了：「春風不度玉門關」，正是王之渙的《涼州詞》。三人哄堂大笑，實在是意料之外！本著友誼第一，比賽第二的心態，王之渙獲得了勝利。

大唐名舞蹈和大唐群眾廣場舞

大唐舞蹈分類多，有祭祀舞蹈、健舞、軟舞和歌舞戲。祭祀舞蹈在現代歌曲《盛唐夜唱》的歌詞裡出現過，裡面的釋奠佾舞就是傳統的祭祀專用舞蹈。大唐佾舞表演需要六十四人，也就是舞者要剛好站滿八行八列。健舞和軟舞則是相對的，軟舞緩慢柔美，健舞則明快敏捷，兩種舞各自都有代表作。比如公孫大娘的《劍器舞》和楊玉環擅長的《胡旋舞》都是健舞。杜甫稱讚公孫大娘的舞蹈：「舞者身手敏捷有氣場」；白居易則稱讚《胡旋舞》：「胡旋舞者立毯上，旋轉如風」，由此可知健舞的颯爽英姿。相對應的，注重腰和手臂舞蹈動作的《綠腰》則是軟舞的代表。這支舞是大唐原創，也是專門給腰肢柔軟、身形優雅的舞女獨舞準備的。美人拂袖、抬手、低頭，可以想像軟舞裡的每個動作均優雅迷人，美得讓人害怕。歌舞戲則不同於前面的舞蹈，它是有情節的。《蘭陵王入陣曲》上演了蘭陵王在戰場上的故事，強調了敘事性。與現代相比，在化妝、道具、燈光等，那時的歌舞戲除了沒有攝影和麥克風，其他地方與現代歌舞戲較為相像。

沒有舞蹈功夫，沒有舞台經驗，想要跳舞真的很困難。不用急，你在大唐照樣可以舞起來，大家一起跳「廣場舞」。大唐集體「廣場舞」名為踏歌，在這裡沒有年齡限制，更沒有性別約束，想跳就動起來。你可以和大家一起在郊外風景好的地方跳，也可以過節的時候在街上跟著跳。踏歌跟現在的廣場舞有一相同的原則，只要邊走邊跳，只要節拍打好，你就是集體踏歌舞的一員。

陶演樂俑・唐

其實踏歌也可以是送別的一種形式，不要覺得羞澀，只要你踏歌相送，相信那位被送別的人會十分感動的。比如在汪倫和李白兩個人的送行故事裡，為了給李白送行，汪倫看著李白上船，等到船快開的時候就和岸邊的人們來了一場踏歌。當李白「忽聞岸上踏歌聲」而回頭的時候，看見岸邊汪倫和眾人跳舞相送，這一幕讓李白感動至極，覺得汪倫與他的情誼一定比山高，比海深。因為無法用言語表達，所以只能以踏歌相送。如果想要了解具體情節，請見《贈汪倫》。

健舞

「健舞」是唐代按照風格特點劃分的舞蹈品種，多為單、雙人的小型表演性舞蹈。《胡旋舞》是健舞的一個重要節目，以快速、輕盈、連續旋轉的高超技藝為主要特徵。這種舞蹈在唐代風靡一時，楊貴妃、安祿山都是表演胡旋舞的好手。據說安祿山大肚垂膝，但是跳起胡旋舞來卻像風一樣敏捷、輕盈，深得唐玄宗的喜歡。此外著名的健舞還有《胡騰舞》、《柘枝舞》。軟舞以《綠腰》、《涼州》和《甘州》等為代表。

當詩人遇到士兵，當浪漫遇到現實——詩歌

無論你是什麼職業、什麼心境，在大唐都可以寫詩，那是一個詩人輩出的時代。如果你思維跳躍，想像力豐富，可以找李白或者李賀聊聊；如果你偏愛紀實風，喜歡直截了當，現實主義大師杜甫可以幫你。如果你是喜歡詩的女子，道觀是個好地方，這裡有受情傷的魚玄機、從沒跟任何人傳過緋聞的李季蘭，還有許多有學問、才華的人。大唐風光美，有青翠田園，也有黃沙漫天的大漠，當然不用愁沒詩歌素材。你能寄情於山水，也能感受一下邊城的寒冷月光。當然，寫詩需要良好的習慣，處女座的請繼續嚴格要求自己，天秤座的也可保持憂鬱的性格，然後多寫多練筆，水到渠成，有一天佳句就會來到你身邊。

大唐作詩不分職業，看和尚、道士作詩的專業水準

文人愛詩，和尚、道士還有大唐妹子們也愛詩。詩僧皎然、女道士魚玄機等非

文學專業人士也都寫得一手好詩。

以皎然為代表的詩僧，都是篤信佛教，並喜愛文學之人。雖然詩僧們的信仰相同、愛好相同，但作品風格和主題卻各不相同。皎然喜歡在和朋友分開的時候寫首詩送別，或者去看山水的時候，用詩記錄一下風景。所以皎然的詩裡常出現「雨」、「山」、「竹」、「風」、「桑麻」這類聽上去就富有情調的事物，詩的風格亦屬清淨淡雅。如果你喜愛這樣的創作風格，不妨賞析下面這首詩：

移家雖帶郭，野徑入桑麻。
近種籬邊菊，秋來未著花。
扣門無犬吠，欲去問西家。
報導山中去，歸來每日斜。

有沒有小清新的感覺？如果說皎然的詩讓你感覺彷彿一陣清風拂面的話，王梵志的詩就是突然刮過來的一陣狂風。這位詩僧不寫山水花雨，他要的是借詩講道理，在你心裡刮起開悟的旋風。比如王梵志想運用正話反說的方法，從世間習以為常的行為中求得新知，他從自己把襪子穿反說起：

梵志翻著襪，人皆道是錯。
乍可刺你眼，不可隱我腳。

全詩直接又通俗，畫面感強，畫風非常淩厲。當然，剛欣賞完清淡雅致派的詩，乍一看王梵志這種通俗詩的風格可能不太容易接受，但如此白話的詩理解起來相信更容易：襪子穿反了，你看著刺眼，但作者這樣穿卻很舒服。詩背後的道理很深刻：很多人把世界弄反了，自以為是。例如，一直貪圖虛榮，反而把穿襪子的真正效果都忘記了。我們這些天天要穿襪的人，每次穿襪大概都會想起王梵志的這個道理吧？這麼一來，詩人的佛教思想就已經滲透進你的「襪子」了。見微知著，王梵志的詩句大都如此，用的也是身邊最普通的例子，但最後卻能講出深刻的道理，這樣的詩你喜歡嗎？

其實，女道士裡面也有不少詩人。有溫庭筠的好友魚玄機，有擅長彈琴的李季蘭等人。魚玄機原本並不叫這個名字，她叫魚幼微，魚玄機是她出家後的名。魚姑娘從小喜歡文學，如果在現代肯定是中文才女。在魚姑娘情竇初開的年紀，經靈魂伴侶溫庭筠的介紹，她嫁給了一個叫李億的人做妾室。少女魚姑娘原本的婚後生活很美滿，卻受到李億正房的排擠，無奈之下做了道士。魚玄機懷著一顆少女心，不知疲倦地給老公寫詩寄信，希望能重新愛一次。但是李億卻沒有再愛一次的打算，何況正房老婆也不讓老公有這種想法。於是魚玄機的一顆少女心慢慢被磨成絕望心，她對這個叫李億的男人絕望了，她不寫什麼《寄子安》（李億字子安），她寫了一首《贈鄰女》，裡面有兩句你一定聽過：「易求無價寶，難得有心郎。」

李季蘭擅彈琴，六歲便會作詩。那時的李季蘭不叫這個名字，叫李治。看見女兒六歲作的詩，李季蘭的爸爸一點都不開心，他覺得女兒這首詩有問題，再這麼發展下去說不定就變成了「結婚狂」，於是李爸爸把閨女送到道觀，希望清靜無為的道觀能讓自家閨女矜持淡泊。李治入道觀後改名為李季蘭，一輩子沒嫁人沒戀愛。因為李季蘭從小在道觀長大，道觀是個公共場所，她認識了很多人：茶聖陸羽、詩僧皎然、隱士朱放、官員劉長卿等，最後連玄宗也認識了。想想也沒錯，會寫詩會彈琴的才女誰不傾心呢？雖然李季蘭沒有和誰傳出緋聞，但這位姑娘也是心思細膩懂感情的，比如她的詩《相思怨》：

人道海水深，不抵相思半，
海水尚有涯，相思渺無畔。
攜琴上高樓，樓虛月華滿，
彈著相思曲，弦腸一時斷。

詩是好詩，只是不知道如果李爸爸讀了這樣的詩，知道自己女兒後來的人生軌跡，會不會後悔把她送進道觀裡。

田園詩還是邊塞詩，浪漫風還是現實風

大唐詩人風格差別很大，你可以從王維的詩中體會到「詩中有畫，畫中有詩」的感覺。例如《輞川別業》中的「雨中草色綠堪染，水上桃花紅欲燃」，這種清新風格、色調對比，如果放在能根據描述產生成圖像的機器裡，出來的畫面一定非常清新脫俗。如果你想感受田園風格的作品，可以讀一讀孟浩然的《過故人莊》：「綠樹村邊合，青山郭外斜」。就像開車從城市出來，下車以後撲面而來的不是農家肥料的味道，也不用擔心掉進沼氣池，剛好能看到美麗的風景，這樣的感覺瞬間讓人心曠神怡。在田園農家吃飯也很有特色，「開軒面場圃，把酒話桑麻」，飯菜裡面沒有油膩膩的食物，多好的農家時光。

以上是山水田園詩，適合想平靜下來的人。當然，如果你志在四方，熱血報國，心懷天下，那就請看邊塞詩。這裡有倔強不屈的硬漢風：「黃沙百戰穿金甲，不破樓蘭終不還。」也有義氣鐵漢風：「報君黃金台上意，提攜玉龍為君死。」還有描述戰爭地區天氣惡劣的：「忽如一夜春風來，千樹萬樹梨花開。」如果你喜愛

這樣的天氣，想感受這樣的鐵血氣息，邊塞詩會全部滿足你。但是，邊塞詩也有憂傷的一面，比如描寫思念自家硬漢不歸的婦女，或描寫戎馬一生、身經百戰的戍邊戰士們。

看完田園邊塞，大唐還有浪漫派代表李白，以及現實派代表杜甫。李白說：桃花潭水深有千尺，黃河之水是從天上來，廬山瀑布就像銀河落九天，不多不少三千尺。如果不加任何思索，直接選擇相信李白說的話，那你的地理就沒法及格了。如果浪漫派李賀對你說：「琉璃鐘，琥珀濃，小槽酒滴真珠紅。烹龍炮鳳玉脂泣，羅屏繡幕圍香風。」缺乏想像力或者跟不上他思路的人，要怎麼跟他做朋友？戰爭年代靠書信聯繫家人，杜甫的「烽火連三月，家書抵萬金」這句詩以誇張的筆法表現出當時戰爭的慘烈，戰火不熄，家書難至。現實派白居易也直接地告訴你他的所見：「滿面塵灰煙火色，兩鬢蒼蒼十指黑。」不誇張，不比喻，純寫實，如在眼前浮現，看了之後心裡不是滋味，其中的辛酸只有嘗過它味道的人才知道。

要想寫好詩，習慣很重要

大唐的人寫詩寫得這麼好，是不是因為當時的社會和自然環境成就了他們？對於這個猜測，並非全無道理。唐朝的建立，使南北文化交流、融合；中外文化交

《杜甫詩意圖冊》（其一）．清．王時敏

此冊是王時敏根據杜甫律詩中的名句繪製的，此頁繪「含風翠壁孤雲細，背日丹楓萬木稠」詩意。用筆工穩，設色明快，皴擦點染兼用，具蒼潤濃厚中蘊清秀雅麗的藝術特色。為王時敏晚年爐火純青之作。

流，體現了高度的開放性。經濟的交流帶來必然的文化交流，包括音樂、繪畫、舞蹈、服飾、飲食、建築等各個方面。大唐人民的思想也很開放，他們信奉儒家思想，也信奉佛教、道教，這對詩歌的創作有很大的影響。其實，大唐出好詩，靠的不僅是時代背景，還靠詩人們良好的寫詩習慣，或者說是學習習慣。

學習習慣一：多寫多練

女詩人們借助寫詩談戀愛，現在的女子發簡訊說：「我想你。」大唐文藝女子薛濤寫了兩行：「花開不同賞，花落不同悲。欲問相思處，花開花落時。」這兩種表達愛意的語句，前者代表了現代人的直接，後者體現了唐代才女的婉約。

學習習慣二：認真推敲，反覆琢磨

自稱詩奴的賈島為了「鳥宿池邊樹，僧敲月下門」一句詩裡面，到底用「推」還是用「敲」犯起了選擇困難症，從此有了「推敲」這個詞。

學習習慣三：高標準，嚴要求

「語不驚人死不休」為詩聖杜甫的傳世名句，道出了杜甫詩作的特色，反映了他認真嚴謹的寫作態度。

畫中有詩與濃濃西域風情——美術文化

如果大唐的美術是一門學科，那這門學科不僅有人物畫、山水畫，還有花鳥畫。人物畫有盤點達人閻立本，也有走飄逸風的吳道子。因為畫家們對畫山水有了不一樣的想法：比如吳道子覺得山水要注重意象，簡單的黑白線條勾勒出的山水是真山水；李思訓則認為山有山的顏色，水有水的顏色，石頭也要有自己的性格。不管山水是精緻的還是簡約的，有詩意的山水畫才是最好的，所以李思訓的畫包含詩意。王維作畫家的時候一直沒忘記自己是位詩人，所以他的畫自成一派。而大唐畫裡也有西域風情，比如說作為大唐畫家，祖籍在闐國的尉遲乙僧，他有自己的獨特風格。在所有畫家都還沒搞清楚光影對物體的影響時，帶有西域風情的尉遲乙僧已經開始最簡易版的視覺效果衝擊風格了。

人物畫，仕女畫，全是大唐風采

當你看到《××仕女圖》或者《××像》的時候，這很有可能就是大唐畫家們的作品。人物畫大師閻立本好像很喜歡「盤點」，也就是算數。一般來說，畫一個人物並不能讓他滿意。所以閻立本的作品都是這樣命名的：《秦府十八學士》、《凌煙閣二十四功臣圖》、《永徽朝臣圖》、《昭陵列像圖》、《古帝王圖》。這些「盤點」類作品在大唐繪畫領域佳評如潮，就連唐太宗也非常喜歡，命閻立本繪製其征戰四方時所騎的六匹戰馬圖樣，然後雕刻於石，立於昭陵，這就是著名的「昭陵六駿」。閻立本的繪畫風格是：線條清晰，重視細節處理，讓你拿著放大鏡都找不出瑕疵。

除了畫人，大唐當時佛教盛行，畫裡自然也有佛教文化的映射。所以畫家們的畫，除了個別沒手沒腳、缺鼻子少眼睛的鬼怪以外，鬼神和人都一樣，都是一個鼻子兩只眼，還有雙手雙腳的形象，所以擅長給鬼神畫肖

《歷代帝王圖》（局部）・唐・閻立本

畫面為橫卷，是一幅歷史人物肖像畫，畫面描繪自漢至隋帝王形象。

像的畫家吳道子，亦是人物畫的代表。鬼神首選畫家吳道子的創作理念是：畫鬼要有創意，這世界上沒有相同的鬼，畫好以後必須要嚇你一跳。這位畫家在畫「人物」衣服的時候有自己的畫法，衣服褶皺、衣角和衣帶部分都經過吳氏獨門手法處理。這就是吳道子傳說中絕跡江湖的獨門武功——吳帶當風。你看蒙娜麗莎畫像時會覺得她臉上好像有笑意，看吳道子的「人物」畫像，則會產生一種迎面有微風的錯覺，因為在他的畫裡，所有人都衣袂飄飄，仙風道骨，氣度非凡。

畫人畫鬼神，大唐人物畫界還缺美麗的女人，閻立本的「盤點」全畫男人，為什麼名媛們那麼美怎麼不畫？比如名媛乘涼想心事、玩耍看風景、簪花補妝，或彈琴下棋等，這些關於仕女們的日常生活情節若是拍照下來都可以登上潮流雜誌了，怎麼能浪費？不用著急，這些美的瞬間都被仕女畫大師周昉畫在紙上了。以《簪花仕女圖》為例，周昉筆下的仕女都是體態豐滿的名媛，神態端莊，臉上畫著大唐流行的妝容，身材豐滿卻不肥胖，正好是那種皮膚白皙，身上又有點嬰兒肥的女孩子。名媛美女們身上穿的豔麗衣服，都是當季最流行的單品。她們有的逗弄著寵物，有的優雅地賞花，給人一種「盡態極妍」的感覺。雖說「盡態極妍」，但仕女的生活其實挺美好也挺無聊的。

拋開周昉的仕女圖不說，這位畫家還擅長畫神像，重點是他還很有耐心。完成神像創作的周昉把自己的作品像展覽一樣放在公共區域，任何人員都可以來觀看他的神像個人作品展。來欣賞畫作的人有的力挺周昉，有的「毒舌」評論。當遇到「毒舌評論員」的時候，周昉就拉住他，耐心地照著他的意見做修改。可能周昉開個人作品展前就想好了，每當有人提出意見，他就按照意見修改，改到沒有意見為止。就這樣，他的作品在完成後又修改了一個月的時間，真的改到再「毒舌」的評論員都找不出毛病的狀態。他作畫的態度得到廣大畫家的好評與敬佩，同時也提高了自己的繪畫水準。周昉的心裡根本沒有「藝術是少數人的認同」這一概念，他的畫真正實現了眾口能調。如果你是學設計、要經常改稿的人，周昉態度可以成為你學習的榜樣。

詩畫合一，山水極致

擅長人物的吳道子可說是大唐畫壇全才，能把人物畫得飄飄欲仙，也能把山水畫得仙氣飄飄。難道是將山水穿上衣服，讓它們衣袂飄飄的嗎？當然不是，要仙氣飄飄，就要越簡單越好。例如《神雕俠侶》裡出塵脫俗的小龍女，只穿一身白衣，多餘的顏色統統不要。畫聖吳道子的山水就是「小龍女式」的風格，他表示：山水可以不用色彩，單色墨汁就夠了。沒錯，僅僅是墨色，僅僅是寫意的畫法，就足以吸引所有人的目光。由於吳道子是宮廷畫師，所以他的創作也總是和皇帝的要求聯繫在一起，就跟命題作文差不多。比如玄宗某一天突然想看嘉陵江的風景，於是作為宮廷畫師的吳道子奉命去采風，他本應該背著畫板坐著遊船到嘉陵江兩岸開始寫生。但是吳道子什麼都沒帶，只是玩耍了一下，然後明目張膽地告訴玄宗：「沒畫，沒草圖。」千萬不要為老吳擔心，畫家的眼睛就像是全景相機，嘉陵江的山水景色已經全部印在吳道子的腦海裡了。出差回來的吳道子用一天時間，就把嘉陵江方圓三百里的風景畫了出來，此次他作畫並不是把嘉陵江的風景一模一樣畫出來，而是在大腦中提前濃縮提煉。濃縮就是精華，點滴全是風景。當然了，如果你想要靠《嘉陵江三百里山水圖》的提示去重走吳道子采風之路，還是請你打消念頭吧，拿著畫你是找不到具體景點的。

畫山水不用色彩是吳道子的風格，而與吳道子畫風相反的李思訓則喜歡用色彩來表現各種風景。在李思訓眼中，山是青色，水是綠色，這必須在畫中體現出來。煙霞是什麼顏色，山谷是什麼顏色，均能細膩地勾勒出來。你可以在李思訓的山水畫裡看到遠處縹緲朦朧的景色，也可以發現近處青色的山石和褐色的樹枝。這是大唐才有的金碧山水派畫風，也正是從李思訓這裡開始，人們腦海中才定義了「青山綠水」這個概念。小孩子也許常常會問：「媽媽，山是什麼顏色？」或者：「爸爸，石頭是什麼顏色？」如果你跟孩子說：「寶寶，山是青色的。」那完了，你要怎麼說清楚青色到底是什麼顏色呢？難道你要給孩子說：「山是青色的，青色就是山的那種顏色。」是不是覺得哪裡不對？你應該信心滿滿地拿出李思訓的畫，或者是金碧山水派的作品，然後篤定地對孩子說：「山水石頭煙霞，就是畫裡

《京畿瑞雪圖》．唐．李思訓（傳）

據考證此圖為宋人所繪，但是有明顯的李思訓金碧山水派的風格。

面這種顏色。」如果孩子好奇，你就再給孩子講講泥金、石青、石綠之類的基本顏色。由此可知，吳道子正如抽象畫派，而李思訓是寫實派。

說到了大唐山水畫，就不能不提及王維，因為他既是詩人又是畫家，他作畫講究詩畫合一。如果想學習他作畫的精髓，可以在《山水論》和《山水訣》這兩篇畫論中得到答案。不過能不能練成詩畫合一的境界，就得看自己的悟性了。說到王維你肯定不陌生，「紅豆生南國，春來發幾枝」的經典名句世人熟知。但是你知不知道他擅以山水作畫？知道他精通音律，當過太樂丞嗎？不了解也沒關係，王維交朋友不看興趣愛好，因為誰也沒他的興趣愛好廣泛。但跟王維交朋友，就不能不知道王維這一生最愛什麼。他最愛他的輞川別墅，他曾為這裡寫過《輞川別業》、《積雨輞川莊作》等

《江千雪霽圖卷》(局部)・唐・王維

在這幅畫中，整個畫面充滿了詩一般的氣氛和情調，王維這種「詩中有畫，畫中有詩」的藝術境界，乃是把詩情和畫意的表現方法糅合在一起創造出的詩人畫風。在畫的卷首有楷書「王維」二字，下有「宣和」小璽。

詩；也曾在這裡的竹里館中彈琴，然後就有了「獨坐幽篁裡，彈琴複長嘯」；他還為這裡作畫，那是一幅有山有水、有樓閣、氣質脫俗的《輞川圖》。想找王維不用滿世界跑，蹲守藍田輞川即可。有了詩畫合一大法在身的王維，還喜歡用江湖上流傳的破墨畫法，也就是：墨沒乾的時候再加入另一種墨，讓兩種墨相混合，後來的墨滲透到原來的墨，讓墨色濃淡相混合，這樣畫出來的山水就有層次變化的感覺。

綜合以上可知，大唐簡直人才濟濟，各有千秋。

大唐凹凸派，大唐花鳥細膩風

看完人物山水，還可以看看和大唐畫風不一樣的東西。來自于闐的尉遲乙僧在大唐找到了工作，他的繪畫作品有一股濃濃的西域風情。縱觀大唐本土畫家，吳道子雖然能把人的衣衫畫出飄逸感；周昉雖能把仕女的身姿勾勒出萬千儀態，山水畫雖有遠近高低的分別，但也有青山綠水層疊的表現手法，然而所有的畫都是平面的，沒有充分表現光影效果。尉遲乙僧的畫作與眾不同，他的畫自帶陰影效果和暈染技術，雖然沒有現在立體畫那麼誇張的效果，但據說看過尉遲乙僧畫作的人表示：「畫裡的人不是凸出來的嗎？怎麼走近一看是平的？」估計好奇心強一點的人，看到尉遲乙僧的畫就動手觸摸了。由於尉遲乙僧筆下的物體都給人一種凸出凹進的感覺，所以他的作品有個響亮的名字——凹凸畫，後來相似的畫風也是這個名字——凹凸風。是不是感覺這個名字有點後現代呢？

說到大唐花鳥畫，這一塊主攻的是細膩風。雖說人物山水已經占了繪畫界的大半壁江山，尉遲乙僧又吸引了不少人的目光，但薛稷和邊鸞兩位畫家從未停止他們對花鳥畫的熱愛。薛稷是花鳥類繪畫的大師，很鍾情於一種鳥。眾鳥類裡面，他只愛畫仙鶴，而且還要求自己畫高解析度的那種。仙鶴全身的羽毛顏色、仙鶴做的各種動作、仙鶴的身體比例等這些關於仙鶴的一切，包括仙鶴的性別全部都精準地被薛稷畫在紙上，就差沒把仙鶴的「心情」畫出來。邊鸞畫花鳥沒有鍾情於一物，他亦有畫常見的花朵、蔬菜、各類鳥類，還畫極為少見的孔

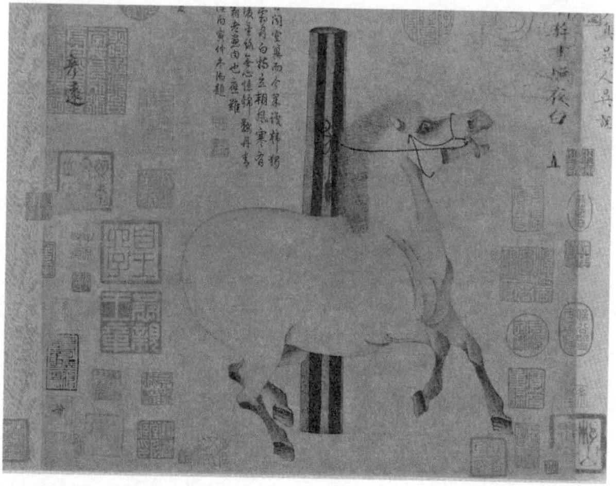

《照夜白圖》・唐・韓幹

韓幹是唐代著名畫家，畫藝較全面，善畫人物畫像，尤善畫馬，重視寫生，《照夜白圖》為其代表作。

雀。大唐沒有擬人版動畫片，所以邊鸞還無法將孔雀畫成《功夫熊貓》裡的「沈王爺」那樣，他畫的是大自然中悠閒生活的孔雀。雖然孔雀羽毛在陽光下變幻多彩，但擅長畫鳥類羽毛的邊鸞表示，對他來說要將孔雀華麗的羽毛並非難事，他可以將全部色彩躍然於紙上。

唐裝和漢服裡邊的講究——服飾

滿族有滿族的衣服，《還珠格格》裡小燕子和容嬤嬤旗頭上的那朵大花曾經是多少少女的夢想；蒙古族有蒙古族的衣服，郭靖和他的托雷安答穿的衣服，與江南七怪穿的就是不一樣；藏族有藏族的衣服，一隻袖子圍在腰間，一隻袖子套在胳膊上一直是藏族服飾的鮮明標誌。最後，漢族也有漢族的衣服，曲裾、襦裙、袍衫等都是漢服的款式。然而大唐對在它之前的漢服有了新的改動，比如添加了大袖衫等時尚新單品。正是因為有了新穎的時尚款式，讓大唐的服裝有了自己的風格特色。

聽完這些，如果你對大唐的服裝躍躍欲試，可以先從便宜的入手，找找平民基礎款，有長款和短款任君選擇。你也可以申請參觀大唐名媛的奢侈衣櫃，看看名媛們的貴族定制款，買得起可以拿來炫富，買不起也沒什麼丟臉的。最後，姑娘如果決定嫁人了，先看看自己身分證上是什麼身分，如果是平民姑娘，那你可得好好審視一下自己的嫁衣規格了。

大唐男女平民基礎款

如果你只是一介平民，就不用費心考慮官員們在各種場合的穿戴了，你要考慮的是如何買CP值最高的單品，然後穿出得體大方的感覺。首先，男女均必備的是長款版型的服裝，男生是袍衫，女生是長裙。對於平民男士而言，遇到平時面試找工作，部門開會見長官這種正式場合，袍衫這種大唐「西服」永遠是你最得體的選擇。夏天可以選購單件的長款長衫，如果你怕冷，打算提前準備冬衣的話，可以順便把長袍買好；長袍裡面你想穿幾件就穿幾件，越厚越暖和，反正有大長袍罩著。擔心穿著長袍不好自由地奔跑？沒關係，大唐平民男士基礎款還推出了方便勞動人民日常工作的缺胯袍衫。這款袍衫在胯的兩側開衩，不管你是做抬手撩衣服上馬這種耍帥動作，還是需要在幹活的時候大步走，缺胯袍衫都可以滿足你的各種大幅度動作。

而大唐民女在稍正式的場合，比如和男朋友見家長或者自己過生日等，也需要非常注重穿著。遇到這樣的場合，穿得太好顯得過於隆重，穿得不講究有失禮貌，怎麼辦呢？這種時候你需要一條長裙。作為平民，各種大唐時尚雜誌上的精緻華麗款式可能負擔不起，但想穿得時髦還是有辦法的。如果你喜歡紅色，一定要給自己買一條石榴裙。石榴裙顏色亮麗，價格也便宜，正是大唐的流行款，年輕姑娘和美貌婦人都是人手一條，穿著體面美麗大方。

雖然長款穿著好看，出門見人也顯得較為正式，但生活就是要勞動。小姑娘天天穿著長裙，男子天天穿著長袍長衫，一看就不是勞動人民常有的打扮。先不說姑娘穿的漂亮裙子走快會不會摔跤，如果穿著袍衫的小夥子天天種菜澆莊稼，難道不怕袍角沾上泥巴嗎？此時，大唐褲子閃亮登場。如果家裡人對你說，最近這幾天你就天天在地裡收菜種菜，然後再去工地搬磚攪水泥。這時候你就應該換上襦袴，或者叫褶袴，通俗地說就是短上衣和褲子。穿了褲子就方便多了，可以下地幹農活，也可以騎馬射箭，還可以飛簷走壁，皇宮裡的侍衛上班時也是穿著這個。皇家侍衛都穿襦袴，說不定你穿上也會顯得英明神武呢。對了，襦袴是男女都能穿的，買的時候別忘了家裡的另一半喔。

看看大唐貴婦名媛的衣帽間

大唐各類仕女圖已經讓很多人感到驚豔，名媛們華麗的服裝和造型讓古裝戲的劇組有點汗顏。因為名媛們平時的穿著並不是僅僅幾幅仕女圖就能代表的，要想了解這些名媛最鍾愛什麼樣的服飾，一定要去她們的衣帽間仔細看看。

安樂公主李裹兒，這位超級名媛的人生座右銘是：愛炫富，愛時尚。公主表示：「沒辦法，誰讓我出身高貴呢。」安樂公主向「記者」展示了她衣帽間裡最貴的兩條長裙，一條是花籠裙，另一條是百鳥裙。安樂公主的僕人告訴「記者」，花籠裙並非單穿，需要套在其他裙子上。花籠裙精選輕薄透氣的絲織品，布料必須具有透明質感，然後用如髮絲那麼細的金線在上面繡花，每個花紋都必須精緻。繡什麼像什麼可不行，必須繡什麼是什麼。「記者」發現，安樂公主的花籠裙上繡的是精美的花鳥圖案，配上任何一條裙子，立刻變得高貴，而且不管走到哪兒都不會撞衫。安樂公主的另一條裙子名叫百鳥裙，百鳥裙由於製作成本高昂，所以被公主鎖在百寶箱裡。不過今天，公主聽說「記者」要來，特意讓婢女把裙子拿了出來給大家開一下眼界。百鳥

中晚唐女服復原圖

此為中晚唐之際的貴族禮服，主要分為寬袖對襟衫、長裙、披帛三個部分。一般多在重要場合穿著。穿著這種禮服，髮上還簪有金翠花鈿，所以又稱「鈿釵禮衣」。

裙，顧名思義就是用鳥的羽毛做成裙子，但公主的百鳥裙可以簡簡單單地用鳥毛做嗎？公主的百鳥裙首先要挑選珍貴的禽類，找好各種鳥類的羽毛後，把羽毛與提前準備好的上等布料混織在一起，就成了百鳥裙。至於裙子的顏色，只可意會不可言傳。「記者」在房間裡看是一種顏色，拿到太陽下看又是另一種顏色，再眨眨眼歪歪脖子看，又是另外一種顏色。害「記者」以為自己患上了間歇性色盲症，這條裙子簡直是一件「寶物」。

公主都如此講究，更何況大唐貴妃呢！大唐的貴妃們對黃裙尤為喜愛，而且黃裙是有香氣的。楊貴妃那麼喜歡穿黃顏色的裙子，只要找出一條有香氣的，就說明這條裙子是用鬱金香草染的。鬱金香代表了高雅富貴，用鬱金香草這種天然染料

紫紅羅地蹙金繡裙・唐

在紫紅羅地上盤繡蹙金的山嶽、流雲紋樣，一字形腰帶上蹙繡對稱的流雲紋，整件裙子富麗堂皇，對研究唐代的服飾和刺繡具有很高的資料價值。

既能護膚又可顯現高貴華美。作為大唐美麗的代言人，玉環妹妹果然在美的道路上一直沒有止步。

重要場合，女生怎麼穿著？

作為一個大唐姑娘，不論地位高低，你人生中最重要的時刻就是嫁人了。但是身分不同的姑娘們，嫁人所穿的衣服也是不一樣的。平民姑娘結婚穿花釵禮衣，如果你父親或是未來的丈夫為六品以下的官員，那麼你的婚禮服裝要比平民姑娘特別一點，你得穿袖子更寬大版的花釵禮衣。如果你爸爸是五品以上的官員，比如當朝正一品，那你嫁人時穿得又不一樣了，要穿花釵翟衣。也就是說，你穿的嫁衣要比剛才那些新娘子華麗一些，因為你的衣服上都有鳥類花紋。如果你嫌太花俏，你就得修正你的審美觀，這可是大唐有一定地位的女人才能穿的「千鳥格」花紋，普通人家想買也無法。它代表的是身分地位，可不是多幾條花紋這麼簡單。

對於已經嫁人的女生來說，如果家裡孩子做上高官，你需要出席重要場合。例如你兒子當了五品官，那你就是正五品的內命婦。等到你行冊封禮的日子，你就要穿花釵翟衣出席受冊封禮。另外，除了冊封以外，還有其他事要做。比如朝見皇帝、過年過節皇帝請大家吃飯、皇后組織各種活動等，這些活動你都必須出席。但場合勢必要分清楚，如果是一年一次的儀式性典禮或者聚餐，那你還是要穿花釵翟衣，因為是你這個身分中最高級別的禮服了。如果是皇后辦個中等範圍的宴會，叫上內外命婦一起玩之類的，那你得穿鈿釵禮衣。先別抱怨這衣服的規矩太過繁瑣，畢竟，就算是玩一玩，話一話家常，要到皇宮裡總歸還是得穿得隆重一點。

到皇宮了，是不是發現皇后穿得和大家都不一樣？那當然，作為大唐最高統治者的女人，皇后嫁人的時候穿的可是大唐最高規格的褘衣。褘衣長什麼樣？第一印象：深青色的「千鳥格」圖案。第二印象：沒見過頭上戴這麼多首飾，而且皇后頭上的飾品很重，所以做皇后得頂著莫大的「壓力」。不只嫁人的時候要穿，皇后與皇帝一起祭天祭祖祭大地時更要穿。每逢重大日子，早早就要起來穿褘衣了。一層一層套好，蔽膝、革帶、玉佩這些都戴好，跟著皇帝動起來！皇后平時也要見見客人，和他們說說話吃吃飯，做些第一夫人必須做的事。諸如參加這類並不隆重的活動，皇后大可不必那麼早起來穿衣梳頭，穿鈿釵禮衣就可以。所以，相比於皇后的服裝規格，一般的貴婦們穿的衣服已經算是非常簡便的了。

命婦

泛稱受有封號的婦女，享有各種儀節上的待遇。唐朝後宮命婦有明確的地位，四夫人：貴妃、淑妃、德妃、賢妃（正一品）；九嬪：昭儀、昭容、昭媛、修儀、修容、修媛、充儀、充容、充媛（正二品）；二十七世婦：婕妤九人（正三品）、美人九人（正四品）、才人九人（正五品）；八十一禦妻：寶林二十七人（正六品）、御女二十七人（正七品）、采女二十七人（正八品）。

吃點好的很有必要——主食文化

民以食為天，所有食物以主食為先，如果主食吃得好，一頓飯的任務也就完成得差不多了。如果你是堅持不吃主食的人，大唐可能不利於你的生存，因為這裡沒有乳清蛋白，更沒有那麼多雞胸肉和鴨胸肉。最重要的是，餓了想到市場買點食物墊肚子，你會發現市場裡賣的是又大又香的餅、熱熱乎乎的湯餅，你想吃個小資的下午茶根本不實際。如果你去朋友家做客，主人留你吃飯你一定要答應，因為說不定他家就有香噴噴的米飯和魚可吃呢。就算沒有魚配米飯，他可能會炒幾個新鮮時蔬，配上好吃的菰米飯，也是味覺的享受。所以，在大唐，麵食還是主流，米飯待客才會派上用場。

大唐麵餅，上班族學生黨的第一選擇

長安人每頓飯的主食多半是餅，小小一團麵可以放在鍋裡蒸，也可以放在爐子裡烤，反正在吃貨的眼裡怎麼做都好吃。早晨上班途中，你會看見有人推著餐車賣熱氣騰騰的饅頭，不過在大唐這個不叫饅頭，唐人稱它為蒸餅。嘗一口蒸餅，你就會發現它的味道與饅頭不同。這是因為做蒸餅的麵糰中加入了豬油，所以口感比饅頭好，仔細品嘗還有香味，上班前吃一個蒸餅，可以保持整個上午充滿活力。在以胖為美的時代本應該彰顯吃貨的個性，但如果你是政府官員，買了蒸餅記得拿回家再吃。據說有官員下班的時候在路邊買了個蒸餅，他沒能把持住手中的美味，邊走邊吃，或許是他早上根本沒來得及吃早飯。總之這位官員在路上把蒸餅吃了，然後他的行為被御史台判定為有失禮儀。大唐御史台工作人員一致表示，他的這種行為影響了政府官員的光輝形象，導致他受到皇帝的處罰。作為一個公務員，在路上吃個餅都會被皇帝罵，所以對於隨時都有可能被告狀的官員來說，上下班途中見到蒸餅，還是要收斂你的吃貨本色為好。

蒸餅雖好，但對害怕吃太多豬油而發胖的女生們來說，絕對是一種想吃又吃不了的憂傷。儘管大唐是豐滿女人的天堂，但你要真的那麼怕胖或不喜歡油膩食物的話，就別勉強自己吃蒸餅啦，你可以嘗一嘗胡餅。胡餅的上面只刷了一層油，就放到烤餅的爐子裡烤，烤好後皮都是脆脆的，還有麵糰和油混合的香味，吃的時候最好咬一大口，這樣你能同時享受餅上的芝麻、酥脆的麵皮，還有餅的自然麵香。三種口感混合的滋味比炸雞有感覺，而且不會變胖。想吃肉或菜的人可以買有餡的胡餅，不過這個應該是大號的胡餅。有錢人家平時想吃，卻只做一張餅。別小瞧這一張，裡面包裹了足足一斤的羊肉呢。做出來的餅能供好幾個人一同享用，如果想吃得優雅，建議自帶刀叉等餐具，放在盤子裡一塊塊切著吃。羊肉混著花椒還有豆豉的味道，再加上烤至金黃酥脆的餅，嘖嘖，想想都饞人。

如果你對蒸餅和胡餅都不感興趣，大唐還是有辦法滿足你的，這裡還有煎餅。煎餅到底有多好吃，問問段維晚就知道。這位段同學高考的時候提了一大袋煎餅進考場，監考老師用怪異的眼神看著他，段同學說：「不吃這個沒靈感。」還好段同學參加的考試是律賦科，他吃了八張煎餅，靈感來了八次，幫助他完成了五言八韻的詩歌體裁「作文」。

花樣麵食・唐

由於地理原因，這些麵食保存完好。出土的餃子，為小麥麵質，形如月牙。儘管餃子已被嚴重鈣化，整體顏色發黑，堅硬如石，但外形相當完整，上面的花邊清楚可見。同時出土的還有形狀像月餅的糕點、餛飩等麵食。可以説，從長安到西域，在唐代麵食已經成為人們食物的主流。

米飯裡好像有不一樣的東西混進去了

麵食雖好，但天天吃餅難免單調，有時候也要換換口味。如果你家附近產水稻，那你可以吃上米飯了。吃貨們忍不住要提示：「看炊紅米煮白魚，夜向雞鳴店家宿」，還有「早炊香稻待鱸鱠，南渚未明尋釣翁」。不管詩裡面說的「晚上住哪」，或者「白天天還沒亮就××」這些事情，吃貨傳遞的意思只有吃貨才能明白：鮮魚和米飯是最好的搭配（紅米指的是糙米，吃了可以減肥美容）。請自動想像，吃完米飯還能喝口魚湯，喝到見碗底的時候，還有魚肉渣和米粒混在一起，一口喝下去，真是回味無窮。

除了香噴噴的稻米，在大唐吃米飯，還可以吃到不一樣的。例如黃米飯、粟米飯和菰米飯。關於黃米飯的成語「黃粱一夢」就

彩繪女子做麵食俑・唐

是一組寫實性很強的小型彩繪泥俑，均為女僕的形貌，正在進行磨製麵粉、擀麵等活動，極其生動傳神。

是從大唐開始的，吃不到稻米，試試黃米飯吧。根據「黃粱美夢」的提示，各大旅店應該都有出售黃米飯才是。如果你到旅店指名要吃這裡的黃米飯，但旅店主人說：「黃粱賣完了，只有粟米。」這時你要毫不猶豫地告訴店主人，粟米飯也要。這是體驗民間疾苦的大好時機，吃不起稻米的人都吃這個。但如果你覺得自己基本上代表了民間疾苦，就不用費心吃粟米體驗了，這時你可以找菰米飯嘗一嘗。菰米飯可是經過名人親自認證的。杜甫認為菰米飯很香，很想念那個味道；王維則表示菰米飯配上竹筍一類的清香型蔬菜正合他的口味。據說文青都愛菰米飯，客人來了用它招待對方，也顯得自己友好熱情。不過菰米是野生食品，得親自到水裡採摘，如果運氣不好，收穫的數量很少，很難湊夠一頓飯，只能把菰米和其他糧食混在一起做成米飯了。正因為難撿，如果你去做客吃到了菰米飯，就說明主人把你奉為上賓。

吃太快當心噎著，試試湯麵和粥

餅是乾的，米飯配魚湯也不是天天都吃得到。但主食都是乾的，不怕噎著嗎？當然不是，大唐湯餅也是相當受歡迎的。別看湯餅名字帶「餅」字，其實它跟餅一點關係也沒有，就是麵條或者麵片。湯餅在大唐有好多種名字，比如不托、索餅、水引等，去飯館點菜的時候請記住這些名字，每種名字都有不一樣的做法，例如切出來的麵、揪出來的麵，或者捏成形的麵等各式各樣的麵。

另外，如果你的家人最近過生日，可得抓緊時間自己學會做湯餅，等到生日那天做給壽星吃。大唐人過生日都吃這個，連皇帝也不例外。吃過生日湯餅的玄宗，就一直記著在岳父家吃過的湯餅。就在王皇后的老公打算廢了自己的皇后之位時，王皇后開始了一段「憶苦思甜」：「陛下獨不念阿忠脫紫半臂易斗麵，為生日湯餅邪？」阿忠不是別人，正是玄宗的岳父。這位岳父在那些艱苦時光裡，為了讓生日時的玄宗吃一頓湯餅，把自己的衣服拿去換麵了，可見岳父大人對女婿的感情之深。玄宗聽到王皇后的提醒，確實想起了當年自己過生日時的一碗湯餅，帝憫然動容。

除了湯餅，大唐首創的冷麵你也不能錯過。在大唐這個被稱為冷淘，就是把煮沸的麵放在冷水裡冰一下，再放到碗裡吃就無需大汗淋漓了。要做冷淘，和麵的時候你要採一些新鮮的嫩槐樹葉，把葉子榨汁倒進麵粉裡，如此一來，和好的麵就是綠色的。等到熱氣騰騰的麵放到涼水裡冰過以後，綠色的麵在碗裡拌著調料吃感覺特別清爽。夏天來一碗槐葉冷淘，伴著杜甫的《槐葉冷淘》，真是優雅文藝。

吃膩了各種湯餅，又不想吃麵餅，沒關係，來碗粥吧。大唐的粥有清粥，也有和各種食物混合煮出來的粥，比如茗粥、楊花粥、桃花粥等，聽上去是不是感覺很浪漫？其中的楊花粥和桃花粥可在寒食節吃到，而要喝茗粥就得跟僧人或者文字工作者們要，他們把茗粥當咖啡來喝。一般如果家裡有病人，你可煮粥給他們喝，一來粥好消化，二來你可以在粥裡放一些藥材。比如煮粥的時候加防風草可以清熱散寒，感冒的人趁熱喝了之後，讓他躺在床上出汗，療效很不錯。

唐朝宴會規矩多，皇帝「請客」別錯過——宴請文化

作為今後要立足官場、一心一意走仕途的人，從考試放榜到得知自己考中後，你的人際關係就開始一點一點地建立起來了。同時，你的形象和口碑也變得比以前更加重要。剛到官場，對什麼都不熟悉可不是你交不到朋友的藉口。中了進士，皇上請客你不參加，新官上任的你不和同屆官員們打好關係，遇到升官之類的好事你不請朋友恩人吃飯，這些都是初入職場的新人們之大忌。就算你不想一鳴驚人，只想做個安靜的九品官，也要了解大唐宴會，參加的時候才能完美應對。畢竟多長見識、多學習，以後才有進步的空間。

《春宴圖》(局部)．宋．無款

此圖據考證應是宋人摹本，基本上保持了唐代風格，尤其是人物衣冠服飾唐人痕跡明顯，可以看出唐人宴會的盛大場景。

聽說你中進士了？

考試當時你就覺得異常順利，文思如泉湧，下筆如有神。果不其然，成績放榜後，你真的考中了進士。別光顧著高興，考中進士之後你還有兩件大事要做：其一是好好準備吏部的關試，其二是好好準備參加聞喜宴。

聞喜宴是什麼？就是請你去吃「大餐」。皇帝為了表示他對進士的重視，特意出錢請新進士們吃飯。皇帝出錢，全部由官方承辦，你要做的就是學會宴會禮儀，大大方方地上桌吃飯。聞喜宴的地點大多在曲江池邊，這裡風景優美，是辦宴席的好地方。在宴會上，皇帝會賜予每位進士紅綾餅餤，拆開吃的時候要把外面包的紅綾給拿掉。這紅綾是取吉祥之意，尋常之人可吃不得，吃過紅綾餅餤就是參加過聞喜宴的象徵，進士盧延讓寫過這樣的詩句：「莫欺零落殘牙齒，曾吃紅綾餅餤來。」雖然他已年邁，可他曾參加過聞喜宴，也曾是一位光榮的進士。

談到進士，怎麼沒聽過顏真卿、王維這些大唐著名進士們談過聞喜宴呢？因為大概到了唐朝後期，進士們才有了歡慶宴會的福利，在這之前的聞喜宴上，皇帝可從沒說過這是由他和大唐政府出錢請大家吃的飯，正所謂時也運也。

聽說你過了關試？

參加一場聞喜宴千萬不要驕傲，還有吏部的關試等著你呢。想想有多少英雄無法通過吏部面試，考一次過不了，還得考第二次，甚至第三次。要是你確信自己比李商隱、韓愈這些人的應試素質還要高，祖上三代和各類親屬在官場上也都沒有政敵的話，你可以不用準備，直接到吏部面試的會議室現場發揮，讓大家感受一下你橫溢的才華。如果你順利通過了關試，一路順暢，吏部負責人和皇帝會一致同意給你個官做。那麼在這之前，請把手伸進腰包，掏些份子錢出來，和同批入職的未來同事們舉辦一場宴會共同慶祝一下。

宴會是為了慶祝大家順利通過關試，所以宴會的名字就叫關宴，宴會仍是在風景秀麗的曲江池畔舉行，具體地點在曲江的杏園，因此這個宴會又叫曲江遊宴或杏園宴。從得知自己考中進士後，你應該參加過各種宴會，但關宴是在聞喜宴以後的一場大型集體宴會，也是最後一次同屆考生們的聚會了。所以，前面的零星小聚會你可以不重視，但對於關宴，你必須要表現出相當的重視度。畢竟，關宴一散，就各自當官去了，此時不打好關係，以後也沒機會了。去參加關宴之前，得好好「打扮」一下。第一，衣服必須穿一件特別好的；第二，買「車」，如果是走路去的話，會顯得身分不夠尊貴；第三，帶好自己的隨從，既能顯示自己的身分，也能在需要幫助的時候喚他出來。

關試之後，所有人都知道自己今後的去向；在參加關宴的人員中，有的會留在長安工作，有的人被分配到其他地區。這樣一來，原本一起考試、一起面試的人就要分開了，所以關宴也帶著離別的感覺，有人把關宴當成離宴。如果你和某位一

關試

關試舉行的時間一般在春天，故又稱「春關」。「關試」考試的內容為：身、言、書、判。具體就是考察考生的體貌、言辭、楷書、批審公文四項內容。四項皆合格，可以授予官職，謂之「注官」。然後把全體考試合格者集中起來，當眾點名授職，謂之「唱官」。

同考試的人建立了友情，你們相識已久，有共同的興趣愛好、相同的政治抱負，以後一定要多聯繫。如果他以後不在長安工作，而你因為考試成績好，吏部決定將你留在長安做個校書郎，這時該怎麼辦呢？那就趁著關宴好好各自道別，說不定你以後可以去他那地出差或遊玩。

不管今後要在什麼地方工作，不管未來你和你的朋友有沒

《宮樂圖》・唐・無款

本幅內容描繪後宮女眷十人，圍坐於長方大桌的四周，有的飲茶，也有人正在行酒令；上方四人，分別吹彈篳篥、琵琶、古箏與笙，替這一場宴飲的人助興。畫上雖無作者名款，但人物各個體態豐腴，髮髻衣飾的畫法，皆符合唐代女性的審美風尚。此圖上的餐具和人物的動作，反映了唐代宮中宴飲的實景。

有機會再見面，大家都是找到好工作的人，因此關宴的主題還是以慶祝多些，大家借此機會多相互了解。新官會聚一堂，由於參加關宴的人員數量大，身分也尊貴，所以舉辦這場宴會還是需要花費很多精力的。還好長安有專門的進士團。進士團不是進士們聚在一起的社團，而是專門為士子們服務的機構。他們可以把錄取通知書寄給你，也可在你中榜後幫你宣傳，還能為你打理各種應酬。總之一句話，只要中了進士，便可享受的服務。進士團承辦各種科舉考試後的宴會，所以關宴也是他們著重準備的一個宴會之一。

升官啦？請客請客

談到大唐宴會不能不提燒尾宴，這名字是不是有點奇怪？其實關於「燒尾」可是有很多說法的，相傳在鯉魚躍龍門之後，天上的天火會把鯉魚尾巴燒掉，鯉魚就化成了龍。看到這個說法你應該猜到燒尾宴是在什麼情況下舉辦的了吧？如果你是新官上任或者升官，都可以辦燒尾宴，宴請好友、恩師、上司。

燒尾宴是五大名宴之一，這可是和滿漢全席、孔府宴相提並論的宴會，宴會菜品一定很不錯。幸虧韋巨源升官辦燒尾宴的時候留下了一份，不然誰知道宴會的實況。看看新任韋尚書的燒尾宴都有哪些菜色？（由於菜名基本和實物無關，所以後面自帶解說）：

客人就座，聊天喝茶的時候先吃一些甜點。

單籠金乳酥（金色加奶的小蒸餅，放在小蒸籠裡單獨蒸好，再連蒸籠一起端上桌）

曼陀樣夾餅（做得和曼陀羅果子一模一樣的烤餅）

巨勝奴（麵粉裡加蜜糖做成的饊子，寒食節必備食物）

婆羅門輕高麵（有點兒像千層糕的蒸餅）

貴妃紅（類似老婆餅，是一種酥餅）

水晶龍鳳糕（比你皮膚還白嫩晶瑩的糯米糕，上面有龍鳳的圖案，好看又好吃）

長生粥（花生、糯米和大米熬成的甜粥，甜甜香香、滋味好不過這畢竟不是王母娘娘的蟠桃宴，喝了也沒法長生不老）

甜雪（跟雪其實沒關係，麵是白的，湯是甜的，所以名曰甜雪）

餓了吧？主菜上桌，有湯有菜，當心燙嘴。

光明蝦炙（鮮活的大蝦用明火烤製而成）

白龍曜（這是一道肉菜，取豬里脊肉若干，用打豬排的方式，一下一下地打到一定程度後，才開始烹調）

雪嬰兒（用田雞肉做的一種菜）

仙人臠（鮮奶燉雞肉，極具創新的美味）

五牲盤（羊肉、兔肉、牛肉、熊肉、鹿肉的刺身拼盤）

品嘗了這麼多美味，你已經飽了？然而這只是個開頭，只是個別菜品。

大部分的菜品講究色香味俱全，還有一些只能看不能吃的菜。如素蒸音聲部：用麵做成了七十二名音聲人，有的穿著舞衣正在做旋轉動作，有的正把袖子垂下跳舞，還有的端坐在一邊撫琴擊鼓，那架勢就像用麵捏出了一個宮廷表演情節般，每個人的臉上都刻畫出不同的表情，有的陶醉，有的愉悅。此情此景，我們不得不感歎古代廚師的高超技藝，不只是廚師，更是藝術家。

言傳身教標準高，成才路上彎路少——子女教育

爸爸有文化，爺爺有文化，甚至曾爺爺、太爺爺都有文化，這家庭培養出的孩子肯定氣度不凡。即使只看他的爸爸和爺爺那張充滿文化氣息的臉，便能瞧出書香氣質。但是只靠家裡人的言傳身教可不行，只有上過大學，才知道人外有人，天外有天。在大唐無需出國留學，因為大唐就是當時文化最發達的國家之一。國子監辦學嚴謹，匯集全大唐最優秀、最強大的精英教師團隊，有無數知名校友，培養出數名政界新貴。就算你不打算在國子監作知名學者，只想認識幾位留學生，跟幾名高官子弟談談人生，那待過國子監也不枉自己是個讀書人。但是國子監不是你想進就能進的，沒有好背景，哪能進得去。就算有不錯的家庭背景，也需要合適的入學年齡，要知道，國子監招收的都是清一色的「小鮮肉」。

言傳身教，高標準嚴要求的爸爸們

官家子弟的父輩都有見識，他們有時間、有精力對孩子進行系統的教育。當商人忙著搞外貿、談生意的時候，官員可以安穩地在家陪孩子。當牧童騎著牛走在路上，給別人指杏花村方向的時候，另一個同年齡的孩子可能已經在爸爸和爺爺的影響下作詩作畫。相比那些詩禮簪纓之家的孩子，平民出身的孩子還是老老實實地回家賣湯餅吧，已經輸在起跑線上了。

那些名門望族雖然文化程度很高，但教育孩子的重點卻是從孩子的思想品德開始。高標準的爸爸們全天二十四小時、假日無休，兢兢業業地給孩子上堂「素質課」。例如大唐軍事專家李晟，儘管女兒已經嫁出去了，也沒有停止對孩子的教育，一定要讓女兒跟親家母處好關系。某日女兒正給他祝壽，他一聽到親家母生病，便讓女兒馬上回去照顧婆婆。李晟是個對女兒要求嚴格的父親，也是嚴於律己之人。女兒雖然回去了，但並非第一時間趕回去，李晟覺得這是不能忍受的，於是親自登門道歉。李晟對女兒「未能及時回來盡孝」表達了深深的歉意，並承認是自己的教育問題。李晟教給女兒的人生道理是：要像孝敬親生父母那般孝敬公公婆婆。

不知道女兒走後，李晟對著一桌酒席會不會寂寞。但李晟好歹有一桌酒席，而柳公權一家卻連一桌像樣的酒菜都吃不著，一餐只有一盤菜。是因為柳公權家裡窮嗎？不是，是因為柳公權的哥哥說了，小時候功課差沒肉吃，所以長大後，孩子們也必須謹記以前的苦日子，不能有錢就得意忘形。這樣的教育方法對柳公權一家都挺有效果的，柳家的孩子為了吃上好菜好飯，努力學習，立志當上大官。哥哥柳公綽教給兒子、孫子的是：吃太好容易忘了苦日子，有飯吃的時候餐食也要和沒飯吃的時候一樣，不好好學習沒肉吃。有了這樣的教育方式，還愁孩子不成材嗎？

想讓孩子接受最好的教育，不是一件容易的事

在唐代，如果祖輩父輩在朝為官，很容易為後代贏得進入國子監學習的機會。下面兩位學子的面試對話便道出了玄機。

甲：「我三歲能作詩，五歲通曉百家，十歲打敗我縣文化名人，現在已經是炙手可熱的少年神童。」

乙：「我爺爺是國公。」

甲：「我能把諸子散文倒背如流，古今詩文你可以隨便考我，沒有我不會的。」

乙：「我爺爺是國公。」

面試官：「別廢話，簡單地說一下祖上三代人的工作單位。」

甲：「父母在我生下來就……」

面試官：「父母是做啥的？家裡三代有沒有入仕經歷？」

甲：「三代貧農。」

乙：「我爺爺是國公。」

面試官：「乙同學去辦入學手續吧，住宿三餐全包，校園卡拿好。」

甲：「我哪裡不優秀？我哪裡不如他？他從面試到現在就只會說一句話！」

面試官：「他爺爺是國公……下一位，簡單地說一下你父親和爺爺的工作經歷。」

一句「我爺爺是國公」就能輕鬆入學，究竟是為什麼？面試官好像並不在意甲強調的才華和身世，他一直在問的都是學生父輩的情況。難道面試官收賄了？其實，這一切都是因為國子監的入學要求。

國子監的入學要求是大唐最「特殊」的，想看看它是怎麼「特殊」法，要先知道國子監的專業分類。國子監是分專業的，最引人注意的專業是國子學和太學；他們不收平民學生。人家臉上已經寫了「貴族學校」的字樣，平民們還是不要想太多了。想進入國子學，要麼你是國公的兒子或孫子，或者是三品以上官員家的子孫，再或者你是二品以上官員的曾孫也行。也就是說，家裡沒大官就無法在國子監深造。如果進不了國子監，進入太學行不行？那你得保證自己是五品以上官員的子孫，即爺爺或爸爸做過郡縣公也可以，或曾祖父以前是三品以上的官員也可以。總之，不論你是不是一表人才，只要家裡爺爺或父親爭氣，你就可以在最好的學校裡面學習到最好的專業。

不是人人都有個當大官的爹，如果你父親官居六品，辦不了國子學和太學的入學手續，但只要官居七品以上，你就可以進四門學。若你父親官居八品，那還可以從剩下的學科中隨意挑選，其中包含有：律學、書學、算學。像甲同學這樣三代貧農的家庭，除非他考中科舉的俊士科，否則縱使他才富五車，他這輩子也別想進國子監。

要進國子監，你還得是「小鮮肉」

前面提到的甲同學透過不懈地努力終於考上了俊士，這一年他二十六歲，完成娶妻生子。得知自己考中俊士的甲同學眼中閃著淚光，他永遠也忘不了多年前受的打擊，並以此鞭策自己。他握著俊士考試合格證書，望著長安國子監的方向，久久不能平靜。第二天甲同學別了妻兒，把自己的俊士身分證明貼在裡衣放好，便動身前往長安。

可是甲同學在國子監求學的願望還是無法實現，因為他今年二十六歲，已經不算「小鮮肉」了。國子監是個只收「小鮮肉」和官宦子弟的學堂。如果你仍是二十五歲以下，請深吸一口氣，你還有機會進入律學學習。如果你依舊年輕，正處於十六歲的花樣年華，那麼想進律學你還得再等兩年。律學只招收正處於青春躁動時期，十八至二十五歲的青年。所有國子監的科目中，除了律學，其他幾個學院對學生的年齡要求都一樣，他們要求學生的年齡必須比律學的學生還要小。不想等兩年才進律學的同學們其實有更多選擇，只要你願意，只要你父親官位夠，國子學、太學、四門學、書學還有算學這些專業你都可以選。

但請注意了，不要把剛滿六歲的小朋友帶到國子監，雖然你官位夠高，但國子監可不是小學學堂，孩子住宿吃飯得自立。不管你家孩子多聰明，多有文化，都要等到他年滿十四歲才能進國子監。如果你覺得自家娃娃十歲便完全可以接受國子學的課程，不好意思，您可以進大明宮左拐左拐再左拐，找皇帝說說去。

《五經正義》

唐太宗即位後，大力提倡教育，擴充學校，興辦國子學，增加生員名額，並抬高孔子的地位；置弘文館，招納天下名儒為學官，四方學者雲集京師，乃至高句麗、百濟、新羅、高昌、吐蕃都遣子弟到長安求學，國子監生徒達八千多人。唐太宗以儒經「文字多訛謬」，不利於學生學習，令顏師古考訂《周易》、《尚書》、《毛詩》、《禮記》和《春秋左氏傳》五經經文，並頒布全國，成為官方統一的學校教材。後來唐太宗深感儒家師說多門，章句繁雜，給科舉取士帶來了諸多的不便。為了解釋經義的統一，唐太宗命國子祭酒孔穎達與諸儒撰定五經義疏，名曰《五經正義》。

樂棋書畫舞與律令詩詞及刺繡——女性文化

大唐女人平時在家看什麼？她們不看言情小說也不看心靈雞湯，她們看的都是經典文學，比如《詩三百》、《史記》、《禮記》等。難道每個大唐姑娘都要把自己往文豪的方向培養嗎？也不是，其實姑娘們都是往溫良恭儉的方向發展，平時也會讀一些《列女傳》、《女誡》之類的「女性經典讀物」。當然，像《孝經》這些講人間道理的書籍也是姑娘們的不二之選，畢竟做一個知書達理的姑娘，方方面面都得注意。如果你不喜歡看書，是個動手能力較強的女子，那學學音樂、舞蹈也很好，或者畫一幅畫都是平時在家打發時間的好辦法。如果你想要做一些能獲益的事情，女紅會是你不錯的選擇，刺繡、搗練、養蠶等工作會充實你在大唐生活的每一天。

知書達理的大唐妹子的書單

想要做一個有知識、有教養的大唐妹子，不僅要多讀書，還要會讀書。讀書很有講究，除了讀如傳統的儒家經典文學、字帖、詩詞樂譜等，還要讀《女誡》、《女則》、《女訓》和當時新編的《女孝經》等女性讀物。想做一個知書達理的大唐妹子，下面書單裡的書你至少要讀完百分之八十。

《禮記》

一部大唐男女必讀的百科全書，內容廣泛，知識豐富。你可以從中了解歷史政治，也能感受哲學和宗教的神祕，領略文藝的魅力。更重要的是《禮記》培養讀者要有「不斷提高自我修養」的

《女孝經》圖卷（局部）・宋・馬和之

內容在闡述孝道真義及各種女性的禮儀規範。原有十八章，畫卷僅存其半，採一圖一文的裝裱形式。

意識，讓人受益終生。

《詩經》

知書達理代表了有文化、懂禮儀。其中，最淺顯、基本的表現就是說話得體。《詩經》就是這樣一本能夠在閱讀中改變你語言風格的書，書中有優美的語言，也有動人的故事。這不是枯燥無味、只會介紹「說話之道」的書，而是真正在你讀後，發現自己的氣質已經由內而外地發生了改變。用文藝的話來說，《詩經》能滌蕩心靈，讓你的雙眼變得更清澈，讓你的氣質談吐變得更優雅。簡單地說，想提升氣質的女孩必讀。

《論語》

雖說這本書只是孔子和學生們的聊天紀錄，但畢竟孔子不是普通人，所以聊天紀錄相當有價值。如果你覺得自己文化程度不算高，你可以從《論語》開始讀起，如果你已經讀過很多書，《論語》也絕對是你不可缺少的讀物，因為你每一次看，都會有不一樣的收穫。無論你是什麼文化程度，小學、高中還是大學，沒看過《論語》，在大唐就不算有文化的女生。

《孝經》

光有無懈可擊的談吐和文化，不能算是一個十全十美的姑娘。要做一個知書達理的妹子，就要知道什麼是道德，並且毫不猶豫地做有道德的事，這是心靈美的重要部分。想讀與道德相關的書，你不用看名為《道德經》的哲學書，得讀最簡單的《孝經》。《孝經》代表了大唐和整個古代的普世道德觀念，不看不行，如果你不看，爸媽會生氣的。

《漢書》與《史記》

太宗李世民曾言：「以史為鏡，可以知興替。」想把自己變得更知性的姑娘請看這裡，《漢書》語言略難，但堅持讀下來，對你的寫作水準絕對有益處。《史記》相比於《漢書》，其語言簡單明瞭。不過書裡面名句也多，只要平時看書的時候多摘抄多積累，那你不僅能懂點歷史，語言水準也能在看過《詩經》之後又有一次質上面的飛躍。

《女誡》

這是一本專門為女孩寫的書，由第一位女性歷史學家班昭完成，是大唐受過教育的姑娘們最好的讀物。如果你總被身邊的朋友們叫做女漢子，《女誡》是你不錯的選擇。《女誡》以女性的視角，教你如何待人接物，如何處理人際關係。據調查，看過這本書的姑娘都很溫柔，很通情達理。

《女則》

喜歡長孫皇后的姑娘們不要錯過《女則》，不喜歡枯燥無聊講道理式的書籍，也請來看看。這本書貼近大唐，是長孫皇后就過往女子的言行發表自己的見解。想成為「長孫皇后一樣的女人」的姑娘們可得細細研讀了。

《女訓》

這本書時刻提醒姑娘們，表面上的光鮮亮麗不如內心的光明美麗。長得不漂亮的姑娘看《女訓》，會明白「內心美才是真的美」，不過你肯定不承認自己被歸類於長得不漂亮的這一類；而長得漂亮的姑娘們也不要太過注重外貌，畢竟沒有內涵的美女都被稱為「花瓶」。如果你想給書架上的《女訓》加個腰封，可以寫上一句「心靈美才是至美」。

《列女傳》

聽別人的故事、看別人的行為，和過自己的人生。《列女傳》是一本通過看故事學道理的書，裡面有傳奇女性，也有反面教材。如果你只是想輕輕鬆鬆用一個下午翻幾頁書的話，《列女傳》是一個很好的選擇。

其實除了看書，大唐妹妹平時也會樂器、書法、作詩、畫畫，還會跳舞，所以想做個知書達理的大唐女人，你要學的東西還很多呢，抓緊時間看書吧。

看書太多傷眼睛，老老實實在家做女紅

對於大唐心靈手巧的女孩們來說，縫衣織布這些都太簡單，能掌握大唐首創的幾種新型刺繡針法才是會刺繡的表現。比如平繡、打點繡等等。如果你學膩了琴棋書畫，學學刺繡也很有必要，不要說自己會十字繡，這裡的繡法可比十字繡的技術難多了。

但是，女紅不僅僅只是刺繡這一項，只會刺繡的姑娘也不是真正會做女紅的姑娘。大唐是一個吃穿要靠自己動手的時代，想有刺繡的材料，先要明白絲綢之類的東西是從哪裡來的，絲綢是姑娘用織布機一點一點地織出來的。那你知道女性最隆重的大典是什麼嗎？圍棋鬥草？皇帝選妃？這些涉及的人員都不夠廣泛，而且都有男性參與其中，不算是全女性參與的最高規格典禮。注意聽，真正全女性參與的隆

刺繡《釋迦如來說法圖》・唐

刺繡的底布採用白色的平織絹布，方法除了佛的螺髮與台座、諸菩薩的寶飾與衣紋、十大弟子持物等的一部分採用呈粒狀的「相良繡」以外，其他部分均採用「鎖繡」技法，以螺旋撚的線繡成。諸尊及人物以外的空間也都以鎖線的菱形紋樣填滿，因此，只有從繡線脫落的極少部分才能窺見底布，由此可見唐代高超的刺繡手法和製作工藝。

重大典是先蠶禮。

先蠶，中國古代神話傳說中教民育蠶之神，人們稱她「嫘祖娘娘」。正是這位娘娘發現了可愛蠶寶寶能吐絲，吐出的絲能做衣服，姑娘們才慢慢開始養蠶寶寶。先蠶禮就是為祭祀「嫘祖娘娘」所設的典禮，是全女性的最高規格大典。假如你是一名大唐的公主，那麼請在每年春季（陰曆三月）提前準備好最隆重的衣服。因為每年這個時候皇后都要主持先蠶禮，到時候所有命婦，還有太子妃等有身分、有誥命的夫人都會出現在典禮中，然後大家跟蠶寶寶進行親密互動。為什麼要召開這麼高規格的祭祀大典，然後要求所有身分尊貴的女人都要穿著隆重的禮服？因為養蠶這件事很重要，祭祀代表了養蠶人對未來收穫的美好希冀。設想一下，沒有蠶寶寶就沒有蠶絲，沒有蠶絲就沒有絲綢，沒有絲綢的大唐還是大唐嗎？

知道養蠶的重要性還不夠，你還要了解如何縫製一件衣服。放心，這裡沒有服裝設計師幫你上裁縫課，而且縫衣服這個步驟可是做衣服的後續步驟，真要想「從原料到生產加工環節」都自己動手做的話，還要對布料做一些加工。拿最普通的絹布來說，要想讓絹布變得柔軟親膚，並非倒入大量衣物柔軟精，而是要用大棍子搗絹布。純手工、純敲打，只有「挨過揍」的絹布，才能變得柔軟。絹布變柔軟了，但也已經被打得不像絹布的樣子了，然後縫好穿在身上，皺巴巴地真是對不起大唐觀眾了，還是趕緊熨平了吧！大唐雖然沒有電熨斗，但還是有「蒸汽熨斗」。準備好放上炭火的鐵熨斗、噴上水的絹布就可以開始了。在熨燙時，先把絹攤平，然後拿著簡易版蒸汽熨斗，用熱氣讓絹布變得平整即可。是不是覺得不夠清楚？借畫家張萱的《搗練圖》來看看，別在意畫上的姑娘穿得比你美，人家是貴族。貴族也要做女紅嗎？當然啦，業餘愛好總會有一些的。

第六章

唐朝好風尚，娛樂風俗「高大上」

大唐的魅力不只是在於她的風華，更在於她的韻味，這些韻味藏在筆墨之中，也端坐在馬背之上。能喝酒，會品茶，能吟詩，會騎射，大唐的每一天似乎都充滿了不同的風情。就像是一位神祕仕女，有時會露出面紗下的唇角，對你嫣然一笑，盡顯萬種風情；有時又會挑起細長的眉毛，充滿挑釁地激發你百般豪情。

武將宣威沙漠，文臣馳譽廟堂——文武合一

大唐是個文武並重的朝代。在這時，做一介武夫照樣可以考科舉、舉重、射箭、騎馬，只要你技藝超群，一定會有你帶兵打仗的機會。但是補充一句，太過瘦小的不要。所以那些從小立志帶兵騎馬打仗，做威武大將軍的孩子們，一定要好好讓身體強壯長大，否則過不了「形體關」，哭都來不及。

那些文武雙全的人才

大唐的單純文人和百分之百的武術愛好者，在文武雙全的人面前，都會感覺自己好像缺少點什麼似的，所幸這樣文武雙全的天才不算多，李勣算是文武雙全的翹楚。

李勣原名徐世勣，是大唐開國功臣之一，他的文武雙全主要應用於日常工作中。在武術方面，李勣的劍術如何？真的只有問他自己了，因為誰也沒聽說過他的

劍術水準。但劍術水準並不能代表武力值，畢竟大俠應該要為國為民。李勣重視實戰，在征戰高句麗和東突厥期間，武力值當之無愧稱得上是一代名將。在文學方面，李勣也沒有留下什麼詩，但同樣道理，判斷一個人的文學造詣，不能只局限在看這個人有沒有寫詩。李勣可是參加過大型藥典《新修本草》的編撰工作，而且在工作期間，他的身分是眾多主編中的一位。由此可知，是位能臣。

另外一位文武雙全的人才湊巧也姓李，他是大唐的另一位開國功臣李靖。李靖的兒子可不是金吒、木吒和哪吒，那位是在天上托塔的，這位是在大唐打仗的。作為大唐名將，李靖參加並指揮過多場戰役。但其實李靖的文學水準，體現在他的著作中，不是寫詩，不是寫普通題材文章，而是寫軍事主題的文章——《李衛公兵法》、《唐太宗與李靖問對》等。學習兵法軍事的同學們，如果你在李靖之後學這個專業，很不幸地告訴你，你要學習的內容因為他的出現，又多了好多。

從今天開始，習武之人也有科舉

從武則天皇帝開始，習武之人也和吟詩作賦的儒生們一樣，可以參加科舉考試了。如果你力大無比，能抱著自家的胖老婆原地轉三圈然後飛奔起來；如果你騎術已經出神入化，在馬上能射箭，而且百發百中；如果你的箭術達到百步穿楊的地

武舉制度

中國歷史上的武舉制度創始於唐代。武舉的興盛是明清兩代，特別是在清代。明朝武舉創制甚早，但制度一直沒有確定下來。清代情況大不相同，重視程度大大超過明代。加上國家大力提倡，制度日益嚴密，錄取相對公正。因此，民間習武者對武舉考試趨之若鶩。

歷史上的武舉開始於武則天執政時期，由兵部主持，考試科目有馬射、步射、平射、馬槍、負重、摔跤等。此外對考生相貌亦有要求，要「軀幹雄偉、可以為將帥者」。

步，或看見天上飛的蒼蠅也能輕鬆地一箭射穿，還等什麼呢？快點報名參加武舉考試吧，這麼出色的人才不當大將真是太可惜了。

什麼，你的偶像是蘭陵王？你渴望做一個表面文質彬彬的公子，實際上是勇猛如虎的男人？等等，這狀態雖然能在戰場上騙過敵人，但考試的時候可無法騙過考官。你面若桃花，身姿柔弱地往前一站，看見你的考官就已經在「印象分」那一欄默默地畫了個零。難道大唐也是個看臉的時代？也不是，考官們其實是這樣考量的：武舉考試出來的人將來是要帶兵的，若選一個看似柔柔弱弱的小個子，且派去當將領，士兵們會不服的。另外，如此身形的將領就算能讓手下折服，但打仗的時候，敵方一見大唐的將領這麼不威武，皇帝的面子根本掛不住。更何況，與大唐開戰的國家，個個長得高大勇猛，比如彪悍的東突厥和西突厥。所以，做什麼要像什麼。

你問蘭陵王這樣長得似女人一樣的將領為什麼能脫穎而出？想想看，蘭陵王姓什麼？蘭陵王家的皇帝姓什麼？都姓高，所以他是為自己家親戚打仗，他是皇帝看著長大的，跟你參加武舉的性質完全不一樣。

廟堂之上的典範——魏徵

愛打獵、愛小動物的太宗皇帝，也有窘迫的一瞬間。事情要從皇帝新到手的一隻鷂子說起。鷂子又叫雀鷹，比一般的小鳥威武雄壯、英氣逼人，卻沒有老鷹那麼犀利不可愛，

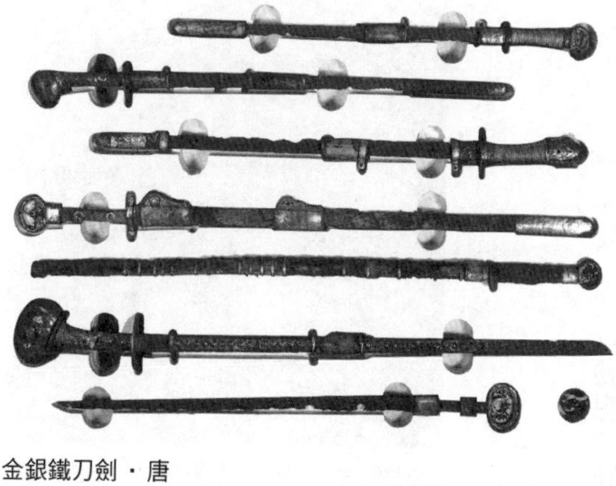

金銀鐵刀劍・唐

正好符合太宗皇帝對自己的氣質定位。當然，太宗皇帝的新寵也非常聽話，皇帝一伸手，鷂子就乖乖落在皇帝的手臂上，皇帝再一揚手，鷂子就撲著翅膀展翅高飛，太宗皇帝幸福地沉浸在「馴服兇猛卻可愛的老鷹」的錯覺裡。唐太宗和鷂子玩得正歡，突然聽說魏徵來找他，他和鷂子對視了三秒鐘，迅速把鷂子塞到了懷裡。難道太宗皇帝的這只鷂子是偷魏徵家的？皇帝不至於那麼無聊，他只是想英明地避開魏徵的長篇「建議」罷了。

《帝鑒圖說》之唐太宗敬賢懷鷂・明・無款

若是魏徵進門，看見自己手抓鷂子坐在那裡，他要說什麼都被太宗自動想像好了，魏徵肯定會先從玩樂使人喪失意志開始，然後摻雜著最近緊張的朝政和有待進一步提高的人民生活水準，最後自己為了表示對魏徵的贊同，這鷂子從此以後就不再是那個能在自己手臂上停留的鷂子了。念及此，太宗皇帝選擇把鷂子塞到懷裡，等魏徵走了，他還能跟鷂子繼續玩耍。但是，太宗皇帝忘了一件事：自己懷裡的氧氣可能不太夠。於是魏徵在一邊說著朝政人民，鷂子在太宗懷裡無聲地撲騰。如果鴿子會說話，那牠一定會說：「魏徵，先別聊大唐人民生活水準，你讓你家皇帝快點把我放出去，我要被悶死了。」

但是鴿子不會說話，最終，這只可憐的小鳥成為有史以來，第一個死在皇帝懷裡的鴿子。

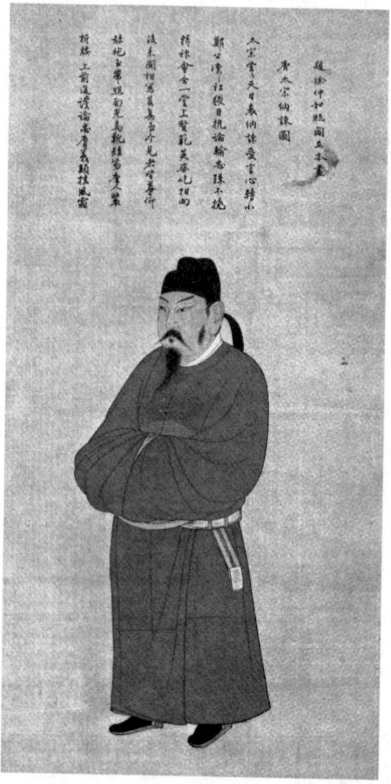

《臨閻立本唐太宗納諫圖》・宋・徐仲和

在大唐，酒要能喝，茶要會喝——飲酒品茶

和朋友聚會喝酒，先要懂一點大唐喝酒的禮儀。首先，不會要求你說多漂亮的祝酒詞，也不需要你準備多好的節目。如果你坐在一邊喝酒時，看見人們把酒倒在地上，或者看見別人給你端酒的時候把手指伸進酒杯裡蘸了一下，請你不要大驚小怪，要知道這在大唐是很正常的。

而那些喜歡喝茶的，請注意場合，別端個茶杯一下子跑出去邀個清風，一下子又來醉明月，大唐正常人絕對不做這件事。當然了，大唐的酒也分檔次，有中、高、低三種；低檔酒你可以自己喝，中檔酒找杜甫喝，高檔酒找李白喝。沒想過李白原來這麼有錢吧？他就是過著有錢人的生活，卻操著詩人的心，有著俠客的情。在大唐想喝茶，不用到處尋找，直奔陸羽而去，包你不會失望。

喝酒要知道禮儀，喝茶要注意環境

宴會上和朋友們一起喝酒，如果你看見朋友把酒灑在地上，你說一句：「喝不下了？不許偷倒酒，罰酒罰酒。」然後你就會感受到來自四面八方的怪異目光射向你。把酒灑在地上這個動作並不是為了少喝幾杯，仔細想想，是不是覺得這個動作有點眼熟？電視劇裡總會出現的一個場景：一個人滿臉滄桑地拿著一壺酒，在一座墳前或跪或坐，然後這人四十五度角憂傷望天，說一些天人永隔之類的話以後，來一句總結：「來喝酒！」然後就見他先把一壺酒倒在地上，說一句：「我敬你！」然後再拿一壺自己喝。這時候音樂響起，鏡頭拉遠，一陣蕭瑟秋風，一人一墳。又或者你看過這樣的場景，有個瀟灑的男人隨意坐在台階上，一隻腳曲在身前。一輪明月，一個浪子。只見男子衣袂飄飄，姿態瀟灑，執酒壺的手對著明月，然後手一低，把半壺酒都倒在地上後，自己或豪放或優雅地喝起來。沒錯，這幾種情形你可以在大唐各種需要喝酒的場合中見到，只不過人人在喝酒前都會把酒倒在地上，到底是苦情還是瀟灑，就要看具體的場合和喝酒人的心情了。

所以你要先接受每次「把酒敬大地」的喝酒禮儀，再學習另外一種禮儀。當然，精彩的在後面。事先聲明，如果你有嚴重潔癖，就請忍忍，免得你不再跟人喝酒。朋友幾人在一起喝酒，這時候，一位朋友起身說：「很高興見到你，敬你一

杯。」這麼有官方腔調的朋友實屬難得，趕緊謝過吧。你伸出雙手要接他遞給你的酒杯，但他好像還不急著給你。只見他把自己的手指放在酒杯裡蘸了一下，是的，你沒有看錯，他還大大方方地沾了一下呢。為什麼？這也是敬酒的一種禮儀，杜牧說得好：「為君蘸甲十分飲。」在大唐，朋友請你再多喝一杯的時候可不會說「好事成雙」、「五福臨門」之類的祝酒詞，他們會把指甲蘸上酒，給你喝他們的「指甲酒」。不要糾結他有沒有洗手，這裡面就算有細菌，那也是滿滿的「情誼菌」，喝吧。

其實和朋友們在一起，除了喝酒，有時候還會喝茶。李白晚上睡不著時會在花間獨酌，讓天上一輪月陪著自己，還能喝出三個人的感覺來，儘管寂寞卻相當風雅。但如果你家裡沒有酒，想在花間喝杯茶，找月亮談談心的話，在唐朝人的眼裡這是不對的。雖說在花間做什麼事情都風雅，但在大唐人眼裡，喝茶需要一個清淨的環境。在客廳、書房或者姑娘的臥室都可以，但如果跑到院子裡對著月亮喝，就顯得不夠清淨了。酒瀟灑，茶清淨。花間喝酒這種事情，李白做得瀟灑又寂寞，但你問問他，覺得花間喝壺茶算是文雅嗎？估計李白會說「正常人不做這事」。所

《五王醉歸圖》・元・任仁發

五王指的是尚未即位的臨淄王李隆基、宋王李成器、申王李成義、岐王李范、薛王李業。五位兄弟感情和睦，常聚在一起宴飲、鬥雞、擊球或打獵。而後因玄宗顧忌兄弟干政，將四兄弟分散到地方，最終招致岐王產生謀逆之心。

以，要喝茶請先找好地方。

酒價大不同，李白喝的都是好酒

在大唐，錢多或者錢少，都能把自己喝醉，就算沒錢，你還可以賒帳。作為大唐窮人，你可以嘗嘗普通人家自己釀的酒。當然，一分價錢一分貨，就不要嫌棄上面的漂浮物了，只要閉眼喝下去還是酒的味道就行。更何況價錢還便宜，一杯酒只要你三文錢。包管喝夠、喝飽，渴了饞了千萬不要客氣。

若你受夠了廉價酒，想要喝點好的。別急，長安好酒多，不會找就跟著李白走，只要帶夠酒錢就行。李白喝的正是「金樽清酒」。「金樽清酒斗十千」就是說這種酒一斗售價十千錢，千萬別往地上倒，這可是好酒，還用金杯裝的，能不貴嗎？只是喝酒先澆地的時候，估計會心痛。如果沒錢喝這麼貴的酒，你還有兩條路可以走，一條是繼續跟著李白，另一條轉而投奔杜甫。難道

唐代的酒店

唐代的酒店稱為「酒肆」、「酒樓」、「酒家」等，分布在城鄉各地。酒店招徠客人的傳統方式是懸掛酒旗。皮日休《酒旗》：「青幟闊數尺，懸於往來道，多為風所颺，時見酒名號」記載了唐代酒旗的尺寸、顏色和寫有本店所賣的酒的名號之習俗。

酒店吸引客人的另外一個方式就是選用妙齡女子賣酒，「錦里多佳人，當壚自沽酒」說的便是這種情景。

李白比杜甫有錢？我想是李白豁出去了，「五花馬，千金裘，呼兒將出換美酒」，這還不夠，他還要「解我紫綺裘，且換金陵酒」。你顫抖著問他錢花完了，以後怎麼辦？——「天生我材必有用，千金散盡還復來。」明白沒有？原本還指望李白有積蓄，還不如跟他一起痛痛快快把一斗十千錢的酒喝個飽，說不定一覺醒來真的就變有錢了。

醉了總會醒，跟著李白喝酒，有了上頓就沒下頓，就算有好東西也被拿去換酒了，是不是沒有安全感了？那你就走第二條路吧，跟十千錢一斗的高檔酒說再見，帶著自己的積蓄去找杜甫吧。杜甫正在點餐呢，「速宜相就飲一鬥，恰有三百青銅錢。」杜甫要的酒比李白便宜多了，你摸了摸口袋，默默算了一下，帶的錢還夠自己喝兩回，真不錯，跟著杜甫喝中檔酒才符合自己的性格以及經濟實力。

聽陸羽說說茶道和名茶

說到茶，就不能不談茶聖陸羽。這位研究了一輩子茶的人，留下的《茶經》已足夠別人喝一輩子，在大唐不聽聽陸羽親口講茶道就是白來了。下面講座開始，茶聖陸羽今天要講一個具有大唐特色的煎茶法，快拿你的小本子出來記。

其實茶道這麼講究的一件事，從燒水開始，就要慎重對待了。燒水的時候，請你注意觀察，當水開始冒泡的時候，這是第一次水沸騰。陸羽說了，第一次水沸冒出的氣泡就像魚眼睛那般大小就行了。緊接著水又沸騰了，這次水溫更高，就像小噴泉一樣不停地啵啵啵。拿個勺把水舀出來一些，但是不要倒掉，等一下還要用。舀出水後，拿雙竹筷（陸羽原話是要用竹筴，而且陸老師上課特地說了：「竹筴或以桃、柳、蒲、葵木為之，或以柿心木為之，長一尺，銀裹兩頭」，但時間有限，做竹筴肯定來不及了，就用竹筷代替一下）攪動一下，然後把準備好的茶末放入水裡，繼續用筷子攪動。沸水配上茶末，浮上來的叫做湯花。請注意，現在把剛才舀出來的水重新加進去，你會看到越來越多的茶末浮上來。對，就是這樣，趁著水再次沸騰前關火。很好，茶已經煎好，而且可以分到每個人的杯子裡了。意外發生怎麼辦？剛才加水已有湯花，因為浮上來太好看了，你居然發呆了一下子，那現在水沸了沒有？水沒沸騰的話還能喝。如果等你回神的時候，水已經再次沸騰，也就是說，水前前後後沸騰了三次，你的茶就白煎了，味道已經不是煎茶的味道了，只能倒掉。又試了試，終於把茶煎好了，坐下來嘗一嘗。

現在陸羽老師的茶道課結束，下面一邊喝茶一邊簡單總結一下大唐都有哪些名茶：

陽羡茶：味道醇厚，產自江蘇宜興，陸羽老師說陽羨紫筍茶超級香，用了「芳香冠世」四個字，皇帝專屬，至

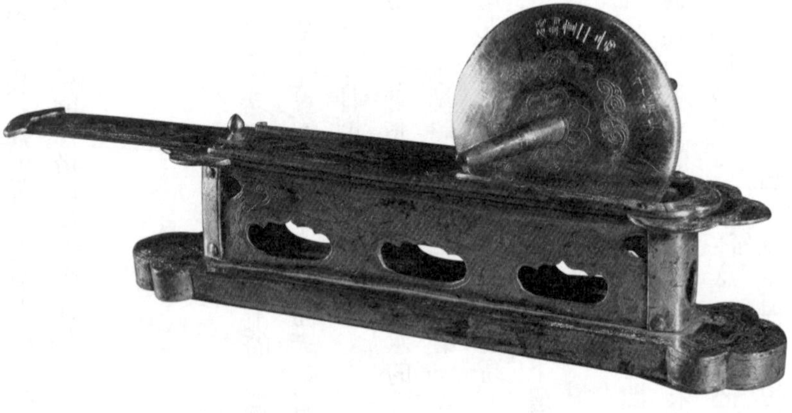

鎏鴻雁流雲紋銀茶碾子・唐

唐代飲茶之風盛行，有一整套程序，如烹煮、點茶、碾羅、貯茶、貯鹽等。圖為法門寺地宮出土的唐人碾茶用的銀碾子。

尊獨享。請細看，茶湯是清亮的，茶色是青翠的，茶味是清香的。

蒙頂茶：這是有故事的茶，它來自四川蒙頂山上。傳說山上的雲霧是仙女留下的白紗，能讓蒙頂山的茶樹茁壯成長。這是一種具有奇特功效的茶，據說喝過以後能延年益壽，是仙茶。只是，不知道是王母的蟠桃厲害還是這仙茶厲害，不過仙茶能抗癌倒是真的。

仙人掌茶：創始於唐代玉泉寺，它外形扁平似掌指，色澤翠綠，白毫披露，由此得名「仙人掌茶」。

一年假日近百天，獨一無二，熱鬧非凡——假日習俗

以官員的假期為標準，大唐的假期加起來，將近有一百天。想想都令人興奮，那麼多假期，大家一般都做些什麼呢？用一個詞高度概括就是：吃喝玩樂。具體的情況是這樣的：春天踏青郊遊看風景，期待豔遇、期待邂逅；秋天長假搞聚會，重陽登高野餐喝酒賞菊，寫詩的人借景發揮即興賦詩，做文章的人借景抒情下筆成章，秋天意境這麼好，就該做一些文人該做的風雅之事；冬至放假陪家人，祭祖聚會各種人際交往不能少。別嫌麻煩，大唐生活就是這麼豐富多彩。

春天裡百花香，踏青碰見好姑娘

春天到了，長安的花都開了，皇帝在春天裡請官員們賞花吃飯。文人們想了想：官員能聚，我們為什麼不能聚？姑娘們想了想：男生都能出去邊吃邊玩，我們宅在家整整一個冬季，為什麼不能出去玩？於是長安、洛陽，各大城鎮的人都出動

了，在春天這個萬物生長的季節，有的人踏青，有的人喝酒，有的人請客，有的人就有了豔遇。

杜甫在春天裡寫下的《麗人行》，讓美麗的好風景做了詩的開頭——「三月三日天氣新，長安水邊多麗人。」不管杜甫是否發自內心地讚美春日郊遊的情景，但「長安水邊多麗人」這個事實是無法被忽略的。長安，貌美如花的姑娘在花團錦

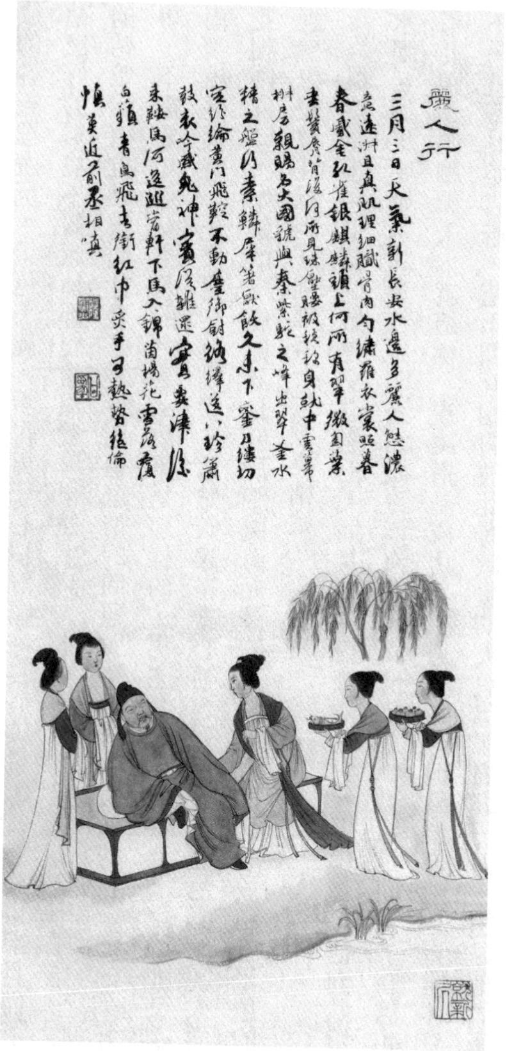

《麗人行》詩意圖・現代・陸儼少

簇的春天裡遊玩，景色美麗，看得男子心情舒暢。良辰美景，賞心樂事都具備了。這麼好的環境不談感情都覺得浪費。果然，詩人崔護就在這樣的情境下碰見了心動的姑娘。這位姑娘叫什麼？不要問這麼俗的問題，這種心動又無法在一起的美好故事，不需要知道女主角的名字。故事是這樣的，男主角崔護清明踏青，當他走到城南一處莊園時，正碰見一位姑娘。這姑娘讓崔護心動，只因為她氣色好，「人面桃花相映紅」，姑娘的皮膚應該是紅潤細膩有光澤的那種，否則醉心於踏青景色的崔護，怎麼會注意到莊園裡有一位漂亮姑娘？

據說崔護和這個姑娘是交談過的，而且他的搭訕切入點找得不錯，他向姑娘要水喝。如果姑娘不同意，說明這姑娘冷漠沒有人文情懷；如果姑娘同意，崔護也能借此跟姑娘聊聊天。就這樣，崔護搭訕成功。相遇美好，但終須告別。崔護休息一下，就跟姑娘告辭，這兩個互相對彼此有感覺的人只見了對方一面，這是他們第一次見面，也是最後一次見面。第二年，崔護故地重遊，希望再見姑娘一面，然而等待他的卻是「人面不知何處去，桃花依舊笑春風」。崔護看著桃花，不知道為什麼，他覺得今年的桃花開得不如去年那樣好看了。

重陽登高插茱萸，看有沒有少一人

重陽節到了，按照大唐官員的標準放假時間，重陽放假三天，加上授衣假期十五天，可以來狂歡吧，長假誕生。重陽節大家都在幹什麼？人們自有去處。比如你問李白，他會扔給你一個酒壺，然後說一句：「昨日登高罷，今朝再舉觴。」如果你問王維，他會備感憂傷地說：「遙知兄弟登高處，遍插茱萸少一人。」安慰過王維以後，你才知道重陽節原來是要登高插茱萸的。其實，重陽節的活動不止這些。其中之一是，人們登高遊玩時，要把茱萸折下戴在頭上。當然了，如果你覺得頭上插草不美觀的話，就讓老婆做個香囊，把茱萸放進香囊裡，在大唐裡有個傳說：重陽節身邊帶著茱萸能辟邪。

重陽節到了，帶上酒，帶些好吃的東西，再叫上幾個家人朋友，大家登山遊玩，餓了、累了就坐下來開始野餐。席地而坐，有美麗的風景，有和自己關係親密的人們，這就是一場大唐的野宴。其實宴會中光是悶頭吃東西、喝酒多沒意思，出來玩最重要的就是開心，大家心情放鬆，能作詩的快作詩，能寫文章的自動地把文章寫出來，大家吃飽喝足還能談文學，聊人生，愜意十足。

洪州的滕王閣上，一群過重陽的文人、官員登高聚在一起，重陽期間，王勃提筆寫《滕王閣序》說，滕王閣上「勝友如雲」、「高朋滿座」。還說從滕王閣向外望去，風景很美，「落霞與孤鶩齊飛，秋水共長天一色」。此句一出，奠定了王勃的千古文壇地位。當然，不在洪州的朋友們也不要沮喪，如果你在長安，想登高可以選擇大雁塔，遊玩可以選擇曲江池；如果你身在洛陽，遊玩可以驅車直接前往樂游原，登高可以去各大山中的寺廟等。無論你在哪裡，在重陽想登高都有地方可去。

其實，除了喝酒、宴會、插茱萸、登高以外，重陽節你還要做一件事——賞菊。秋天到了，如果你沒有勇氣學王勃一口氣寫那麼長一篇文章的話，可以在重陽節一邊看著各色的菊花，一邊為美麗的菊花作一首詩。白居易在重陽放假期間，有感於秋色之壯美、秋菊之瑰麗，在此情此景之下寫了這首詩：

滿園花菊鬱金黃，
中有孤叢色似霜。
還似今朝歌酒席，
白頭翁入少年場。

冬至天冷宅在家

在大唐，度過豔遇滿滿的春天，經過有長假的秋天，一轉眼冬至到了。說到冬至，皇帝表示，他要和皇后忙起來了。忙著在大明宮舉行祭天大禮，接受官員和友好鄰邦們的朝賀。祭祀最多就是一天的工夫，但準備環節卻很複雜，比如要準備祭

《白居易吟詩圖》・現代・王西京

祀的物品、熟悉祭祀的禮儀和流程、思想祭祀時要說什麼話等等。祭祀是大事，所以朝賀也需要皇帝端端正正坐著，聽前來朝賀的人說一些好聽且吉祥的話語，然後自己也說一些吉祥話，為國家祈福。所以快過冬至了，皇帝也快忙瘋了。不過這些都是皇帝陛下要操心的事情，我們作為平民老百姓，冬至天氣這麼冷，乖乖在家就可以了。冬至當天，全體放假，要辦離婚的、要告御狀的、要交辭職報告的，統統回家。因為今天放假，官府不上班。要出門進貨的、要趁著放假出去旅遊的，還是推遲幾日吧。

想想也是，家裡多暖和，不僅有熱氣騰騰的飯菜，還有暖和的床榻。杜甫以「年年至日長為客，忽忽窮愁泥殺人」道出了自己多年來作客他鄉漂泊無依的愁苦，對比之下，我們已經很幸福了。在這裡提醒一下，如果你見到杜甫可千萬記住，別跟他說「昨天家裡做了什麼好吃的」或者「冬至那天親朋相聚過節」之類的話。老杜實在太可憐了，你怎麼忍心在他面前這樣大張旗鼓地秀幸福。

當然，成功宅在家的人也不要長睡不醒。冬至到了，按照大唐的習俗，你要祭拜祖先，然後和家裡人聚在一起吃飯。冬至在大唐人眼中是一個大型節日，地位相當於元旦和寒食節，不是一頓飯就能打發的。所以冬至當天，記得早早起床，和大家一起慶祝節日，準備好送人的禮物。

百官遊宴

在唐代，官員不用顧忌在假期喝酒遊玩有傷風化，因為政務之餘，朝廷是鼓勵官員「任追遊宴樂」的。玄宗時曾下過《許百官遊宴詔》，「自今後，非惟旬休及節假，百官等曹務無事之後，任追遊宴樂」，也就是不止節假，平時只要該忙的事忙完了，想怎麼樂怎麼樂。甚至，官員們還被鼓勵「每旬暇日尋勝地宴樂，仍賜錢」，這出遊的盤纏、帳篷、酒食開支都由財政報銷。唐德宗時，每逢重要節假日，「自宰相至各省奏事官員，各得賜錢五百貫文至一百貫文不等，朝廷委派度支於每節前五日支付，永為常式」，「過節費」已形成定例。

專題：「高富帥」與「白富美」們的聚會遊戲

作為大唐的「高富帥」，他們的聚會沒有豪車、沒有炫富，那和朋友們聚會要怎麼玩才合適呢？朋友一起吃飯喝酒，沒有娛樂、沒有遊戲多無聊。別急，這裡為你準備了幾款酒桌上的小遊戲，簡單易學而且好玩。

擊鼓傳花

這種遊戲在大唐的名字是「抛打令」。可以抛球；害怕球亂飛的，可以去外面折一枝花來回傳。遊戲規則是，音樂不停，傳花不止；音樂停下的時候，花或球在誰懷裡，誰就喝酒。

遊戲說明：抛打令比擊鼓傳花的陣容要豪華。遊戲一定要配有音樂，大唐都是真人演奏。所以玩這個遊戲，必須要準備好一支演奏樂隊才行。陣容最豪華的抛打令還要一邊有音樂，一邊有姑娘翩翩起舞，玩的人一邊緊張地傳花或抛球，一邊還能欣賞曼妙的舞姿，聚會喝酒能有這種享受，實乃「高富帥」必備酒宴節目。

對詩

如果事先沒有申請演奏樂隊，大家在酒桌上就開始發揮自己的聰明才智，一起複習一下語文課上過的押韻排比好了。語文不好的同學也別急著開溜，其實遊戲很簡單。拿《遊仙窟》裡面的酒令舉個例子，張生、五嫂、十娘三人坐在一桌喝酒，五嫂定下酒令的遊戲規則：必須取《詩經》裡的句子，而且句子必須跟情感有關。於是三個人開始說了，十娘最先開始，她說的是「關關雎鳩，在河之洲，窈窕淑女，君子好逑」。接下來是張生說，他說：「南有喬木，不可休思，漢有遊女，不可求思。」張生和十娘說得是《詩經》裡的句子，而且都和愛情有關，因此順利過關了。遊戲不難，這下你知道背課文的好處了吧？

如果，在座的都是文人，有可能會有人出個繞口令讓你急中生智地對一個出來，或者有人要求句子最後一定要有樂器名字，又或者是詩文的第一個字必須跟數字有關等等。反正只有你做不到的，沒有出題者想不到的，大家的目的是開心，多喝幾杯沒什麼。

趣味自我介紹

不喜歡對詩，覺得沒意思？那試試這個趣味性強的自我介紹。老少皆宜，氣氛濃烈，而且，人越多越好玩。不僅如此，還能幫助大家互相了解。具體怎麼介紹，就看出題的人如何要求大家了，如果出題的人題目出得好，肯定相當好玩。比如李隆基參加過的一場宴會就特別有意思，有人提議說要自報門第和官位品級。李隆基此時還不是皇帝，他參加的是一群官家子弟的郊外宴會，誰也不知道李隆基將來是皇帝，甚至都不知道他家裡是做什麼的，遊戲就這樣開始了，如果此時是白居易，他大概會這樣說：「曾祖鞏縣令，父徐州別駕，翰林學士白居易。」這樣的介紹放在一群官家子弟裡面並不顯眼，大家聽聽就算了。但實際的宴會沒有白居易，有的是李隆基，這位註定不平凡的青年要怎麼介紹自己呢？聽他一段自我介紹：「曾祖天子，父相王，臨淄王李隆基。」出席宴會的官家

版畫《遊仙窟》・清

子弟都被嚇傻了。

如果中宗李顯出席宴會，建議他出一道這樣的酒令：每個人介紹一下自己和父母、子侄和弟弟的職業。等大家都說完以後，自己滿臉得意地開口：「父天子（高宗李治），母天子（女帝武則天），兒子天子（少帝李崇茂），侄子天子（玄宗李隆基），弟弟天子（睿宗李旦），天子李顯。」多麼前無古人後無來者的自我介紹啊！比較下，和李隆基一起喝酒的那幫公子受到的驚嚇還不夠。不過自己侄子李隆基當皇帝的時候，李顯已經死了。

擲骰子

還有一種遊戲，不用你組織語言，不用你浪費腦力想問題，喝不喝酒、受不受罰全憑運氣，這就是人見人愛的擲骰子。到底是骰子點數大的喝酒，還是骰子點數小的喝酒，全憑事先定好的規矩。遊戲時你可以拿出一個骰子和大家一起玩，也可以拿一把骰子來，全憑個人愛好。

所以，不要以為文人才子們都玩對詩或者擊鼓傳花這些遊戲，他們也愛擲骰子。白居易喝酒的時候和別人玩過，劉禹錫也玩過，李白玩得更是忘形，不只如此，杜牧和他的朋友們還跟美貌的姑娘們一起玩，由此可知，擲骰子雖然簡單沒技術含量，但趣味性不減。所以，如果你的聚會裡都是一些「沉悶的怪胎」，就趕緊亮出骰子來，說不定可以調動整個聚會的氣氛。

來一場時髦的馬上運動

「白富美」的聚會不比妝容和男朋友送的禮物，而是痛痛快快地打場馬球。馬球是上層社會的休閒運動，貴族男女都愛，姑娘們聚在一起還能比賽。但仔細想想，做個「白富美」也挺不容易的，如果你的姐妹們平時都喜歡打馬球，你沒有強健的體魄，怎能跟大家玩在一起？念及此，是不是下定決心，想從今天開始鍛鍊身體？那就先看看打馬球要準備些什麼吧。

第一，選擇硬體設施齊全的場地練習很重要。

打馬球又叫擊鞠，你可以粗略理解為馬上的高爾夫球。既然是馬上運動，那麼你首先得有一匹好馬，如果嫌馬太快不

彩繪打馬球俑・唐

安全，可以要求把馬換成驢，當然騎馬要比騎驢帥多了。有了坐騎，接下來要挑選好的球和球杆，大唐的球是用木頭做的，所以一定要選擇好的木材，堅固耐摔還有彈性。所使用的球，表面要光滑好看，一般都是用紅色漆刷過的，這樣打球的時候容易辨認。因為木材好，而且製作工藝複雜（球是中空的），所以不算入養馬的費用，光是一顆球就不便宜，這大概也是馬球為貴族運動的原因之一吧。選好球，接下來就是要準備你自己的武器——擊球杆。擊球杆的長度和形狀都是已經做好的，到運動物品專賣店能看見超長的木頭杆子，杆子一頭被雕成月牙形狀。這時，你的一套裝備都齊全了，只等你換上運動裝，就可以上場打球了。

場地也很重要，打馬球的場地一定要夠大，地要夠平整，這樣你的坐騎跑起來才方便。如果今天打馬球的人多，你們就像足球那樣，設置兩個球門，然後分好組，大家痛快來一場；如果今天打馬球的人少，一個球門就足夠了。馬球在人數要求上還是很靈活的，人多人少都能打。

第二，多看大型比賽，熟悉規則技巧。

姑娘們喜歡馬球，自然男生們也喜歡，這項運動其實已經風靡整個大唐貴族圈，所以各樣賽事也多。假如你不懂，只要多看看，不會也能慢慢看出個門道來。

比賽之前，建議你先了解一下計分制度。很簡單，進一個球就給一面小紅旗，最後誰的紅旗多，誰就是贏家。知道怎麼斷輸贏，就可以直接看比賽啦。大唐比較著名的馬球賽事有幾種，一是有明星球員的馬球隊伍參加的比賽，二是國家級的重要賽事。大唐的明星球員很多，第一位就是玄宗李隆基。拋開身分地位，他的球技實在是出神入化，來回帶球如入無人之境。可以說，一般人已經無法阻擋他了。第二位馬球明星，是長寧公主的老公楊慎交。他家裡就有球場，平時沒少練習，球技一流。剩下的球星比如李晟、王源中等，也都是經常練習的人。以上這些球星參加的馬球比賽，只要你能拿到門票，建議都去看一看，特別是玄宗打的比賽，更是一場也不能錯過。

說到國家級的重要賽事，不得不說有一場非常精彩的，是大唐對吐蕃的比賽。上半場吐蕃馬球隊氣勢洶洶，連連進球，眼看著就要完勝大唐馬球隊了。中場休息！下半場開始的時候，大唐馬球隊的陣容有所調整。

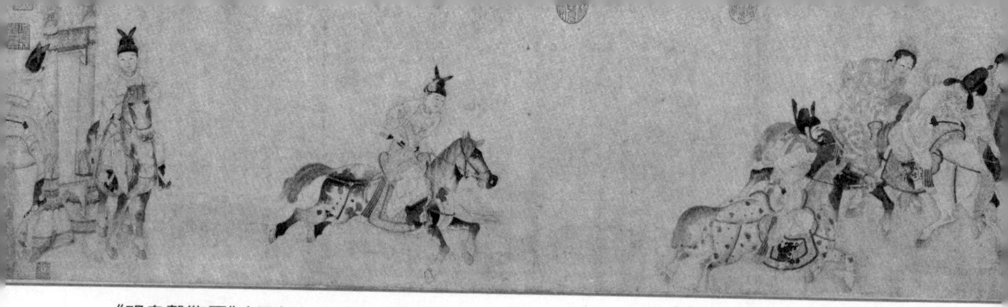

《明皇擊鞠圖》(局部)・宋・李公麟

描繪唐玄宗擊球娛樂的場景。位於畫面正中的這個人，就是唐明皇李隆基。唐明皇胯下騎一匹駿馬，神情專注，身手敏捷。圍在他身邊的這些人有的頭戴官帽，有的頭上插著簪花，也都騎著馬，手持球杆，和皇帝爭搶著地上的小球。他們是皇帝身邊的官員、侍從和嬪妃，卷首和卷尾各有二人分立球門把守。

著名球星李隆基上場，還有家中有球場的楊慎交也上場了。各位看官注意了，簡直是黃金級球員進駐的節奏。比賽一開始，大唐馬球隊逆襲，比分直追吐蕃，最終獲得勝利。瞧，多麼激動人心，光說就覺得過癮，要是在現場觀看，聽著喝采聲、觀眾的抽氣聲、讚歎聲，感受心跳加速的感覺，就更過癮了。

第七章

重磅推薦：大唐的女人，輕易動不得

大唐之美在美人，大唐之魅在美人。在這個舞台上，無數的麗人登場，盡展風華！她們是嬌媚的，點染了粉嫩春枝；她們也是堅強的，不輸給血色刀鋒！她們既活在纏綿悱惻的愛情故事之中，也活在刀光劍影的政治舞台上。從帝王，到名媛，從后宮，到曠野，大唐女人是那麼誘人，卻又那麼危險；是那麼嬌豔，卻又那麼落寞。愛上大唐女人，你會更深地體悟這個時代的美！

呼風喚雨，唐朝職場女人的魅力——女帝武則天

如何做大唐最有魅力的職場女性？首先你得有強硬的手段，這是與生俱來的。你看武才人如何對待不聽話的馬就知道，她是一個手段強硬的女人。其次你需要和武則天一樣，在宮鬥戲裡做最狠的角色。不過這也是要付出慘重代價的，如無奈退場的選手蕭淑妃那一句「下輩子做貓咬死你」，就讓女帝這輩子都不敢在宮裡養貓。最後，你還要和武則天一樣分得清輕重。如果一個擁有「百萬粉絲」的名人用一篇文采斐然卻句句透骨的文章針對你，此時你不能惱羞成怒，得和女帝一樣，認認真真地讀一遍，讀到精彩的地方還要發自內心地欣賞這個人的才華。想想看，為罵你的人鼓掌，你能做到嗎？大部分人都做不到，所以大唐只有一個武則天。

性格決定成敗，女帝是個有手腕兒的人

女帝年輕的時候，就是一個有性格的姑娘，何以見得呢？那得從武則天和烈馬

獅子驄的故事說起。那年太宗皇帝收到一匹性格暴躁的烈馬獅子驄，因為是禮物，就算馬性格再不好，也無法退還。馬是好馬，就得看能不能馴服得成了。太宗的性格也不是軟弱的，他想親自上陣。按照正常的故事情節發展應該是這樣：在太宗之前，已有專門負責馴馬的宮人們和這匹獅子驄打交道，但是獅子驄性格暴躁，根本不買帳。太宗見自己的禮物這麼桀驁不馴，脾氣也上來了，他準備一展龍威。獅子驄被太宗的威嚴氣勢所震懾、馴服了。但是，以上馴馬情節純屬太宗一廂情願。馴服獅子驄的故事到太宗這裡並沒有按照預定情節發展下去；太宗要親自出手，但獅子驄畢竟是匹馬，管你是皇帝還是馴馬官，不讓騎就是不讓騎。各位看官又說了，馴不了算了。朋友們，這馬哪兒來的？這獅子驄可是國外產的。馴好了，代表大唐盛大威儀。馴不好，有失顏面。大唐盛世，泱泱大國，連個外國友人送來的馬都馴不好，說出去太不像話了。放到今天，就像中國送了隻熊貓出去，收到熊貓的國家卻弱到連竹子都種不好，這不丟人嗎？但牠好像不懂什麼是天子威嚴，什麼是帝王氣魄，看見又有人想要馴服牠，依舊不買帳。

當然，面對自己馴服不了的獅子驄，太宗第一時間沒有表示遺憾或憤怒。而是非常聰明地問其他人，看誰有好辦法馴服獅子驄。這時候，武則天同學舉手示意，表示她來。此時的武則天還不是皇帝，只是個五品才人，她年輕貌美，太宗給賜號「武媚」。見武才人舉手的太宗表示很驚訝：「我那麼強壯都沒辦法讓這匹馬聽話，你要用什麼方法呢？」

武才人一個美女，為什麼主動舉手跟馴馬這事沾邊呢？她這是在給自己爭取表現，簡稱爭寵。準備跟這匹獅子驄拼了的武才人向皇帝要了三樣東西：鐵鞭、鐵撾、匕首。太宗疑惑地看著武才人，對她的工具有些懷疑。於是，武才人簡單模擬了她等一下馴服獅子驄的過程：

摹張萱《武后行從圖》・現代・徐操

此圖描繪武則天在宮廷巡行的情景。武則天戴寶珠鳳冠，著深青交領寬袖衣，腰繫雜佩，顯得氣度威嚴，女官們著男裝，相擁其周圍。

先上馬，用鐵鞭對著獅子驄就是一頓抽，然後問獅子驄：「服不服？」獅子驄喘著氣，眼睛一翻，打了個帶有嘲弄意思的響鼻表示不服。此時武才人並不下馬，她換掉鐵鞭，拿過事先準備好的鐵撾。鐵撾又叫鐵杖，打仗專用，武才人要把獅子驄打一頓。咣噹一聲悶悶的響聲，鐵撾重重地敲在獅子驄的腦袋上，武才人再問：「服不服？」

獅子驄翻著有點冒星星的大眼睛，前腳離地，要把武才人甩下去。「不服？打到你服！」武才人看獅子驄還不服，手裡的鐵撾也不要了，轉而換上了一把寒光閃閃的匕首。武才人說：「再不服殺掉算了。」

以上就是武才人向太宗皇帝模擬的馴馬過程，武才人的意思是，抽也抽過了，打也打過了，獅子驄馴服不了的事實就只能坦然接受了。只可惜武才人這思想動態一彙報，馬上被皇帝陛下視為心太狠。但在武才人看來，一匹不能馴服的烈馬養在馬場也沒用，白白浪費國家糧食，不如殺了吃掉，大家還能嘗到名馬的肉味。

獅子驄要知道，估計得氣得四蹄離地了。不就是發了脾氣嗎，至於拿命開玩笑嗎？武才人，也就是後來的女帝，她年輕時就是這樣的強硬。

跟女帝玩宮鬥的下場

一說到宮廷，各大宮鬥劇就紛紛出現在人們的視野。皇宮裡的女人們有的狠毒，有的幽怨，有的善良，有的無奈，她們的宮廷鬥爭是傳奇的。比如說一隻貓可以讓姑娘們流產，也可以催產；可以引起爭端，更可以爭寵。她們的宮廷鬥爭又是極為複雜的，例如說今天是姐妹，明天可能就是情敵，後天依然是姐妹，劇情跌宕起伏。不過，在武則天這裡，就沒有這麼多情節了。你以為，武則天原本善良無辜，後來被逼得和甄嬛一樣攻心計嗎？放心，武則天不走這個路線。她深藏不露，一直到結局才露出本性。那武則天究竟在宮廷的鬥爭中如何生存呢？看看被她打敗的美女們，都是怎樣的表現就知道了。

「阿武狐媚傾覆至此，願得一日，吾為貓，阿武為鼠，扼其喉以報今日！」這是高宗李治的蕭淑妃臨死前說的一句話，或者應該是怒吼出來的一句話。要知道，能封淑字的妃子，真的是性情溫婉到一定程度了。現在這蕭淑妃被武則天鬥垮，寧願做貓也都不放過她？這要從蕭淑妃和王皇后的宮鬥戲開始說起。

王皇后是高宗李治的原配，作為妃子的蕭淑妃懷了李治的孩子，搶了王皇后的寵，兩個女人明爭暗鬥。宮鬥戲中，皇后為了穩固自己的地位，通常都不會任由妃子胡來。王皇后用的辦法和很多皇后用的一樣：給妃子找個對手來。於是武則天的戲分來了，還是帶著主角光環來的。

王皇后不能預知未來，不知道武則天這個姑娘最後能當皇帝，所以也不知道自己請來的其實是位命運終結者。王皇后當時想的只是請個厲害的姑娘來拉走皇上對蕭淑妃的寵愛。所以當武則天做了皇后，王皇后和蕭淑妃被關在一間小黑屋裡時，心裡應該都後悔死了。如果兩位乖乖過完下半生，說不定死得還不是很慘，但事實是，這兩位又一次惹怒了武則天。被打入冷宮的兩人想讓李治將現在的苦難居所改名為「回心院」。「回心」指的是回心轉意，就是說，王皇后和蕭淑妃盼著陛下有一日回心轉意。陛下還沒回心轉意，倒惹得武則天出手了。斬草不除根，春風吹又生。她決定在陛下回心轉意之前，把兩個人弄死。武則天的文學水準很高，說出來的一點也不殘忍：「令二嫗骨醉。」骨醉是砍完手腳再泡酒。手擦破點皮，塗點酒精消毒都疼，這砍完手腳後鮮血淋漓地再泡到酒裡，多殘忍啊。其實她不僅賞了「二嫗」一丈紅，還效仿呂雉，把「二嫗」弄成人彘，最後還泡到酒裡去，蕭淑妃和王皇后是活活疼死的吧？

才子多重要，問問女帝就知道

對烈馬和情敵，武則天手腕強硬。其實，按照她這樣處理問題的方式，遇見說她壞話的人，反應應該更劇烈，處理手段應該更加恐怖才對。但是，女帝的心思你別猜，她做的事都是你意想不到的。

此時已經是皇帝的武則天看到了一篇文章，這篇文章的語言工整，中心思想明確，情感充沛，如果是拿給語文老師批的話，應該能拿個滿分。但對女帝來說，這篇文章的思想卻不是「積極向上」的，而是聲討武氏。光從文章題目就能看出來——《代李敬業傳檄天下文》。作者是駱賓王，而提到的李敬業，是大將李勣的孫子。駱賓王一直忠於李家，認為天下應該是李家的，而不是一個名不正言不順的武氏。李敬業為了中宗李顯能重新當上皇帝，決心發兵討伐武則天，而駱賓王的這篇文章就是為了聲討武則天而作，它有另一個直接的名字——《討武氏檄文》。其目的很直接，就是聲討武則天罪狀，發動全國人民一起攻擊武則天，希望武則天當不成皇帝。

武則天把這篇對自己表達了強烈譴責的文章仔細地讀了一遍，當她讀到「一抔之土未乾，六尺之孤何托」這句時，女帝停住了。這一停，可把下面的大臣們嚇壞了。接下來，你以為女帝會生氣地撕爛檄文，然後讓人把駱賓王抓起來碎屍萬段

乾陵無字碑・唐

傳說是按照武則天臨死遺言而立的。武則天遺言說，己之功過，由後人來說，故不刻文字。宋、金以後，一些遊人在上面題字，「無字碑」變成了「有字碑」。

嗎？你以為女帝會理性地提筆寫一篇文章，反駁駱賓王的言辭嗎？或者你以為女帝會冷靜淡定地一笑置之，繼續坐自己的皇位嗎？都不是，女帝開口：「宰相安得失此人？」是啊，會說話而且富有才華的人，居然變成敵人了。大唐「人力資源部」失職了嗎？好吧，遇到這麼重視才子的皇帝，宰相估計也只能回答：「是臣的錯。」

膽敢「袒胸露乳」的大唐女性——社會地位

大唐的女人幸福指數很高。在這裡，她們有的能堅持一夫一妻政策一百年不變，有的能讓老公事事都聽自己的話。由此可知，大唐女人們在家裡的地位很高。女人地位上來了，自然性格也就奔放了。大唐女人的衣著也有著極大的變化，貴族女人們早期出門遮全身，一副江湖女俠客的打扮，再後來只遮住臉和脖子。其他就按自己喜好來穿，身材好的一定能給人無限想像。最後貴族姑娘們越來越懶，越來越怕熱，乾脆直接一條裙子裹全身，外罩一件大袖衫就好了。

大事不好，老婆生氣了

唐朝男人的老婆，有幾個強硬派，比如殺死高宗的皇后和淑妃之武則天、寧可毒死自己也不讓老公納妾的房玄齡夫人，還有讓中宗李顯感覺害怕的韋皇后等，這幾個都是強硬派的代表性人物。例如武則天在處理情敵問題上，用的是極端殘忍的手法——殺一儆百。王皇后和蕭淑妃先被打個半死，再被砍去手腳，最後還被放入酒缸裡。這兩位慘死的女人，資歷其實非常深，在李治還是太子的時候就陪著他了，到頭來卻被新晉的武皇后殺掉。所以，跟皇帝過日子不看兩人在一起的時間長短，而是要看自己是否強悍。

嫉妒之風盛行

在唐朝上層社會的婚姻生活中，盛行一股嫉妒之風。妒婦中不僅有狠毒地殘害侍妾的，也有不要命地對抗丈夫納妾的，還有瘋狂地持刀恐嚇歌伎的。據張《朝野僉載》卷二所記載，正妻因嫉妒而虐待婢妾的手段極殘酷又多樣，婢妾有被割掉鼻子的，有被釘瞎雙眼的，真是觸目驚心。

房玄齡的老婆就是一名悍婦。這位夫人沒有武則天的政治頭腦，沒有人記得這位夫人的容貌如何，只知道她性格強硬，絕對彪悍。誰都別想干擾房家一夫一妻的生活。房玄齡的夫人姓盧，她誓死捍衛一夫一妻制度。太宗某天高興，看著房玄齡每天工作辛苦，下班回家，家裡就一個老婆，沒什麼娛樂，於是想著，送幾個美女

給房玄齡。按理說，皇帝送美女給大臣，多好的事情，省錢又不怕御史說閒話。但房玄齡的心臟還是有點承受不住，如果把美女領回家，老婆鐵定不會讓他好過。但是，不把美女帶回家，怎麼跟皇帝交代？房玄齡顫抖了一下，這麼可怕的事情還是不要想，可皇命不可違，美人還是被送到家裡去了。

果不其然，太宗親自送的賞心悅目的「禮物」被退了回來。也許是太宗當時心情好，他抱著整蠱的姿態，裝作很生氣的樣子說：「老房，把你夫人叫過來！」見到霸氣「退貨」的房夫人來了，太宗繼續整人：「要麼給我們老房納妾，要麼你把這壺毒酒喝了。二選一，沒商量。」說著，侍女端了一壺據說是有毒的酒，來到房夫人面前，而另一邊，是被房夫人「退貨」的美貌姑娘。房夫人可是讓老房想起來就會顫抖的人物，遇見這種不公平的選擇題，當然不退縮。只見房夫人瀟灑地拿起一壺毒酒，說了一句「寧妒而死」，然後把毒酒喝了下

摹張萱《虢國夫人遊春圖》卷・宋・趙佶

去。房夫人當時估計也是被太宗氣糊塗了，喝的時候沒想過這酒怎麼有一股酸味，喝完才想起來。酒怎麼是酸的呢？這要問整蠱發起人李世民先生了。李世民：「哈哈哈，某放的是醋。」從此，吃醋這個詞就流傳開來了。當時如果你在場，安慰一下房夫人吧，喝點醋對身體好，一壇醋喝回了主權，喝走了美人，太值得了。

房夫人喝了一壺醋，這「毒酒」一喝完，太宗皇帝的美人自然是沒送出去。從此以後，房相公的身分證上，配偶那一欄只有兩個字：盧氏。

跟霸道彪悍的房夫人相比，韋皇后更放肆、任性。到了韋皇后的時代，皇宮內有個怕老婆的中宗李顯，皇宮外有個超級懼內的御史大夫裴談。於是有一首歌是這樣唱的：「回波爾時栲栳，怕婦也是大好。外邊只有裴談，內裡無過李老。」按照正常的思路，這樣的歌應該在某個巷子裡，幾個孩子邊打鬧邊唱著，偏偏這首歌不是。這首《回波詞》是宮中樂人臧奉唱給韋皇后和她老公中宗聽的。臧奉這是在自殺嗎？他不要這份工作了嗎？當著皇帝的面唱皇帝怕老婆？中宗什麼反應？中宗的反應很自然，笑容很真誠，心情很愉悅。歌詞中的懼內先生裴談真心覺得懼內是好事，而中宗也是這麼想的。老婆嘛，娶回來是用來疼的。於是這樣的事被唱出來，君臣兩人大約都覺得是受到了誇讚吧？

皇帝陛下都這樣疼老婆，大唐男人真是好，把怕老婆當作一種美德。皇帝帶頭，絕不隱藏，遇到這樣的男人，姑娘妳還不快點把自己嫁了。

從帷幔，到帷帽，再到露髻

各大古裝戲的道具組注意了，拍到關於大唐的這種年代戲，只要拍的是開元盛世之前的故事。一定要少找一些演宮女、仕女的演員，或者改改劇本，儘量不讓她們出門。原因很簡單，因為這類女演員出門的服裝太費布料了。如果你生活在初唐，出門看見的貴族姑娘都是一群一群的，簡直就是一個行走中的布丸子。要知道，不是姑娘們吃得太好、身材不好，而是當時風俗限制，不准露出一點肉，所以你根本看不見什麼身材臉蛋。此時，有身分的女人們出門在外，都戴著帷幔。帷幔從頭到腳把人遮得嚴嚴實實，一個戴著帷幔的姑娘，甚至可以隨時出入蜂房，由此可知帷幔的厚實程度。帷幔不僅能防蚊、防蟲、防塵，最重要的一點是防偷窺。也對，蜜蜂都鑽不進的厚度，還能看清楚裡面的人嗎？這時候你走在街上，頂多能知道，戴帷幔的是個貴族女性。至於她是老是少，是胖是瘦，一眼看過去真的無從得知。導演如果要拍這時候的電視劇，記得囑咐所有的女性演員，若自己的角色是宮女或貴族，出門可以不用化妝，但請記得戴好帷幔。

時間在前進，生活在鬆綁。生活在高宗年間的姑娘們可以略微放鬆一下了，此時已經有了「帷帽」，戴上以後，遮臉不遮全身，再也不用擔心長長的帷幔總是沾上灰。以前出門，姑娘感覺自己是罩在大布籠裡。雖然有時候感覺很可愛，但是下馬上馬總覺得有障礙，騎馬的時候也不舒服，遮全身的帷幔實在不方便。

大唐女人地位越來越高，戴過一段時間帷帽以後，姑娘們覺得還是不戴最舒服。玄宗時期，貴族姑娘們的頭解放了，她們可以梳著漂亮的髮髻，化好精緻的妝容，直接出門。如果你想看美女，看到的景象應該和《虢國夫人遊春圖》上畫的類似。風姿綽約，香風陣陣。不過遊春圖裡算是全明星陣容了，一般人出門看見的大都是普通貴族出行的場景。畫中虢國夫人一行人騎馬穿的還是正宗「唐裝」春衫，還有的妹子騎馬直接穿的是男子衣服，或者緊身窄袖的胡服。

看大唐姑娘秀自己的「事業線」

遮得嚴嚴實實的古裝，什麼時候和性感有關？別急，在大唐這裡衣裙就可以很性感。挑一件能襯你皮膚顏色的襦裙，裙腰直接提到胸部位置，然後罩一件有寬大衣袖的「防晒衣」。穿好後，白白嫩嫩的肩膀若隱若現，重點是胸前的大好「事業線」。歐陽詢有一首詩說得好：「二八花鈿，胸前如雪臉如蓮。」由此詩可知，大唐美女的標準就是：長得像花一樣，身材要豐滿，皮膚夠白皙。齊胸襦裙配輕紗大袖衫，就是大唐最時尚的「齊胸半露」款長裙。

但是，穿得這麼性感的姑娘可不多見，畢竟能穿成這樣的美女，自然也不用做什麼需要耗費力氣的工作，更不會沒事在街上亂晃。她們要麼在皇宮上班，要麼在貴族的宅院裡發呆。例如專門給皇帝跳舞的「音聲人」和皇宮的妃子、公主們，平時的穿戴就像《大明宮詞》裡的太平公主那樣，胸前的衣服拉低，那種低到不能再低的樣子，看得觀眾朋友們臉都紅了，而且衣領向兩邊分開，美人的鎖骨就能坦露出來，漂亮得讓人移不開眼睛。也有的姑娘或者像《簪花仕女圖》上的美人們一樣，幾個姑娘懶懶地站著，你可以看到她們肩膀圓潤，膚色白皙，手臂也是豐滿的。那種恰到好處的胖，大唐獨有。

夫妻可談判，女家不坐，各離之——離婚

在大唐，一個姑娘要跟你離婚有很多種理由。如果家裡人對姑娘的家人不好，或者你對姑娘的家人不好，姑娘可以找官府跟你義絕；如果你天天惹姑娘不開心，她可以跟你「和離」。當然，凡事都有度量的，到底要怎麼對姑娘的家人才算不好？這就仁者見仁，智者見智了。婚姻就像鞋，舒不舒服只有腳知道。夫妻一場，勉強不來。「和離」為什麼如此瀟脫？因為姑娘們離婚了可以再嫁，小夥子們離了也可以再娶，誰都有權利追求幸福。那些不理解再嫁的人，多看看大唐公主們的婚姻，普通的再嫁就顯得非常正常了。

殺父之仇不共戴天，從此你我恩斷義絕

無論羅密歐和茱麗葉愛得有多深，把他們兩個的關係放在大唐，按道理就必須離婚。因為兩家是世仇，打架鬥毆少不了。按大唐律法，這絕對不能成親。茱麗葉

的家族和羅密歐的家族是世仇，說明祖上兩個家族肯定因利益衝突打過架，甚至還有慘重的人員傷亡，才會有累積幾世的矛盾。這還不算什麼，更嚴重的是兩人所在的家族經常起衝突。按照大唐的律法，像羅密歐和茱麗葉這樣的家庭關係，只要是夫妻雙方親屬間存在毆打或傷害等行為，就算羅密歐和茱麗葉躲起來堅決不離婚，大唐政府也不能坐視不理，棒打鴛鴦之類的事情會照常進行——強制離婚。你說這沒天理？這是大唐律法裡有關強制離婚的規定。不管怎麼樣，羅密歐和茱麗葉這樣的夫妻在大唐注定得離婚。

羅密歐和茱麗葉在大唐被強制簽了離婚協定，離婚協定上寫著：夫妻雙方義絕。「義絕」就是恩斷義絕的意思，也就是這對小夫妻不得不離婚的原因。一個義字，說明不得不離。一個絕字，說明離了就別想復合。大唐律法上說得明白：如果夫妻兩家人或者夫妻本人對另一方親屬有任何嚴重的傷害行為，那麼兩個人就別做夫妻了，算你們兩個人恩斷義絕，必須離婚。舉個例子，如果兩人結了婚才知道對方就是自己的殺父仇人，或者姑娘嫁過去氣死了婆婆，或者小夥子娶了姑娘後打傷岳父等這類情節，只要放在大唐，一經發現，不用你自己提出來，官府就可以通知你們離婚了。

假如你們兩人互相都有殺父之仇，但還是要在一起，就說明你們是真愛，不離婚也可以，但這算犯法，可判有期徒刑一年，這就是愛的代價。受得了，就等一年刑滿出獄後你們再在一起；受不了，就簽字離婚，從此陌路。

老公變成神經病怎麼辦？離婚離婚

結婚以後，發現老公精神有問題，今天管你叫媽，明天認你當姐，根本沒法過婚前想過的那種幸福生活。沒關係，大唐不會要求你嫁雞隨雞，嫁狗隨狗。作為普通大唐女子，如果你夫君配不上你，你可以跟老公「和離」。只要你挑老公神志清醒的一天，兩個人都冷靜地考慮過後統一意見，你就成功地「和離」了。「和離」的原因可以有很多，例如性格不合，或者男方發現老婆「整容」，女方發現老公性取向有問題。當然，後面兩種情況在大唐應該是很難見到的。

大唐有過「和離」的夫妻嗎？當然有，只要兩人的日子在一起過不下去，都可以「和離」。大唐這樣的情況很多，例如一對結婚多年的夫妻就是這樣離婚的：結婚以後兩個人都不開心，過日子的模式就跟貓和老鼠一樣。可別說什麼老鼠愛上貓是一齣有點溫馨的甜蜜愛情故事；老鼠愛上貓這種童話都是騙人的！老鼠和貓在一起只會打起來，兩個人一見面，眼睛裡寫的都是「天敵」，分分鐘要決一死戰。這樣的兩個人再過下去絕對會鬧出人命，所以還是離婚好。於是，兩人終於挑了一天太平日子，心平氣和地開了個大型的家庭會議，雙方最終達成統一意見，同意二人

和離

「和離」是指古代離婚制度中的一種。古代離婚制度包括「休妻」與「和離」。和離指按照以和為貴的原則，夫妻雙方和議後離婚，而不單純是丈夫的一紙休妻。「和離」始見於唐代《唐律・戶婚》，在「諸犯義絕者離之」條後規定：「若夫妻不相安諧而和離者不坐（問罪）。」和離需由丈夫簽「放妻書」。後代循唐例，也稱「和離」為「兩願離婚」，並為近代法律沿用。

離婚。就是這樣簡單，從此一別兩寬，各生歡喜。

當然「和離」也可以有其他的理由。例如丈夫出差一走三五年，從來沒有寫封家書給老婆報平安，就像是人間蒸發一樣，根本沒有任何消息，此時老婆可以提出「和離」。畢竟分居太久還算什麼夫妻呢。白居易遇見的琵琶女，如果她的夫君出門經商後再沒有回來過，她就不用抱怨「商人重利輕別離」，直接離婚就行。還有的「和離」也可以是老婆太忙，根本未盡到妻子的義務。這方面大唐就有一對讓人覺得可惜的和離夫婦。這對夫婦沒有性格不合的問題，老公不傻不瘋也沒有失蹤，但是老婆家裡的老人病了。這家的老人也可憐，雙目失明，身邊沒有人照顧，連導盲犬也沒有，別說出門了，就連生活都無法自理。沒辦法，只能讓已經嫁人的閨女回家天天陪伴照顧。妻子前前後後想了想，發現這樣一來，她就得天天在娘家照顧老人，根本沒辦法盡妻子的義務了，於是跟丈夫提出「和離」。大唐重視孝道，夫妻雙方都知道，「和離」是解決問題的最好辦法。所以最終，感情還在的兩個人平靜地「和離」了。

由這些案例可以知道，大唐「和離」的主旨在於「以和為貴」，所以過不下去了千萬不要想著害人，要往好的方面想。大唐其實也有祝福語送給前妻或者前任丈夫，「願娘子和離之後重梳蟬鬢，美裙蛾眉，巧笑逞窈窕之姿，選聘高官之主。」通俗一點說就是，願你離婚以後越來越美，然後嫁個有錢有勢的好男人。

離婚女人零負擔，公主都能再嫁

前面說了這麼多離婚例子，你是不是還有顧慮？怕離婚後女人找對象難，或者重新愛上一個人卻要歷盡千辛萬苦才能在一起？再或者是那種離婚回娘家以後，會被街坊鄰居指指點點，自己的爹媽都露出不開心的表情？放心，離婚和再婚對大唐女人來說很正常。如果有人笑你是再婚，你就告訴他：「皇帝的女兒也是再婚，有本事你笑皇帝去。」是的，大唐女子就是這樣有個性。

皇帝女兒再婚者可多了，比如武則天的女兒太平公主。這位公主情竇初開的時候，就穿著武官的衣服在爹娘前面，爸爸媽媽看見女兒的樣子說：「傻閨女，女孩就算穿武官的衣服也做不了武官的。」但太平公主其實有另一個意思：「這衣服給駙馬穿正合適呀。」真是委婉又直接到讓人臉紅的暗示。於是，領會了公主意思的父母趕緊為太平找駙馬。千挑萬選後，十六歲的太平公主嫁給了薛紹，這是太平公主的第一次婚姻。兩人日子平靜，但沒想到還是離婚了。因為武則天考慮到政治原因，決定讓女兒和女婿離婚。武則天的方法很簡單，沒有離婚協議，不「和離」，沒有義絕的說法，直接把薛紹關到牢裡殺掉。太平公主實質上就是喪偶，但檯面上可算是個離婚的公主了。親媽和老公只能選一個，太平表示很心痛、很無奈。重新回到單身的公主被老媽拉出來相親，估計武則天心裡覺得虧欠女兒，所以拉著女兒相親。這次相親對象是武承嗣，但公主不滿意。於是接著相親，公主的娘親武則天覺得武攸暨還不錯，雖說已經娶過老婆，但年齡合適，跟自己閨女也門當戶對。太平公主已經不是少女了，找個已婚男人其實也能接受。但是武攸暨的原配怎麼辦？武則天依然直接將人殺掉。太平公主再嫁，這一次，嫁給了性格不錯的武攸暨，公主嫁過去後，生了孩子，日子過得還真不錯。自然，原來的炮灰夫人就被人遺忘了。

除了被自己親媽管得嚴嚴實實的太平公主外，還有蕭國公主——肅宗李亨的第二個女兒。公主的第一任丈夫是鄭巽，可惜這位駙馬沒多久就死了。誰也不知道兩人婚姻生活是否美滿。但很快，公主的第二次婚姻開始了，這次駙馬是薛康衡，同樣的悲慘情節又發生在公主身上。可能蕭國公主運氣不佳，連嫁了兩次，兩任丈夫都死了。當然，如果公主不是身分高貴，可能早就被當成是剋夫的女人了。最後，公主和親嫁給了回紇可汗，很快，可汗病死了。公主不會真的剋夫吧？其實可汗的死真的跟公主沒有關係。回紇可汗年紀本來就大，身體也一直不太好。要怪只能怪公主命苦，她嫁過去的時候，可汗已經是「大半截身子入土」了。一嫁再嫁，卻一再孤苦，可見公主在婚姻的路上並不幸福。

大唐那些才女——女子從文

大唐才女多，有從政的薛濤和上官婉兒、女帝武則天，也有專門寫詩的女詩人和女歌手。這些姑娘活得跟普通姑娘不一樣，比如薛濤姑娘認錯的時候，連句「我錯了」都沒有，通篇是珍珠、毛筆、小狗、老鷹之類的東西，沒有一定的文化內涵，根本沒辦法跟這姑娘交流。又如當紅的歌伎劉采春發行「新曲專輯」，「專輯」封面上寫著：作曲劉采春，作詞劉采春，演唱劉采春。又如十四歲就被皇帝重用的上官婉兒，走仕途無需科舉，不用吏部考試，女皇說你行，你就一定行。若你說上官婉兒是詩才出眾的才女吧，她還有政治頭腦；你當她是政治家，但她的作品可比普通政治家要多；因此，若你想介紹上官婉兒給朋友認識，可以稱她大唐才女、詩人、政治家。

女校書和《十離詩》

才女薛濤的名聲眾所皆知，不是因為元稹和她的浪漫愛情，也不是因為女詩人最後做了道士，薛濤的名聲是從她遇見韋皋開始的。十七歲的薛濤在韋皋的酒宴上即興作詩，獲得韋皋的大力讚揚，韋皋表示：「以後有宴會，某都帶上妳。」就這樣，薛濤和韋皋熟悉起來。韋皋需要安排的事太多，薛濤幫忙打點和協助，所以薛濤也很快聲名鵲起。薛濤寫公文的水準和寫詩的水準一樣高，如果讓薛濤姑娘考申論，她一定能得高分。韋皋看薛濤公文也寫得好，乾脆想讓薛濤名正言順、正大光明地幫自己寫各種公文。韋先生想得挺美，這樣一來，自己的辦公室能時常有佳人陪伴，半夜加班都算是「紅袖添香夜讀書」了。而且這「紅袖」還是自己的下屬。韋皋的一份關於「提拔薛濤姑娘做劍南西川節度使韋皋的校書郎」的申請寫好了，他毫不猶豫地把申請遞交到中央，中央也毫不猶豫地答應了。也就是說，薛濤姑娘從此刻起是九品校書郎了。校書郎是什麼？也沒多突出，白居易、李商隱這些人都做過，平時上班就是寫寫公文，管理一下書籍，但薛濤是唯一一位女校書，由此可知薛濤的才華十分令人驚豔。

如果薛校書能稍微深沉一點，不那麼張揚，也許她可以一直做個女校書。但是，薛濤畢竟年輕，還是個十幾歲的姑娘，有人天天送禮，天天說好話，她會如何？薛濤的處理方式就是，照單全收。這些人送禮也不是白送的，是為了劍南西川節度使而來。薛濤小姑娘收禮收到手軟，絲毫不覺得自己貪汙，因為她把收到的禮物都上交給韋皋了，自己一點沒留。這姑娘就像是隻不懂事的小白兔，自己歡歡喜喜地做了一堆讓韋皋無語的事。「小白兔」薛濤繼續做校書，繼續收禮物，繼續把禮物送給韋皋。終於，韋皋怒了：「影響惡劣啊！」於是把小白兔關在籠子裡，貼了個條子，上面寫著：發配松州。

畢竟自己是個詩人，薛濤認識到自己的錯誤後，開始寫詩認錯。她寫：「犬離主」，真可憐；「筆離手」，真可憐；「馬離廄」，真可憐；「鸚鵡離籠」，真可憐；「燕離巢」，真可憐；「珠離掌」，真可憐；「魚離池」，真可憐；「鷹離鞲」，真可憐；「竹離亭」，真可憐；「鏡離台」，真可憐。隱藏的涵義就是：薛濤離開了節度使韋皋，萬事可憐。

韋皋看了這首《十離詩》，一方面感歎其才華，另一方面心裡頓時覺得，看妳真可憐。不流放妳了，回去好好過妳的日子吧。老闆一發話，薛濤頓時無後患。可至此，薛濤的校書身分也已經成為歷史了，重新開始下一段生活。

以胖為美

首先，唐代繁榮昌盛、豐衣足食，正如詩聖杜甫詩句所記「稻米流脂粟米白，公私倉廩俱豐實」，人們有條件吃飽穿暖保持健康豐滿的體格。其次，唐代開放相容並蓄，國力強盛，文明發達，使唐人充滿自信，成為一個高度開放的國家。不同文化的影響、交融，使唐人不拘傳統，眼界開闊。第三，統治者的血統也決定了唐人對健碩的體魄更易親近。唐代開國皇帝李淵的外祖父是鮮卑大貴族獨孤如願，也就是說李唐皇室的血統中至少有一半是鮮卑血統，而鮮卑族的游牧生活造就和需要的就是剽悍、健碩的體魄。因此，唐朝幾代國君均寵愛豐肥的女性。

女帝身邊的小祕書

古風歌曲《大唐紅顏賦》裡，上官婉兒的詞是這樣的：縱然只是一枚棋子，婉兒的心，從頭到尾，只忠於女皇一人。上官婉兒，宰相上官儀的親孫女，聽上去是極好的出身。但一朝天子一朝臣，上官儀本人在女皇武則天底下可不是位大宰相，而是被處死的大罪臣。和所有獲罪官員女眷的待遇一樣，上官婉兒從被人服侍變成了服侍別人。但是婉兒勵志，武則天喜歡才女，一個有才，一個愛才，婉兒文采這麼好，武則天當然知道，女帝表示：婉兒以後不用伺候人了，到自己身邊當官就行。於是，十四歲的上官婉兒找到了一份令人羡慕的工作——貼身女祕書，工作內容就是在女帝身邊，幫她寫詔書、會議紀錄，以及撰寫女皇的各種「政治作業」，這份工作要比薛濤的工作更繁重一些。

婉兒在祕書工作崗位辛勤工作了二十年，工作期間雖有錯誤，但仍受主管器重。上官婉兒在三十四歲這一年，已經不僅是簡簡單單寫詔書而已。三十四歲之前，女皇說什麼，婉兒就在詔書上寫什麼；三十四歲以後，女皇說什麼，婉兒在下筆寫詔書的時候，可以問一句「陛下你確定？」或者說一句「婉兒覺得不妥」。也就是說，此時的婉兒是真正的「官員」，她參與政治決策，發表自己的政治意見，小祕書升級了。

處境決定眼界。女詩人們寫的詩都是愛情、相思、離別等主題，而上官婉兒這位政治家寫的詩多半關於山水園林。她寫「欲知堪悅耳，唯聽水泠泠」，又寫「煙霞聞訊，風月相知」。總之，地產大亨長寧公主的家有多美，婉兒詩的意境就有多美。在寫詩之餘，上官婉兒也做了身為政治家能做的事——開展文化活動，發揚大唐詩風。婉兒在修文館中，把會作詩的同事們都找齊，開個作詩大會，大家比誰的詩作得最好，誰的文采最優。然後由大會發起人兼大會總評審上官婉兒開始點評，寫得好的有獎勵，寫得不好的繼續努力。因為上官大人，修文館裡開展了一系列的寫詩賽詩活動。

大唐女詩人中的四傑

大唐女詩人數量龐大，但能被人看作女詩人中最強選手的，只有四位。這四位詩才絕豔，名聲響亮，貌美如花，是大唐詩壇真正的美女詩人。

當然，能做女校書，和元稹互傳詩箋的薛濤是其中一位。另外三人分別是感歎「易求無價寶，難得有心郎」，受過情傷的魚玄機；從小因為一首詩，被親爹送到道觀，寫下「人道海水深，不抵相思半」的李季蘭；還有歌聲優美，紅遍大江南北的當紅全才歌手兼歌曲製作人劉采春。

這四人裡面，薛濤、魚玄機和李季蘭三人都是女道士。她們都和一些著名的唐朝才子有過來往，有的受了情傷，比如薛濤和魚玄機；有的不談戀愛也風流，比如李季蘭。這三位擁有女詩人該有的浪漫回憶和詩情畫意的人生，但最後這位劉采春姑娘，她的路線跟前三位不同。劉采春並沒有當道士，這姑娘是有丈夫的，而且她的丈夫是知名伶人周季崇。兩人的結合，對粉絲來說就是：「有情人終成眷屬」。

但是元稹的粉絲、薛濤的粉絲請注意，劉采春姑娘和薛濤姑娘一樣，都與元稹有過浪漫之事。元稹為薛濤寫過《寄贈薛濤》，也為劉采春寫過《贈劉采春》，這麼說來，風流才子元稹，一面有著「曾經滄海難為水」的痴情表白，一面跟大唐四大女詩人中的兩位都有一段往事。這樣的風流人生，是廣大才子所嚮往的吧。

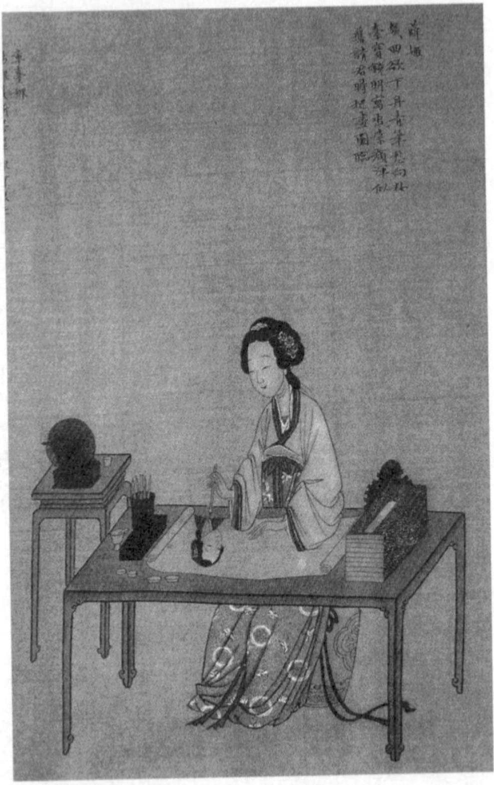

《千秋絕豔圖》之薛濤像・明・無款

其實名響大唐的劉姑娘實際職業並不是詩人，而是位歌伎。她喜歡唱一些大眾喜愛的通俗歌曲，比如「不喜秦淮水，生憎江上船。載兒夫婿去，經歲又經年」。這是她自己作的歌詞，貼近生活，語言直接，深受廣大人民群眾的喜愛。據說劉姑娘一開唱，能唱哭美女，唱醉行人忘記歸。也就是說，她自己作詞作曲、自己唱歌，就可以讓自己紅起來，而且唱的歌兼具催人淚下和洗腦神曲兩種功能。無論是誰，聽了都能跟著唱和起來，好聽、好記，還能唱到你心坎裡。

繁冗複雜的妝容與「豐腴」時尚——女性風尚

什麼樣的妝容是大唐最流行的？什麼樣的身材才能變成女神？首先，在這裡不用花錢買眼線筆和睫毛膏，這裡的眼妝重點在眉毛。注意了，要想妝容好，眉毛少不了，多買點畫眉的東西吧。要知道，大唐美女畫眉下手是很重的。其次，好的眉妝配上好的花鈿，不用眼線筆和美瞳，你的眼睛也「會說話」，選好適合自己的眉型，然後選一款自己喜歡的花鈿就可以開始化妝了。自己發明創造也行，只要注意對稱和平衡即可。化完臉妝，就是穿衣搭配講身材了。說到胖，妹子們都說自己喜歡大唐人的審美。但請注意，大唐的「以胖為美」說的是玉環那樣些微豐腴的美女，不是虛胖的姑娘。在大唐，胖子其實也不好當，你要能穿起寬大的裙裝；套上大袖衫有豐滿的味道，但穿上緊身胡服也不能胖得臃腫。要想「肥而不膩」，平時你還是要好好運動。

教你畫極具特色的大唐眉眼

《甄嬛傳》裡關於螺子黛的賞賜問題，四郎說了一句：「華妃最愛長眉入鬢……菀貴人畫遠山黛最好看……。」於是高貴的螺子黛就被分給了甄嬛和華妃娘娘。螺子黛這麼好，大唐的姑娘們知道嗎？其實，螺子黛早在唐朝就是姑娘們喜歡的化妝品了。

想畫獨有大唐風格的眉，記住六個字：黑、粗、上、下、長、短。「黑」很容易做到，在大唐找波斯商人買螺子黛就行，不用代購保證真品。畫眉的時候放心大膽地畫，顏色一定要重。因為大唐人民認為，黑黑的眉毛醒目又好看。別在意什麼「眉毛的顏色要和頭髮的顏色相配才顯得自然」這種理論，大唐姑娘的頭髮梳好後又要簪花，又要戴釵，眉毛不畫重一點無法與髮型相稱。眉毛畫粗也是一個道理，這樣顯得妹子臉形小。何況粗眉畫起來也比細眉要容易，不要猶豫，畫起來。

至於「上下長短」四個字，說的是姑娘們流行的眉型。「上」指的是上揚的眉毛，如果你和華妃娘娘一樣喜歡長眉入鬢，可以畫長眉。因為整體呈上揚形狀的眉毛顯得很有英氣，可以讓你的整張臉都有不一樣的感覺。當然畫上揚眉的姑娘注意了，大唐妹子們流行眉尾粗、眉頭細的樣式，就像書法的「走之旁」的最後一筆，從最尖細，到最粗，具體上揚角度你可以自己掌握。如果你已經畫膩了長眉，就試試短上揚眉。簪花仕女同款，助你走在時尚前端。這種短眉與眾不同，更能突出你的精緻五官，短促有力的眉型彰顯出你的個性。在大唐不畫這種眉型不算是大唐美人，你可一定要試一試。每個人臉型不同，適合的眉型也不同。而眉型裡的「下」指的是和上揚眉型走向完全相反，說簡單一點，就是八字眉。同樣，下垂的眉型也分長短，如果你想嘗試長的下垂眉，注意一定處理好眉頭位置，畫好後的感覺是微微蹙眉的樣子，而不是一副「囧」樣。當然，手法重要，長相更重要。西施畫的這種眉說不定不用天天捧心就能驚豔四座，至於你自己畫了以後到底是什麼樣子就先對著鏡子照照吧。下垂的短眉其實也沒有特別短，只是眉頭距離開闊，適合兩眼距離過近的美眉，這種眉型比較清淡，是知性女人首選，還是調琴啜茗仕女同款喲。

要給自己挑一款眉型，畫的時候記得把多餘的眉毛剃掉。比如你畫上揚的短眉，那你原本的眉尾一定不能要，否則遠遠看去就像是長了兩道眉毛，「畫虎不成反類犬」的行為可要不得。幾經選擇，眉毛終於搞定，是不是覺得還缺點什麼？眼妝最突出的地方在於花鈿，花鈿在整個裝扮裡具有畫龍點睛的作用。花鈿顏色隨意，樣式隨意，大小也隨意，重點在於適合妹子的氣質和臉型。但是電視劇中東方不敗那種爬滿整個額頭的畫法，顯然不太適合正常的妹子們。

先擦粉餅還是先擦胭脂？不同年齡有不同的選擇

畫眼妝之前，要準備好基礎妝容，大唐妹子們也是想盡辦法美白自己。但她們沒有粉餅，也沒有粉底液，她們用的是白色鉛粉，不接近膚色，塗多了就會沒有血色。姑娘們還有胭脂，這樣該白的地方白，該紅的地方紅。一盒鉛粉，一盒胭脂，洗乾淨臉，準備開始化妝。是先擦鉛粉還是先擦胭脂？這個問題問得好，到底先擦哪個，要看你的年齡。

年輕紅潤有光澤的女孩們，請先擦鉛粉，再塗胭脂。因為，這樣你的面色紅潤，妝感明顯，整體會有容光煥發的感覺。擦好以後是不是感覺自己的臉紅撲撲的？這就對了，年輕姑娘要的就是這種感覺。這種妝容重點在「臉紅」，大唐姑娘的桃花妝就是這

三彩袖平女立俑．唐

俑頭梳鬟髮垂髻，面頰豐滿，秀目顧盼生輝，紅唇緊閉，嘴角點黑色妝靨。身穿藍底黃花衫，下著黃裙，雙手呈拱手狀。顯露出溫婉嫻雅、嬌柔矜持的女性風度，亦反映出唐代所稱尚的濃麗豐碩的藝術風格。

樣的。

不想這麼張揚，感覺年紀已經不允許自己這樣了？沒關係，你需要的是有質感又顯得莊重的妝容，先擦胭脂打底，再塗鉛粉，這樣膚色呈現出來的是恰到好處的紅潤，一切都剛剛好，低調又有質感。這是成熟女人們的首選妝容，畫好以後，感覺兩側臉頰就像晚霞一樣迷人神祕，妳成功了，這款飛霞妝最莊重。

如果你既想年輕又不想那麼張揚？這個也好辦，請把梳粧檯上的鉛粉和胭脂混在一起使用，整個人都有一種似有妝又無妝的感覺，人到中年要的就是這種淡淡的美。這款妝容名字也文雅——檀暈妝。胭脂和鉛粉混合的顏色是粉紅色，襯托優雅的氣質。

人人都愛胖美眉，但不愛虛胖的美眉

說大唐，人人都以胖為美，瘦瘦的姑娘算是醜的，但這並不是你在大唐不運動的藉口！大唐流行胖美女，說的是以玉環為代表的那種「肥而不膩」，要知道，玉環是胖，但人家可以跳胡旋舞！只要一旋轉，根本停不下來！由此可知，玉環是那種胖得恰到好處，皮膚細膩有光澤的美女。如果你整天亂吃亂喝，吃完不運動，躺在一邊養肉，等著長胖的話，那是虛胖，不算美女。

要知道在大唐最好的身材是什麼樣的？聽好了，要有矯健敏捷的身手，要有前凸後翹的身段。如果大唐有雜誌模特兒的話，這幫名模姑娘可不會節食減肥，更不會餓自己好幾頓，或者將吃下去的吐出來。她們應該會拼命豐胸，鍛鍊身體，然後美白，最好能和貴妃一樣泡個溫泉。成為名模的前提一定是能騎馬、能射箭，穿上寬大的裙子撐得起來。名模一定要穿衣服好看，不僅皮膚白嫩，而且肉感、性感兩不誤。在衣服搭配、髮型配飾方面無一不精，這樣的美女也只有大唐養得出來。想像一下，大唐的長裙和大袖衫那麼美，如果給一個瘦子穿，整套裙子就像掛在竹竿上，太沒味道了。而且那高高的髮髻和大朵的鮮花、各式各樣的簪子髮釵，也不是

《舞伎圖》·唐

圖中舞伎身材高挑，面龐豐腴、端莊，體現出唐代的審美時尚格。

巴掌臉的姑娘們能駕馭的。大唐的名模是需要「內容」的，照著玉環的樣子模仿吧。

如果你已經不是個瘦子了，健美又白皙，穿上長裙美得像天仙，那也不要高興太早。緊身衣來一套，穿上顯得臃腫的姑娘們，你們被淘汰了。大唐人並不是偏愛胖子，若你長裙遮不住肉或者穿緊身衣像粽子，胖得行動有困難的；以為嘴裡念著「以胖為美」四個字，然後心安理得地胖下去了，要知道，虛胖是不美的。大唐的服飾風格飄逸，但大唐也流行穿胡服體現身材。胡服的窄袖和長褲穿上以後，原本豐腴的身材要顯出運動風，不僅曲線動人，還要火辣。而不是讓人看了以後產生一種「原來剛才那件長裙這麼遮肉」的感覺。如果你做到了這一點，恭喜你，大唐名模團隊歡迎你的加入。千挑萬選，怎麼你說你有雙下巴？那就太好了，臉太尖多沒福相。你說你生了一雙胖手臂？剛好，揉著舒服看著安心。美人嘛，軟玉溫香，才當得起美人如玉的名號。

《調琴啜茗圖》・唐・周昉

專題：那些令男人們神魂顛倒的女神都長什麼樣？

大唐姑娘的風采：無圖無真相篇

大唐的女人到底長得如何？這裡不僅有才名出眾的女詩人、唯一的女皇帝、富有的公主，更有四大美女之一的玉環。在大唐做女人，特別是做出名的美女，競爭壓力真的很大。想看看大唐女人的風采，要先從以下這幾幅圖開始。

這幾幅圖裡，無論是在幹活還是在喝茶彈琴、散步逗寵物，美麗的姑娘們衣著華麗鮮豔明亮，髮髻都梳得整齊有特色。光是這衣服的配色，就能知道這些美女的審美無一不佳。你看看《搗練圖》裡面穿深顏色裙子的姑娘們，

她們披帛和襦衫的顏色搭配得恰到好處，放到現在也是經典配色，絲毫沒有任何違和感。

再看《調琴啜茗圖》裡的姑娘們，除了仕女的髮型一樣以外，三位「主角」的髮型都沒有任何重複的痕跡。各有特色，分外美麗。只是真想問問左邊調琴的那個姑娘，你的頭髮是哪個劇組弄的，這麼與眾不同，簡直是審美上的新創意。順便說一句，最右邊姑娘的一身素色衣服看著也不錯，花團錦簇裡，是一抹純色的小清新。這裡可以看出，大唐的美女們在裝扮上各有心得，裝扮出來就是百花爭豔。

最後一幅《簪花仕女圖》上的姑娘，比前兩幅圖裡的穿著精緻，而且是化好妝的。這是由於姑娘們的出身不同，如果前兩幅圖中的姑娘們穿的是中上等品牌的衣服，那最後一幅圖裡的姑娘穿的就是高檔品牌。有沒有發現？她們的衣服料子感覺更輕薄，垂感更好，而且她們的衣料都是有繁複花紋的。由於這幅圖繪畫得十分細緻，所以只要仔細看站在兩旁的姑娘，就能看出她們的

摹張萱《搗練圖》卷・北宋・趙佶

手臂在顏色較深的衣衫映襯下若隱若現。可以推論出，這應該就是大唐最流行的大袖衫，可防晒，可性感。當然，越好的料子，透感越強，越飄逸。再來看看姑娘們的髮型，跟調琴的姑娘們不同，幾位出來散步的姑娘的髮型都相似，高高的髮髻，上面簪大朵的花和其他裝飾品，看起來整個人挺拔，這種髮型是個子較矮者的救星。當然，這幾位姑娘的妝容也很精緻，最具大唐特色的畫法，濃重短促又上揚的粗眉，小而紅的嘴唇，櫻桃小嘴，神采奕奕。看不清沒關係，找一張中間姑娘的特寫給你看，看見她大袖衫下的圓潤肩膀了嗎？看見她花紋繁複的披帛了嗎？這麼好的料子，這麼白嫩的姑娘一看就知道她出身不凡。

大唐美女的長相：書中的顏如玉

大唐不是個看臉的社會，要想吸引文人，要想被記在紙上，你要麼技藝過人，比如公孫大娘；要麼才名出眾，比如魚玄機；要麼能上得了皇帝家的族譜，比如公主、皇后、妃嬪等等。所以，如果你真想從書裡看出顏如玉的話，就把標準放低一點。不要想著書裡會從頭到尾說一個美人有什麼柳葉眉、杏核眼，三圍多少、身高幾何，素顏是什麼樣，濃妝又是什麼樣，這麼精確的描述，哪裡有想像的空間？大唐書裡的美人其實都是這樣表述的：

溫泉水滑洗凝脂，回眸一笑百媚生——膚色白皙細膩如凝脂，轉頭四十五度角，笑起來明豔動人的楊貴妃。要知道，這位慵懶的美女跳起胡旋舞來可是技驚四座，讓人移不開眼。

姝秀辯敏，光豔動天下——《新唐書》裡為數不多的外貌描寫給了安樂公主，大唐第一美女，秀美聰慧，光彩

照人的李裹兒。

奇相月偃，龍睛鳳頸，方額廣頤——光彩可以遮蔽月亮的包子臉美女武則天。從描述看來，武則天的眼睛和脖子應該長得與眾不同，比例恰當，豔光四射，而且特別吸引人。另外，還有太平公主，因為武則天說這個女兒像自己，自然也能遐想出太平公主的風姿了。

樊素櫻桃口，楊柳小蠻腰——這兩位美女的容貌被白居易描繪出來，千古流芳名。想想看，樊素唱歌，小蠻跳舞，一個嘴唇美得像櫻桃，紅豔潤澤，如花初綻，說明這姑娘唇色動人；一個腰肢纖細，行走間就像風拂楊柳，如春風搖曳，說明小蠻身材一級棒，而且腰肢柔軟，體態有風韻。

《簪花仕女圖》・唐・周昉

人在大唐怎麼活？食衣住行、當官、做買賣、搞外交，定居唐朝的必備指南 / 侯悅著. -- 初版. -- 臺北市：創意市集出版：家庭傳媒城邦分公司發行, 2020.05
面；　公分
ISBN 978-957-9199-88-9（平裝）
1. 社會生活　2. 生活史　3. 唐代
634　　109002357

人在大唐怎麼活？

食衣住行、當官、做買賣、搞外交，定居唐朝的必備指南

作　　者：侯悅
責任編輯：陳姿穎
封面設計：走路花工作室
內頁設計：家思編輯排版工作室
行銷企畫：辛政遠、楊惠潔
總 編 輯：姚蜀芸
副 社 長：黃錫鉉
總 經 理：吳濱伶
發 行 人：何飛鵬
出　　版：創意市集

發　　行：英屬蓋曼群島商家庭傳媒股份有限公司城邦分公司
香港發行所：城邦（香港）出版集團有限公司
香港灣仔駱克道193號東超商業中心1樓
電話：(852) 25086231
傳真：(852) 25789337
E-mail：hkcite@biznetvigator.com

馬新發行所：城邦（馬新）出版集團
Cite (M) Sdn Bhd
41, Jalan Radin Anum, Bandar Baru Sri Petaling,
57000 Kuala Lumpur, Malaysia.
電話：(603) 90578822
傳真：(603) 90576622
E-mail：cite@cite.com.my

展售門市：台北市民生東路二段141號7樓
製版印刷：凱林彩印股份有限公司
初版一刷：2020年5月
I S B N：978-957-9199-88-9
定　　價：420元

若書籍外觀有破損、缺頁、裝訂錯誤等不完整現象，想要換書、退書，或您有大量購書的需求服務，都請與客服中心聯繫。

客戶服務中心
地　　址：10483 台北市中山區民生東路二段 141 號 2F
服務電話：（02）2500-7718、（02）2500-7719
服務時間：週一至週五 9：30～18：00
24 小時傳真專線：（02）2500-1990～3
E-mail：service@readingclub.com.tw